노자 맨발로 서울에 오다. 상

- 〈도덕경〉 다시 보기 -

권혁인 옮김

권 혁 인

대전에서 태어났다.

1981년 서울대 사범대학에 진학하여 지리교육을 전공하고 고등학교 지리 교사로 임용되었지만, 전국교직원노동조합 건설 투쟁에 참여하면서 1989년 해직되었다. 그 뒤 전교조 노래패로 활동하다 오페라 연출가 문호근을 만나 음악극을 배우면서 여러 공연 무대에 섰다.

1994년 중학교 사회 교사로 복직한 뒤 몇 년 동안 교사 극단 〈징검다리〉에서 연극 음악을 만들기도 했다.

교직을 그만둔 뒤 음악 공부를 다시 시작하면서 첫 저서 《뮤지컬 산책》(푸른길, 2015년)을 냈으며, 요즘은 《도덕경》 연구에 힘을 쏟고 있다.

노자, 맨발로 서울에 오다 상 - 《도덕경》 다시 보기 -

초판 1쇄 인쇄 2017. 8. 14.
초판 1쇄 발행 2017. 8. 16.

옮긴이 권 혁 인
펴낸이 김 경 희
펴낸곳 ㈜ 지식산업사
　　　　본사 • 10881 경기도 파주시 광인사길 53
　　　　　전화 (031) 955-4226~7 팩스 (031) 955-4228
　　　　서울사무소 • 03044 서울특별시 종로구 자하문로6길 18-7
　　　　　전화 (02) 734-1978　팩스 (02) 720-7900
　　　　영문문패　www.jisik.co.kr
　　　　전자우편　jsp@jisik.co.kr
　　　　등록번호　1-363
　　　　등록날짜　1969. 5. 8.

책값은 뒤표지에 있습니다.

ⓒ 권혁인, 2017
ISBN 978-89-423-9025-0(04150)
ISBN 978-89-423-9024-3(전2권)

* 이 책을 읽고 지은이에게 문의하고자 하는 이는
지식산업사 전자우편으로 연락 바랍니다.

노자, 맨발로 서울에 오다 상

- 《도덕경》 다시 보기 -

권혁인 옮김

지식산업사

들어가는 말

《도덕경》에 실망하다

초등학교 5, 6학년쯤이었을 것이다. 아버지께서 일러주신 《주자십회朱子十悔》에 많이 감동했다. 중학교 다닐 때 박종화 본 《삼국지》를 읽으면서 문체가 고풍스럽다는 말이 무엇인지 알게 되었다. 고등학교 국어 교과서에 실려 있던 정지상의 한시漢詩 〈송인送人〉을 배울 때는 가슴에 물결이 일렁거렸다. 대학에 들어가서는 교양한문을 수강했고 군대 가서는 《중용中庸》을 비롯해 사서四書를 읽기 시작했다. 《도덕경道德經》에 관심을 두게 된 것도 그즈음이었다.

《도덕경》은 '도가도 비상도道可道 非常道'라는 말로 시작된다. 흔히 "도道는 도道일 수 있으나 늘 그러한 도道는 아니다", "말로 할 수 있는 도道는 참 도道가 아니다"라고 옮긴다. 그러면 목사와 신부들이 전하는 예수의 도道나, 부처님 말씀이나, 큰 스님들이 남긴 수많은 법언은 도道가 아니란 말인가? 내 능력으로는 알아들을 수도, 번역할 수도 없다는 생각이 들었다.

이름이 널리 알려진 김용옥이란 이가 교육방송(EBS)에서 노자를 강의한다고 했다. 젊은 시절 그가 지은 《여자란 무엇인가》를 읽다가 덮

어버린 기억이 있어서 탐탁치는 않았지만, 뭐라고 하는지 보자는 마음으로 텔레비전 앞에 앉았다. 하지만 두어 번 보다가 더는 보지 않게 되었다. 횡설수설, 좌충우돌은 말할 것도 없고, 번역조차 무슨 소리인지 알아들을 수가 없었다.

이경숙이란 이가 김용옥을 비판하면서 《노자를 웃긴 남자》라는 책을 냈다. 그리고 《도덕경》을 완역했다는 책도 펴냈다. 그러나 아무리 읽어도 그런 번역이 나오는 근거를 알 수 없는 데다가 앞에서 한 말과 뒤에서 한 말이 달랐다. 설명이 안 되는 곳은 다른 고전을 끌어다가 쪽수를 채우거나 두루뭉술하게 넘어가고, 어떤 곳은 그렇게도 비난하던 김용옥의 풀이를 말만 조금 바꾸어 놓았다.

다른 해설서도 이와 다를 바 없으니 이래 가지고야 어찌 《도덕경》을 이해할 수 있는지, 이런 번역이 어떻게 긴 세월 동안 심오한 진리로 대접받아왔는지 도무지 알 수 없는 일이었다.

어떤 이는 말하기를 《도덕경》은 마음으로 읽어야지 자의字義나 한두 글귀에 얽매여서는 안 된다고 한다. 웃기는 소리다. 무슨 신통력이나 천리안을 지녀야 《도덕경》을 읽을 수 있단 말인가? 고문古文이 으레 그런 것이라면 어떻게 이런 글을 가지고 사람들 사이에 뜻을 주고받고 학문을 하고 정치를 했단 말인가? 《도덕경》에 대한 실망과 의문은 깊어만 갔다.

오역과 오해, 노자를 죽이다

《도덕경》이 오랜 세월 동안 수많은 오해와 환상으로 만신창이가 된 것은, 노자老子 사상의 핵심이라고 하는 무위無爲를 잘못 번역한 데서 시작되었다.

무위는 '체'하지 말라, 곧 '아는 척, 잘난 척 나서지 말라'는 말이다. 그런데 이것을 '함이 없음' 따위로 옮겨왔으니 그 누가 알아들을 수 있겠는가. 아마 번역한 사람도 '함이 없다'는 말이 무슨 뜻인지 모를 것이니 온갖 상상이 꼬리를 물고, 생각에 생각을 더하다가 마침내 다다른 곳이 노자와는 전혀 상관없는 온갖 이론과 거창한 형이상학이다. 하지만 텍스트 번역조차 알아들을 수가 없는데 제아무리 거창한 해설을 붙여 놓는다고 한들 그게 무슨 쓸모가 있을까.

먼 옛날에 쓴 글이니 문법을 따라 풀이하기는 어렵다고 말하는 이들이 있다. 천만의 말씀이다. 곽점본郭店本(죽간본竹簡本, 초간본楚簡本), 백서본帛書本, 하상공본河上公本과 같은 다른 판본도 있지만, 오늘날 《도덕경》이라고 할 때는 후한後漢이 망한 뒤인 삼국시대에 위나라의 왕필(王弼 : 226-249년)이 펴낸 《노자도덕경주老子道德經註》를 가리키는 일이 많다. 이를 왕필본王弼本, 또는 통용본通用本(통행본通行本)이라 한다. 한나라 때 중국 문화의 기틀이 잡힌 것을 생각한다면 삼국시대에 정리된 글을 고문古文 문법으로 풀이하지 못한다는 것이 말이 되기나 하겠는가. 더구나 죽간본을 뺀다면 서로 크게 다른 것도 아니다.

《도덕경》이 무슨 윤리 해설서쯤인 것으로 알고 있는 사람도 많다. 그러나 《도덕경》이란 이름은 전한前漢 말기에 유향劉向[1]이라는 학자가 제1~37장을 〈도경道經〉, 제38~81장을 〈덕경德經〉으로 나눈 데[2]서 비롯된 것이지 윤리도덕과는 별 상관이 없다. 불로장생을 꿈꾸는 신선술도 아니고 단전호흡도 아니며 무예나 도술비급道術秘笈인 것은 더욱 아니다. 거창한 형이상학形而上學도 아니다.

《도덕경》은 처세서다. 제 몸과 목숨을 중히 여길 일이지 잘난 척 나서서 명을 재촉하지 말라는 말, 오로지 '체'하지 말라는 것, 그 이상도 이하도 아니다. 그런데 《도덕경》을 둘러싼 수많은 오해와 환상이 마치

---

1) 기원전 77-6, 《전국책戰國策》의 저자
2) 제1장의 첫 글귀 도가道可에서 도道를, 제38장의 첫 글귀 상덕부덕上德不德에서 덕德을 따서 붙인 이름이다.

정설인 양 활개를 치며, 죽은 노자를 불러내 다시 죽이고만 있으니 참으로 슬프고 어처구니없는 일이다.

　나는 노자가 실존 인물이라고 믿는다. 스스로 겪은 일이 아니라면 할 수 없는 말들이 《도덕경》 곳곳에 나오기 때문이다. 그 가운데는 노자가 팔을 잘리는 끔찍한 형벌을 받았음(攘 無臂, 제69장)을 짐작케 하거나, 몸을 피해 서쪽으로 달아나는 까닭을 말한 글귀(子孫以祭祀不輟, 제54장)도 있다. 그렇다면 달아나는 길에 관령關令 윤희尹喜에게 붙잡혔고 그의 부탁을 받아 경經을 남겼다는 《사기史記》의 기록도 사실일 것이다. 《도덕경》은 팔을 잘려 글을 쓸 수 없었던 노자가 구술하고 윤희(라고 생각되는 이)가 받아 적었을 수밖에 없었던 것이다.

　바로 이래서 《도덕경》이 쉽사리 이해할 수 없는 아리송한 글이 된 것은 아닐까? 다들 알다시피 같은 한족漢族이라 하더라도 그들이 쓰는 한어漢語는 곳에 따라 크게 다르다. 교통·통신이 매우 불편했던 고대였으니 그 차이는 오늘날보다 훨씬 더 컸을 것이다. 초楚나라 출신 노자는 자기 식으로 말을 했고 윤희는 그 나름으로 받아 적었을 터다. 그러다 보니 뒷날 그 글을 읽는 사람들이 노자가 본디 한 말을 잘못 이해했으며, 오해는 오해를 부르고, 마침내 노자가 생각하고 말하려 했던 바와 전혀 다른 풀이가 전승되어 온 것은 아닐까?

노자, 맨발로 서울에 오다

　나는 한학漢學을 전공한 것도 아니고, 집안의 학통學統을 이은 바도 없다. 재주 또한 변변치 못하고 융통성조차 없어 오로지 자전字典과 한문법에 의지하여 《도덕경》을 풀이했다. 수많은 시행착오를 겪었으며 몇 번씩이나 원고를 뒤엎었다.

그리하여 마침내 만나게 된 노자의 모습은 우리가 익히 알고 있는 것과는 전혀 달랐다. 사람들에게 조롱과 면박이나 당하다가 마침내 미움을 사게 되자 목숨이나마 지키려고 달아나는 늙고 추레한 선비였을 뿐이다. 노자의 민낯이다.

민낯을 드러낸 노자가 온다. 온갖 오해 속에 이리저리 끌려다니다 신발조차 잃어버린 노자가 마침내 내가 쉴 만한 곳을 찾았노라며 온다. 내게 덧씌운 온갖 껍데기는 이제 그만 벗겨 달라며 온다. 가시에 찔리고 돌부리에 채이며 흙먼지와 때에 전 맨발로 온다. 부르튼 그 발을 씻기고 생채기에 약을 발라 처매주어야 옳지 않겠는가?

부끄럽고 저어하는 마음이야 이루 말할 수 없지만, 몇몇 분들이라도 이 책을 읽게 된다면 이보다 더한 행복은 없을 것이다.

얼치기 서생의 글을 출판하겠노라고 모험을 택하신 김경희 사장님, 늘 지원과 격려를 아끼지 않은 이인형 선배, 크라우드 펀딩으로 뒤를 받쳐 주신 신현익 사장님과 참여해 주신 모든 분들, 멋진 표지 그림으로 책을 빛내 주신 화가 김용호 형님, 많은 고생을 하신 편집자 김연주 님께 참으로 고맙다는 말씀을 올린다. 사랑하는 아내 정선영에게는 짠하고 애틋한 마음뿐이다.

2017년 월
돌아가신 어버이 영전에 엎드려
권 혁 인

차 례

상 권

하 권

◈ **일러두기**

▬ 왕필본王弼本을 저본으로 하였다.

▬ 한자 풀이는 《한한대자전漢韓大字典》(민중서림, 1988)에 따랐다.

▬ 한자 용례用例와 한문법은 '노자 선양회'와 '이야기 한자 여행' 카페를 참고하였다.

▬ 오역誤譯이나 악역惡譯의 본보기로 김용옥과 이경숙의 풀이를 인용 하였다.

제1장 이름이 무엇이든 본질은 변함이 없도다

'도道'라는 이름이 옳든 그르든 (본질은) 변함없이 '도'이니라.

도가 도비 상도
道可 道非 常道

이름이 옳든 그르든 일찍이 이름 지은 것이로다.

명가 명비 상명
名可 名非 常名

이름이 없어도 (도道는) 천지의 시작이요,

무명 천지 지시
無名天地之始

이름이 있어도 (그것은) 만물의 어미니라.

유명 만물 지모
有名萬物之母

그러므로 늘 그 묘妙(본질) 밝히기를 그치려 하지 말고

고 상무 욕 이관 기묘
故常無欲以觀其妙

늘 그 요徼(현상) 밝히기는 그치려 할지니라.

상 유욕 이관 기요
常有欲以觀其徼

이 둘은 함께 나왔는데 나오고 나서는 이름을 달리하게 되었도다.

차량 자동 출이 이명
此兩者同 出而異名

둘을 함께 일러 현玄(아득히 가물거린다)이라고 하느니라.

동 위 지 현
同謂之玄

아득히 가물거림이 (멀고 또 멀어져) 더욱 까마득함에 이르게 되면

현 지 우 현
玄之又玄

온갖 묘妙가 문에 이르(러 나오려고 하)게 되느니라

중 묘 지 문
眾妙之門

○ 道可 道非 常道

이른바 '정설'은 이 글귀를 도가도 비상도道可道 非常道라고 끊어 읽어 '도道는 도道일 수 있으나 항상 도道인 것은 아니다', 또는 '도라고 부를 수 있는 도는 참된 도가 아니다'로 옮기는 것이다.

그런데 이상하다. 도道라고 부르는 순간 그것은 참된 도道가 될 수 없다면 무엇 하러 주저리주저리 도道에 대해서 말하고 있는 것일까? 첫 글귀를 이렇게 풀이해 놓으면 《도덕경》은 이 한 줄로 끝나야 마땅하다.

사마천司馬遷(기원전 145?-기원전 86년?)의 《사기史記》에 따르면 늙으신 선생님(노자老子)이 서쪽으로 몸을 피하던 길에 관령 윤희에게 《도덕경》을 남겼다고 한다.3) 그 기록이 사실이라면4) 늙으신 선생님에게는 긴 글을 쓸 시간도 없었을 것이고 마음도 급했을 것이다. 더구나 죽간竹簡5)이나 비단에 써야 하는데 필요한 죽간이나 비단이 넉넉하지도 않았을 것이고 바로 구하기도 어려웠을 터이다. 문법요소들이 많이 빠져 있는, 간결한 글

〈자료 1〉 1972년
마왕퇴 출토 죽간

---

3) 《사기》, 〈노자한비열전〉, "老子修道德 其學以自隱無名爲務 居周久之 見周之衰 迺遂去 至關 關令尹喜曰 子將隱矣 彊爲我著書 於是老子迺著書上下篇 言道德之意 五千餘言而去 莫知其所終"
노자는 도와 덕을 닦았는데 그 학문은 스스로 숨어 이름을 내지 않으려고 힘쓰는 것이다. 주나라에 오래 살다가 주나라가 쇠미함을 보고 마침내 떠났다. 함곡관函谷關에 이르렀는데 관령關令 윤희尹喜가 말했다. "선생께서는 장차 숨으려 하시는군요. 억지로라도 저를 위해 책을 써 주십시오." 이에 노자는 상하 두 편 5천여 자를 써서 도덕의 뜻을 말하고 떠났다. 그가 생을 마친 바는 알지 못한다.

4) 나는 그 기록이 사실이라고 믿는다. 제54장에 나오는 "자손이제사불철子孫以祭祀不輟(내가 도망치는 것은 제사가 멈추지 않기 때문이니라)"이란 글귀가 노자가 몸을 피하는 까닭을 말하고 있기 때문이다.

5) 대를 세로로 잘라 엮은 것인데 종이가 발명되기 전에 쓰던 기록 도구다.

월이 나올 수밖에 없었던 것이다.

늙으신 선생님께서는 도道를 말하면서도 '도道'라는 이름을 마음에 들어 하지 않은 것 같다. 제25장에서 '억지로 지은 이름이 과장되었다[強爲之名曰大]'고 한 것이 그 근거다. 그러나 천하모를 사모하는 사람들이 그것을 가리켜 이르기를 도道라고 했고[字之曰道], 도道라는 이름이 널리 쓰이기도 하니 그 이름을 그대로 쓰겠다는 말이 바로 이 첫 글귀인 것이다. 이름이 무엇이든 어떻겠는가. 이미 있는 이름이라 그대로 쓰기는 하는데 이름 따위가 없다고 해도 본질이 바뀌는 것은 아니지 않겠는가. 그러므로 이 글귀는 이렇게 풀이해야 한다.

道可	'도道'라는 이름이 옳다.	
道非	'도道'라는 이름이 그르다.	→ '도道'라는 이름이 옳든 그르든 (그 본질은) 변함없는 도道다.
常道	변함없는 도道이다.	

○ 名可 名非 常名

이 글귀도 흔히 명가명 비상명名可名 非常名이라고 끊어 읽는 것이 이른바 '정설'이다. 그러나 이 글귀는 앞서 나온 도가道可 도비道非를 오해하지 말라고 덧붙인 글귀다. 지금 말하는 것은 도道 그 자체가 아니라 '도道'라는 이름을 가리킴을 밝혀 놓은 것이다.

이 글귀 또한 명가名可 명비名非 상명常名이라고 끊어 읽어야 하는데, 이때 상명常名에서 상常은 앞 글귀 상도常道와 달리 '일찍 상'으로, '일찍이'라는 뜻이다. 명名은 '이름 지을 명'이다. 그러므로 "이름이 옳든 그르든 일찍이 ('도'라고) 이름 지은 것이다"로 풀이된다.

名可	이름이 옳다.
名非	이름이 그르다.
常名	일찍이 이름 지었다.

→

이름이 옳든 그르든 일찍이
이름 지었(으니 그대로 쓰겠)다.

○ 無名天地之始 有名萬物之母

이 글귀는 흔히 '이름이 없으면 천지의 시작이고 이름이 있으면 만
물의 어미'라고 옮긴다.

그러나 이름이 있고 없음에 따라 본질이나 성격이 바뀌는 것은 아닐
것이다. 게다가 천지지시天地之始(천지의 시작)와 만물지모萬物之母(만물
의 어미)가 서로 다를 것도 없다. 따라서 이 글귀는 이름이 없어도[無
名] 천지지시天地之始요 이름이 있어도[有名] 만물지모萬物之母라는 뜻이
다. 이름이 있든 없든, 이름을 무엇이라고 짓든 그 본질은 변하지 않을
것이니, 마음에 들지는 않지만 '도'라는 이름을 써서 이야기를 해보겠
다는 말이다.

○ 故常無欲以觀其妙

무욕無欲은 '…을 바라지 말라'는 뜻이다. 이以는 '그칠 이'고 목적어
구는 관기묘觀其妙이니 이관기묘以觀其妙는 '관기묘觀其妙를 그치다'는
뜻이다. 관觀은 '나타낼 관'이다. 드러내어 밝힌다는 뜻이니 관기묘觀其
妙는 그 '묘妙'함을 밝힌다는 말이다. 이어서 읽어 보면 "그러므로 늘
그 묘妙를 밝히기를 그치려 하지 말라"는 말이 된다.

묘妙는 요徼의 대가 되는 말이다. 요徼는 '변방 요' 또는 '샛길 요'다.
겉치레, 껍데기 또는 정도正道가 아닌 권도權道6)를 뜻한다. 따라서 묘妙

---

6) 형편과 때에 맞추어 일을 처리하는 수를 말한다.

는 '본질, 핵심, 고갱이'를 뜻한다. 그러므로 이 글귀는 묘妙함을 밝히기를 그치려 하지 말라, 곧 도道의 본질을 밝히기를 힘쓰라는 말이다.

○ 常有欲以觀其徼

요徼는 겉치레를 말하는 것이므로 이 글귀는 "늘 그 요徼를 밝히기를 그치려 하라"는 뜻이다. 도道의 본질을 밝히려고 힘쓸 것이지 그 겉모습을 밝히려고 애쓰지는 말라는 것이다. 겉모습은 중요한 것이 아니기 때문이다.

○ 此兩者同 出而異名

묘妙와 요徼, 곧 깊고 오묘한 본질과 그것이 드러내는 현상, 이 둘은 다른 것이 아니라는 말이다〔此兩者同〕. 본질〔妙〕에서 현상〔徼〕이 나오며 본질이 현상을 규정하기 때문이다. 그런데 본질에서 현상이 나오면서 그 둘은 妙와 徼로 이름을 달리하게 되었다〔出而異名〕.

○ 同謂之玄 玄之又玄 衆妙之門

이 둘은 나오면서 이름을 달리하게 되었으나 본디 같은 것이므로 그것을 한가지로 일러 현玄이라고 한다〔同謂之玄〕는 것이다. 현지우현玄之又玄에서 지之는 '이를 지', 우는 '또 우'이므로, '현玄이 거듭하여 현玄에 이르다'는 말이다. 현玄은 '검을 현'이지만 흑黑과는 다르다. 그냥 검은 것이 아니라 붉은색을 띠는 검은색인데 아득히 먼 데서 가물거리는 깊고 고요하며 오묘한 빛깔이다. 천지현황天地玄黃이라고 할 때 그 하늘빛이다. 하늘이 왜 검은가? 아득히 멀리 있어 가물거리기 때문이다. 그러므로 현지우현玄之又玄은 아득히 가물거리는 것이 더 멀어져서 있는 듯 없는 듯 까마득해졌다는 뜻이다.

이렇게 되면 드디어 중묘衆妙가 문에 이르게 된다〔衆妙之門〕. 중衆은 '무리 중'이니 중묘衆妙는 '온갖 묘妙'이다. 묘妙는 본질이다. 따라서 이 글귀는 '온갖 묘妙', 곧 사물과 현상의 모든 본질이 문에 이른다는 뜻 이다. 까마득히 멀어지고 멀어져서 있는 듯 없는 듯 가물거리게 되면 모든 것들의 본질이 드디어 문에 이르러 드러나려 한다는 말이다.

무위無爲와 본성本性

《도덕경》 오천언을 꿰뚫는 사상을 한마디로 말한다면 무위無爲다. 이를 '함이 없다'고 번역한 것은 노자의 사상을 잘못 이해한 것이다.

무無에는 '말 무毋'라는 뜻도 있는데, 금지사로서 '~하지 말라'이니 무위無爲는 '위爲하지 말라'는 말이다.

위僞라는 글자가 있다. '거짓 위, 속일 위'로 '거짓을 사실인 척 꾸 며 속이는 것'이다. 그러므로 위僞를 이루고 있는 爲는 '할 위'가 아니 라 '체할 위'로 보아야 한다. 사람[人]이 '체'하는[爲] 것이 바로 거짓 [僞]인 것이다.

무위無爲의 위爲도 '체할 위'다. 자신의 됨됨이, 곧 본질을 꾸미고 속 이는 것이 '체'하는 것이다. 따라서 무위無爲는 '체하지 말라'는 뜻이다. 잘난 척, 아는 척, 있는 척, 예쁜 척, 착한 척하지 말라는 것이다.

그렇다면 왜 '체하지 말라'는 것인가. 사람이 제대로 산다는 것은 본성本性을 지킨다는 것인데 '체'하는 것이야말로 본성을 해치는 일이 기 때문이다.

이때 오해하지 말아야 할 것이 있다. 여기서 말하는 본성이란 인간 이 본디 지닌 바람[欲], 곧 제 몸과 목숨을 지키려는 마음을 말하는 것이지 욕심[慾]을 말하는 것은 아니라는 것이다. 남보다 앞서 가고 높이 되고 많이 지니려 하는 것이 욕慾이다. 그리고 그러한 욕망 때문 에 다툼이 벌어지고 마침내 몸을 상하거나 죽고 죽이는 일이 벌어지 게 된다. 바로 본성을 해치게 되는 것이다.

제 한 몸을 온전히 지키고 하늘이 정한 목숨을 다하도록 사는 것이 본성을 지키는 일이다. 그런데 사람들은 남보다 앞서 나가고 높이 되 고 더 많이 가지려고 다투다가 본성을 해친다. 이렇게 남보다 잘 되 려고 자신을 꾸며 남을 속이는 것이 바로 '체'하는 것이며 위爲인 것 이다.

제2장 꾸미지 말지니라

세상이 모두 알고 있기를 지어낸 아름다움이
아름답다고 하지만, 이는 '못생김'일 뿐이니라.

천하개지 미지위미 사악이
天下皆知 美之爲美 斯惡已

모두 알고 있기를 지어낸 착함이 착함이라고
하지만 이는 '착하지 않음'일 따름이니라.

개지 선지위선 사불선이
皆知 善之爲善 斯不善已

그러므로 유有와 무無는 서로 낳고, 재앙과
소홀히 함이 서로 이루고,

고 유무상생 난이상성
故 有無相生 難易相成

길고 짧음은 서로 견주고, (지위가) 높고 낮
음은 서로 기울이고,

장단상교 고하상경
長短相較 高下相傾

음악과 음향은 서로 응하여 화답하며, 앞과
뒤는 서로 따르느니라.

음성상화 전후상수
音聲相和 前後相隨

그러므로 성인은 벼슬에 나가면 위爲를 일삼지
아니하고,

시이성인 처무위지사
是以聖人 處無爲之事

물러나면 문장을 가르치지 않느니라.

행불언지교
行不言之敎

만물은 일어날 뿐이요 알리지 않느니라.

만물작언이불사
萬物作焉而不辭

생겨날 뿐이 아닌가, 또한 될 뿐이 아닌가.

생이부 유 위이부
生而不 有 爲而不

일이 이루어졌다고 믿거든 (자부심 따위는)
떨어내고 살진저!

시 공성이불거부
恃功成而弗居夫

비록 떨어내고 살아간다 하여도 이 때문에
죽지는 않으리니

수불거시이불거
唯弗居是以不去

○ 天下皆知 美之爲美 斯惡已

천하개지天下皆知는 '세상이 모두 알다'는 말이다. 지知의 목적절은 미지위미美之爲美다. 미지위미美之爲美는 도치된 글월이다. 위爲의 목적어인 미美가 앞으로 나가면서 그것이 목적어임을 알려주는 구조조사 지之가 붙은 것이니 본디 글월은 위미미爲美美다. 이때 위爲는 '지을 위'인데 관형어로 전성轉成된 것이다.

주절			보어
목적어	구조조사	동사	보어
(아름다움)		(짓다)	(아름다움)
美	之	爲	美

←

주절		보어
동사	목적어	보어
(짓다)	(아름다움)	(아름다움)
爲	美	美

따라서 미지위미美之爲美는 '지어낸 아름다움이 아름답다'는 뜻이다.

그러나 지어낸 아름다움이 참된 아름다움일까? 늙으신 선생님께서는 그렇지 않다고 한다. 아름다움을 짓는 것〔爲美〕은 아름다움이 아니라 못생긴 것일 따름〔斯惡已〕이라고 한다. 이때 사斯는 위미爲美를 가리키는 지시대사指示代詞, 악惡은 '못생길 악'이다. 이已는 단정을 나타내는 말로 '따름 이'이다.

○ 皆知 善之爲善 斯不善已

개지皆知는 천하개지天下皆知를 줄여 쓴 것이니 이 또한 '천하가 모두 알다'는 뜻이다. 지知의 목적절은 선지위선善之爲善이며 그 얼개는 위에 나온 미지위미美之爲美와 마찬가지다.

	주절			←	주절		보어
목적어	구조조사	동사	보어		동사(짓다)	목적어(착함)	(착함)
善	之	爲	善		爲	善	善

따라서 선지위선善之爲善은 본디 위선선爲善善이고 '지어낸 착함이 착함'이라는 뜻이다. 그러나 늙으신 선생님은 이 또한 잘못됐으며 "지어낸 착함은 착하지 않음일 따름[斯不善己]"이라고 본다.

○ 故 有無相生

고故는 '본디 고'다. 다들 유무상생有無相生을 '유有(있음)와 무無(없음)가 서로 살린다'로 옮긴다. 무슨 뜻인지 알 수가 없다. 그러나 생生을 '낳을 생'으로 본다면 유무상생有無相生은 '유有와 무無는 서로 낳는다'는 뜻이 된다. 무無는 유有를 낳고 유有는 무無를 낳으며 이는 끝없이 돌고 돈다(자료 2).

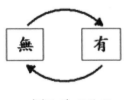

〈자료 2〉 무와 유

○ 難易相成 長短相較 高下相傾 音聲相和 前後相隨

이 글귀를 다들 '어려움[難]과 쉬움[易]이 서로 이룬다'고 옮기는데 무슨 소리인지 영 알 수가 없다. 난이難易를 '어려움과 쉬움'으로만 보는 고정관념 때문이다. 난難은 '근심 난, 재앙 난', 이易는 '소홀히 할 이, 흘하게 여길 이'다. 따라서 이 글귀는 '근심과 소홀히 함(홀하게 여김)은 서로 이룬다'는 말이다. 작다고 하여 소홀히 여기다가[易] 재앙이나 근심[難]을 일으키게 되고, 그 재앙이 크다 보면 해야 할 일을 수흘히 여기게 된다는 뜻이다.

장단상교長短相較는 '길고 짧음은 서로 견준다'는 뜻이니 길고 짧음은 대봐야 안다는 말이다. 길고 짧다는 것은 절대 기준이 없다. 다만 서로 견주어 볼 수 있을 뿐이다.

그런데 장長과 단短은 제가끔 '나을 장', '허물 단'으로 새기기도 한다. 이렇게 본다면 이 글귀는 '나음과 허물이 서로 견주다'는 뜻이 된다. 내가 낫다고 하는 것은 견줄 대상이 있기 때문에 할 수 있는 말이다. 다른 이가 지닌 허물과 나를 견주어 볼 때 남보다 나음이 드러나거나 내 허물이 많다는 것이 밝혀진다. 허물이 많은가 적은가 하는 것도 절대 기준은 없는 것이다.

고하상경高下相傾은 '높음과 낮음이 서로 기울어진다'고 옮기는 것이 옳다. 그런데 왜 고저高低나 상하上下가 아니라 고하高下라고 썼을까? 고하高下는 신분, 나이, 지위, 값 따위가 높고 낮음을 말하는 것이다.

그렇다면 경傾(기울어질 경)은 벼슬 품계가 높아지고 낮아짐을 가리키는 말이 된다. 시소를 생각해보자. 시소는 한쪽이 내려가야 다른 쪽이 올라가고 올라간 것이 내려가야 다른 쪽이 올라간다.

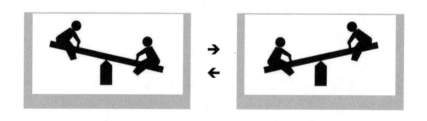

이와 같이 지위가 높고 낮은 것도 오르락내리락하면서 서로 기울어지게 되는 것이 바로 고하상경高下相傾이다.

음성상화音聲相和에서 음音은 가락과 장단을 갖춘 소리로 음악이라는 뜻이고, 성聲은 자연의 소리를 가리키는 말이니 음향이라는 뜻이다. 화和는 '화답할 화'로, 시詩나 노래에 응하여 대답함이다. 그러므로 이 글귀는 음音이 성聲을 따르고 성聲은 음音을 따르며 둘이 서로 화답하여 조화를 이룬다는 뜻이다.

24

전후상수前後相隨에서 수隨는 '따라 간다'는 말이다. 앞과 뒤는 서로 따라간다. 앞이 가는데 뒤가 없을 수 없고, 뒤가 있으면 반드시 앞이 있는 법이다. 이와 같이 모든 것은 상대성을 지녀서, 한편이 드러나면 다른 편은 숨고 숨은 것이 드러나면 앞서 나온 것은 자취를 감추게 된다. 그러므로 지어낸 아름다움은 아름다움이 아니라 본디 못생겼기〔惡〕 때문에 분칠을 한 것이며, 착함을 지어낸다는 것도 마찬가지다.

○ 是以聖人 處無爲之事 行不言之敎

시이是以[7]의 以이는 '까닭 이'이므로 是以는 '이로써, 이 때문에' 등으로 옮긴다. 처處는 '머물 처'인데 벼슬을 얻어 관직에 있게 되었다는 말이다. 행行은 '떠난다'는 뜻으로 벼슬자리에서 물러난다는 뜻이다. 그러므로 무위지사無爲之事는 벼슬자리에 나가서 일할 때〔處〕, 불언지교不言之敎는 벼슬자리를 떠났을 때〔行〕 해야 할 행동지침인 셈이다. 이때 무위지사無爲之事와 불언지교不言之敎는 도치된 글월이다. 부정사인 무無와 불不 때문에 사事의 목적어인 위爲와 교敎의 목적어인 언言이 앞으로 나가면서 그것이 목적어임을 알려주는 구조조사 지之가 붙은 것이다.

| 無爲之事 | ← | 無事爲 |
| 不言之敎 | ← | 不敎言 |

사事는 '일삼을 사'다. 그러므로 무위지사無爲之事(←無事爲)는 '위爲를 일삼지 않다'는 뜻이다. 벼슬길에 나가 일을 할 때는 꾸미고 지어내거나 '체'하지 않는다는 것이다. 왜 그런가? 위에서 든 여러 보기처럼 모두 현상과 본진은 상대성을 띠고 있으므로 꾸미고 지어내 봐도 반대되

---

7) 是以 = 以此, 以是, 此以

는 일이 따라서 일어나기 때문이다. 열심히 하는 척 바쁘게 일한다 해도 소홀히 하는 곳이 있게 마련이며, 아무리 길게 늘인다고 하더라도 더 긴 것에 견주면 짧을 뿐이다. 순리를 거슬러 지어내기를 자주 하게 되면 오히려 재앙과 근심을 불러일으킬 수도 있다. 그러므로 벼슬자리에 앉게 되면 오로지 체함, 곧 위爲를 경계해야 하는 것이다. 순리를 거스르는 일이기 때문이다.

언言은 '말씀 언'인데 문장文章이란 뜻이다. 그러므로 불언지교不言之敎(←不敎言)는 '문장을 가르치지 않다'는 말이다. 벼슬자리에서 물러나 야인野人으로 살아가면 또 그뿐인데, 화려했던 옛날을 잊지 못하고 잘난 척하는 것은 쓸 데 없는 일이다. 배운 척하며 지식을 자랑하고 문장 짓기 따위나 가르치는 것은 성인이 할 바가 아니라는 것이다. 그리하는 것이 바로 위爲, 곧 '체'함이기 때문이다.

○ 萬物作焉而不辭

한문에서 목적어는 영어처럼 타동사 뒤에 와서 '주어 + 타동사 + 목적어' 꼴이 된다. 그러므로 만물작언萬物作焉을 '만물을 만들다'로 옮겨서는 안 된다. 더구나 앞 글귀에 '성인'이 나온다고 해서 이 글귀의 주어가 성인일 수는 없는 것이다. 제아무리 거룩하다 해도 사람이 만물을 만들어낼 수는 없지 않겠는가. 그러므로 이 글귀의 주어는 '만물'이며 작作은 '일어날 작'이라고 새겨야 한다. 만물이 생겨난다는 뜻이다.

언焉은 '이 언'이고, 이而는 한정종결사8)로서 '…일 뿐, …일 따름'이다. 그러므로 언이焉而는 '이 뿐이다'는 뜻이다. 만물이 생겨나는데 생겨날 뿐이라는 것이다. 사辭는 '알릴 사'다. 그러므로 이 글귀는 "만물이 생겨

---

8) 한정 종결사로 쓰일 때는 이이而已, 이이의而已矣와 같이 연용하기도 하나 단독으로 쓸 때도 있다.
　　孔孟之道 程朱之學 正其誼而 不謀其利(공맹의 도와 정주의 학문은 그 옳음을 정할 뿐 그 이익을 꾀하지 않는다. 《四字小學》)

나는데, 그뿐이지 알리지 않는다"로 해석된다. 만물은 자연이법을 따라 저절로 생겨날 뿐이지, 내가 여기 있다고 제 존재를 알리거나 내가 힘써서 생겨났다고 잘난 척 떠들어대지 않는다는 것이다.

○ 生而不有 爲而不 恃功成而弗居夫

이제까지 이 글귀는 생이불유生而不有 위이불시爲而不恃 공성이불거功成而弗居로 끊어 읽고, '살아 있어도 없는 듯, 만들어도 자랑하지 않고, 공을 이루어도 결과에 집착하지 않는다'고 풀이했다. 그러나 그럴듯한 풀이라고 해서 옳은 것은 아니며, 선학先學들이 그렇게 끊어 읽었다고 해서 옳은 것도 아니다.

생生은 '날 생, 나올 생'이다. 이而는 앞에 나온 것처럼 '뿐 이'이고 不은 '아닐 불'이 아니라 '아닌가 부'다. 따라서 생이부生而不는 '났을 (나왔을) 뿐이 아닌가'라는 뜻이다. 그렇다면 유위이부有爲而不는 '또한 되었을 뿐이 아닌가'가 된다. 유有는 '또 유'다. 만물은 자연이법을 따라 그냥 그렇게 나왔을 뿐이고 그에 따라 형상을 이루거나 지위를 차지했을 따름이다. 어떤 의지나 노력이나 조작이 없으며 제가 여기 있다고, 제가 애써서 한 것이라고 떠들어 알리지 않는다〔不辭〕.

시공성이불거부恃功成而弗居夫에서 시恃는 '믿을 시'다. 공功은 '일 공', 성成은 '이루어질 성'이다. 그러므로 시공성恃功成은 '일(공)이 이루어졌다고 믿다'는 뜻이다. 이而는 순접의 접속사인데 '～하면 곧'이라는 뜻이 있다. 부夫는 감탄사다. '진저 부'로 새기는데 안타까운 마음을 담은 권유나 기원을 뜻한다. 그러므로 이 글귀는 '일이 이루어졌다고 믿거든 곧 불거弗居할진저!'라는 뜻이다.

불弗은 '떨 불'이다. 떨어낸다는 뜻이다. 그러므로 弗居는 '떨어내고 살라'가 된다. 무엇을 떨어내라는 것일까?

이럴 때는 늙으신 선생님께서 하고자 하신 말씀이 무엇인가를 생각해 보라. 무엇인가? 바로 무위無爲다. '체하지 말라'는 것이다. 일을 이루고 공적을 세운다 해도 내가 한 일이라고 나서서 잘난 척하지 말라는 것이다. 그러므로 떨어내야 할 것은 자부심, 또는 공명심이다. 제가 잘나거나 힘을 써서 그리된 것이 아니라, 그리되는 것이 마땅한 자연 이법일 뿐이니 그 이법을 따랐을 따름이라는 생각과 태도를 지니라는 것이다. 제가 공을 세우고 일을 성공시켰더라도 순리順理를 따랐을 뿐이라며 겸손히 물러남이 바로 弗居하는 것이다.

그리해야 본성을 지켜 오래 살 수 있다. 그러나 머리 검은 짐승이 그리하기가 쉽지 않으니 늙으신 선생님이 보기에 얼마나 안타까운 일이겠는가. '진저 부夫' 한 글자가 그 안타까운 마음을 절절히 나타내고 있다.

○ 唯弗居 是以不去

唯는 '비록 수'로 雖와 같다. 去는 '갈 거'인데 '죽다'는 뜻이 있다. 그러므로 이 글귀는 "비록 (제가 한 일이라는 자만심이나 공명심 따위는) 떨어내고 산다[唯弗居]고 하더라도 그 때문에 죽지는 않을 것이다[是以不去]"는 뜻이다. 자만심이나 공명심을 떨어내니 잘난 척 나서지 않고 조용히 물러나 살아간다. 죽거나 다칠 일이 없으니 본성을 지킬 수 있다. 공을 이루고 돈, 명예, 지위 따위를 얻었다 해도 그것이 오래 간다고 할 수 없다. 오히려 화를 불러들일 수도 있다. 노자가 살던 때는 제후국 사이에 전쟁과 병화가 끊이지 않던 시대였기 때문이다. 공을 세웠다 해도 자만심이나 공명심을 버리고 몸을 숨기는 것이야말로 제한 몸을 지키는 일, 곧 본성을 지키는 길이었던 것이다.

제3장 무위無爲를 행하니 다스리지 못함이 없도다

(백성들이) 어질기를 바라지 말라.

불상현
不尚賢

백성들로 하여금 송사를 일으키지 않도록 하려면
(재물 때문에 벌이는 송사를) 귀히 여기지 말라.

사민부쟁 불귀
使民不爭 不貴

얻을 것이 재물이냐고 꾸짖으라.

난득지화
難得之貨

백성들로 하여금 도둑질을 하지 않게 하려면
(갖기를) 바랄 만한 것은 드러내지 말라.

사민불위도 불현가욕
使民不爲盜 不見可欲

백성들로 하여금 마음이 어지럽지 않도록 하려
면 성인에 견주어 바로잡으라.

사민심불란 시이성인지치
使民心不亂 是以聖人之治

(얻고자 하는 그 마음을) 비우라. 어찌 마음이
그 배를 채우겠느뇨.

허 기심실기복
虛 其心實其腹

(되고자 하는 그 뜻을) 약하게 하라. 어찌 뜻이
그 몸을 튼튼하게 하겠느뇨.

약 기지강기골
弱 其志强其骨

늘 백성들로 하여금 무지무욕하게 하라.

상사민무지무욕
常使民無知無欲

무릇 지자智者로 하여금 감히 '체'하지 않게 하라.

사부지자불감위야
使夫智者不敢爲也

'체'하지 아니하면 곧 다스리지 못함이 없으리라.

위무위즉무불치
爲無爲則無不治

○ 不尙賢

여러 주해서들은 한결같이 '현명함을 숭상하지 않다'로 옮기고 그렇게 하면 곧 '백성으로 하여금 다투지 않게 할 것이다〔使民不爭〕'로 풀이한다. 사람들이 현명해지려고 앞다투어 학문을 배우고 익혀서 벼슬을 얻으려고 서로 경쟁하니 다투게 된다는 것이다.

그러나 민民은 피지배자다. 거의 다 농민들이다. 글을 배우거나 무예를 익힐 새가 있을 리 없고, 그렇게 한다 해도 전쟁에서 큰 공을 세우거나 높은 이의 눈에 띄기 전에는 신분 상승을 이룰 기회는 거의 없었다.

불상현不尙賢은 백성을 다스리는 사람들이 지녀야 할 마음가짐이다. 상尙은 '바랄 상'이고, 현賢은 '어질 현'이다. '어질다'는 것은 마음이 너그럽고 착하며 슬기롭고 덕행이 높다는 뜻이다. 타고나는 사람도 있을 테고 마음을 갈고 닦아 그리 되는 사람도 있겠지만, 모든 사람이 다 어질 수는 없는 일이다. 그러므로 불상현不尙賢은 "(백성들이) 어질기를 바라지 말라"고 해석된다. 백성들 가운데는 어진 이도 있지만 모두 다 어진 것은 아니다. 백성들이 어질게 살기를 바랄 것이 아니라 적어도 인정머리 없는 세상은 되지 않게 하려면 이러저러하게 하는 것이 어떻겠느냐고 제안하고 있는 것이다.

○ 使民不爭 不貴 難得之貨

사使는 흔히 사역문使役文[9]을 만든다. '…로 하여금 …하게 …하다'로 옮길 수 있다. 쟁爭은 여기에는 '소송하다,' 곧 재판을 걸다는 뜻이다. 옳고 그름을 가려내려고 재판을 걸어 다툼을 말한다. 그러므로 사민부쟁使民不爭은 '백성으로 하여금 송사訟事를 걸지 않게 하다'고 풀이할

---

9) 사동문使動文이라고도 하는데, '使+㉠+서술어' 얼개이며 '㉠로 하여금 ~하게 하다'로 풀이한다. 사역 보조사(사使, 령令, 교敎)나 사역동사(명命, 견遣, 권勸, 초招, 소召, 솔率)를 쓴다. 때로 글 흐름에 따라 사역문이 되기도 한다.

수 있다. 송사를 거는 까닭은 거의 다 재물 때문에 벌어지는 일이다.

귀貴는 '귀히 여길 귀'이다. 따라서 불귀不貴는 '귀히 여기지 말라'는 말이다. 재물 때문에 벌이는 송사는 귀히 여기지 말라는 것이다. 난득지화難得之貨가 흔히 하듯이 '얻기 어려운 재화'라는 뜻은 아니다. 난難은 '나무랄 난'이다. 득得은 '얻을 득, 탐할 득'이고 화貨는 '재물 화'다. 지之는 주격조사다. 그러므로 난득지화難得之貨는 '탐하는 것이 (겨우) 재물이란 말이냐?고 나무라'는 뜻이다.

이제 이어서 읽어보면 "백성으로 하여금 송사를 일으켜 다투지 않게 하려면, (그런 송사는) 귀히 여기지 말라. 탐내는 것이 (겨우) 재물이란 말이냐고 나무라라"는 뜻이 된다.

○ 使民不爲盜 不見可欲

사민불위도使民不爲盜는 '백성으로 하여금 도둑이 되지 않게 하다' 또는 '도둑질을 하지 않게 하다'는 뜻이다. 욕欲은 '바랄 욕'이다. 가욕可欲을 '욕심낼 만함'으로 옮기려면 욕慾을 써야 한다. 가욕可欲은 '바랄 만함'이다. 사람이라면 누구나 갖고 싶어할 만한 것, 바로 값비싸고 화려한 물건이다. 현見은 '나타낼 현'이니 드러낸다는 말이다. 그러므로 불현가욕不見可欲은 '(사람들이 갖기를) 바랄만한 것을 드러내 보이지 말라'는 뜻이다.

○ 使民心不亂 是以聖人之治

사민심불란使民心不亂은 '백성들로 하여금 마음이 어지럽지 않게 하나'는 뜻이다. 그런데 이렇게 풀이해 놓고 보니 시이성인지치是以聖人之治와 잘 들어맞지 않는다. 시이是以를 '이 때문에, 이로써'라는 관용구로만 보기 때문이다.

시是는 '바로잡을 시', 치治는 '견줄 치'다. 그리고 치治의 목적어인 성인聖人이 앞으로 나가 그것이 목적어임을 알려주는 구조조사之가 붙은 것이라고 생각해 보라.

동사	전치사	목적어	구조 조사	동사	←	동사 (바로잡다)	전치사 (~로써)	동사 (견주다)	목적어
是	以	聖人	之	治		是	以	治	聖人

이렇게 하면 이 글귀가 "백성들의 마음을 어지럽히지 않으려면 성인에게 견줌으로써(성인을 배워 익힘으로써) 바로 잡으라"는 뜻이 됨을 쉽게 알 수 있다.

○ 虛 其心實其腹

이 글귀는 이제껏 허기심虛其心 실기복實其腹이라고 끊어 읽어서 '그 마음을 비우고 그 배를 채우라'고 옮겨 왔지만 그렇지 않다고 생각한다.

허虛는 '비우라'는 명령문이다. 재물, 지위, 명예를 얻으려는 마음을 비우라는 것이다. 순리를 거스르고 송사를 벌여서라도 내 것을 만들려는 생각, 도둑질을 해서라도 내 배를 채우려는 생각을 버리라는 말이다.

기심실기복其心實其腹에서 앞에 있는 기其는 '어찌'라는 뜻이고, 뒤에 나온 기其는 '그'라는 뜻이다. 실實은 '채울 실'이다. 따라서 이 글귀는 '어찌 마음이 그 배를 채우겠는가'라는 뜻이다. 주린 배를 채우려면 먹을 것을 찾아야 마땅한 것이다. 얻고자 하고 되고자 하는 마음만으로 어찌 배를 채울 수 있겠는가. 쓸 데 없이 세상 명리를 바라지 말고 먹고 살 일부터 먼저 신경 쓰라는 말이겠다.

○ 弱 其志强其骨

이 글귀도 약기지弱其志, 강기골强其骨로 끊어 읽어 '그 뜻을 약하게 하고 그 뼈는 굳세게 한다'고 옮겨 왔지만 이 또한 잘못된 풀이라고 생각한다.

약弱은 '약하게 할 약'이니 '약하게 하라'는 명령문이다. 순리를 거슬러서라도 무언가 얻고 무언가 되려고 하는 뜻, 욕심과 야망을 약하게 하라는 것이다. 기其 또한 앞에 있는 것은 '어찌', 뒤에 있는 것은 '그'라는 뜻이다. 그러므로 이 글귀는 '어찌 뜻이 그 뼈를 튼튼하게 하겠느냐'는 뜻이다. 여기서 뼈는 몸을 뜻한다. 무언가 되고자 하고 얻으려하는 뜻을 가지고는 몸을 튼튼히 하거나 목숨을 지킬 수 없다는 것이다. 뜻을 이루려고 몸부림치다 죽거나 다칠 수도 있으며 옥살이를 할수도 있다. 본성을 해치게 되는 것이다.

그러므로 그런 뜻을 품느니 네 몸 하나 튼튼히, 그리고 온전하게 지키는 것이 낫다는 이야기다.

○ 常使民無知無欲

"늘 백성으로 하여금 무지무욕無知無欲하게 하라"는 뜻이다. 그렇게 할 수 있는 방법은 다툼을 벌이는 사람을 꾸짖거나, 바랄 만한 것을 아예 보여주지 않는 것이었다. 왕과 제후가 다스리는 시절이었으니 할 수 있는 일이다. 이것을 두고 오늘날과 동떨어진 말, 몽상가가 지껄이는 헛소리라고 깎아내려서는 안 될 것이다. 늙으신 선생님께서는 당대 정치·사회 조건 아래서 할 수 있는, 그리고 해야 하는 당위에 대해 말씀하고 계신 것이다.

○ 使夫智者不敢爲也

이 글귀는 '무릇 지자智者라는 자들로 하여금 감히 위爲하지 못하도록 하라'는 말이다. 위爲는 '체할 위'로, 순리를 거슬러 꾸미고 체하는 것이다.

여기서 지자智者는 아마도 많이 배우고 연구하는 데 힘써 세상 물정에 밝은 사람을 가리킬 것이다. 위정자들일 수도 있고, 세 치 혀를 놀려 유세하고 다니던 경세가經世家들일 수도 있으며, 왕이나 제후가 거느린 책사策士들일 수도 있다. 왕이나 제후가 듣기에 그들이 하는 말은 늘 달콤하다. 이런 정책을 펴고 저런 술수를 쓰면 나라가 안정되고 부강해지며 외교와 전쟁에서 이길 수 있다고 말한다. 그러나 그것이 사람 본성을 해치는 것임은 말하지 않는다. 본성을 지키는 것은 처음부터 생각하지 않으며 오로지 큰 공을 세워 부귀영화를 누리려는 마음뿐이다. 그들이 내놓는 정책이나 술수는 모두 꾸미고 '체'하며 자연이법을 따르지 않고 거스르는 것이니 모두 위爲다. '체'하지 못하게 하는 것은 이른바 지자知者들이 본성을 지킬 수 있는 길이기도 하다.

○ 爲無爲則無不治

무위無爲를 행하면[爲無爲], 다스리지 못할 바가 없다[無不治]는 말이다. 제 모습을 가리고 속이며 '체'하는 위爲를 행하지 않아야 천하를 제대로 다스릴 수 있다. 위爲는 본성을 해치는 것이기 때문이다.

제4장 하늘 이법을 본받음이 먼저이니라

도는 비어 있으나 작용은 있도다.	도 충 이 용 지 혹 道沖而用之或
차 있지 않은 고요함이여.	불 영 연 혜 不盈淵兮
(그러나) 만물의 바탕(근원, 뿌리)을 보여주도다.	사 만 물 지 종 似萬物之宗
(도道의 본디 모습을 알려면) 그 작은 것은 꺾어 쳐내고 그 어지러이 얽힌 것을 풀어 헤치라.	좌 기 예 해 기 분 挫其銳 解其紛
그 큰 줄기를 좇아 작고 작은 것까지도 함께 하라.	화 기 광 동 기 진 和其光 同其塵
맑기도 하구나. (그러나 이것은 내가 처음 한 것이 아니요) 어떤 이가 (이미) 살펴본 것 같은데,	잠 혜 사 혹 존 湛兮 似或存
내가 그 옛 선생을 아는 것은 아니니라.	오 부 지 수 지 자 吾不知誰之子
하늘을 본받음이 먼저 할 일이니라.	상 제 지 선 象帝之先

○ 道沖而用之或

도道는 비어 있다[道沖]. 도道라고 하는 것이 무언가 크고 어지럽고 알기 어려운 것이라고 생각할지도 모르지만, 그걸 들여다보니 텅 비어 있더라는 것이다.

도道는 비어 있는데 용지혹用之或하다. 지之는 주격조사이니, '용用이 혹或하다'는 뜻이다. 용用은 '작용 용, 효용 용'이고 혹或은 '있을 혹'이다. 그러므로 용지혹用之或은 '작용이 있다'는 뜻이다. 도道라고 하는 것은 텅 빈 것인데 뭔가 작용하는 바가 있다는 말이다.

○ 不盈淵兮 似萬物之宗

불영不盈은 '차 있지 않다'는 뜻이다. 연淵은 '고요할 연', 혜兮는 감탄 종결사다. 도道라고 하는 것은 차 있지 않으니 그 속을 아무리 들여다보아도 고요하기만 하다. 그러므로 불영연혜不盈淵兮는 '차 있지 않은 고요함이여'로 해석해야 한다.

사만물지종似萬物之宗에서 사似를 '같을 사'로 새겨 '만물의 뿌리(근원)인 것 같다'고 옮기곤 하는데, 사似를 '보일 사'로 새겨 '만물이 갈라져 나오는 근원根源(뿌리, 바탕)을 보이다(보여주다)'로 옮겨도 좋을 것 같다.

○ 挫其銳 解其紛 和其光 同其塵10)

도道는 만물의 근원이 될지언정, 김용옥의 번역처럼 날카로움을 무디게 하고 얽힘을 푸는 일 따위는 하지 않는다. 이 글귀는 명령문이다.

---

10) 이경숙은 글귀 순서를 바꾸어 '좌기예 화기광 해기분 동기진挫其銳 和其光 解其紛 同其塵'으로 써야 뜻이 드러난다고 말하고 있지만(《노자를 웃긴 남자 1》, 101쪽), 그의 풀이가 옳은 것도 아니고 그렇게 순서를 바꿔야 하는 것도 아니다.

도道의 참모습을 알고자 한다면 좌기예挫其銳하고 해기분解其紛하며, 화기광和其光하고 동기진同其塵하라는 말이다.

좌기예挫其銳의 예銳는 '작을 예'로, 도道라는 것이 어떻게 생겼는지 알아보려면 작고 가느다란 것들(銳)은 쳐내라(挫)는 뜻이다. 이렇게 작은 것들을 쳐내어 분분하게 얽히고설켜 복잡하기만 했던 것을 단출하게 풀어내라는 것이다(解其紛).

화기광和其光의 화和는 '좇을 화'다. 광光은 '클 광'이다. 그런데 이것을 '온화할 화'와 '빛 광'으로만 새기려고 하니 그 빛이 온화하느니, 그 빛이 고르게 된다느니 하는 온갖 구구한 해석이 나오는 것이다. 도道라는 것은 텅 비어 있는 것인데 어디에서 빛이 나오며 어떻게 빛을 낼 수 있단 말인가? 앞서 작은 것들을 꺾어 쳐내고 어지러이 얽힌 것을 풀어내라고 했다. 그러니 큰 줄기, 곧 대강大綱을 추려 좇을 수 있지 않겠는가. 따라서 화기광和其光은 '그 큰 줄기(도의 대강)를 좇으라'는 뜻이다.

이렇게 대강大綱을 추려 좇게 되니 동기진同其塵할 수 있다. 동同은 '같이 할 동'인데 '합치다, 균일하게 하다'는 뜻이고 진塵은 '티끌 진'이니 바로 꺾어 쳐낸 작은 것(銳)들이다. 도道의 모습을 알아보는 데 걸리적거리던 작은 것들은 쳐내고 얽힌 것들을 풀어헤치니 그 줄거리, 곧 대강을 좇을 수 있게 된다. 이로써 쳐냈던 작은 것들도 큰 줄기, 큰 흐름 속에 하나로 합칠(同) 수 있게 되는 것이다. 작은 차이에 얽매이지 말고 큰 줄기를 보아야 도道의 참모습을 알아낼 수 있다는 말이다.

○ 湛兮

도道라고 하는 것은 텅 비어 있는 것이어서 그 본디 모습이 보이지는 않는다. 그래서 도道를 설명하는 말은 구구하고 어지러우며 그러다 보니 더욱 더 알기 어렵다. 손에 잡히지 않는 뜬구름과 같다. 그래서 윗 글귀와 같이 좌기예挫其銳 해기분解其紛 화기광和其光 동기진同其塵

하였더니 도道의 모습이 드러나는데, 그 말끔하게 추리고 가려낸 모습은 참으로 맑더라[湛兮]는 것이다. 이때 湛은 '맑을 잠'이다.

○ 似或存 吾不知誰之子

해 아래 새 것이 없다[11]는 말도 있지만, 어느 날 갑자기 세상에 나타난 것은 없다. 아무리 뛰어나고 고상하며 잘 정리된 학설이라 할지라도 선대先代의 지식과 선학先學의 수고가 없었다면 어찌 그것을 이룰 수 있었겠는가. 그러므로 좌기예 해기분挫其銳 解其紛하고 화기광 동기진和其光 同其塵하라는 늙으신 선생님의 말씀도 누군가 앞선 이가 있어 생각을 정리하고 발전시켜 왔기 때문에 할 수 있는 말인 것이다. 자신(노자)이 처음 이런 생각을 한 것이 아니라 자신보다 앞서 이런 생각을 한 어떤 이가 있었을 것 같다[似或存]는 것이다. 여기에서 사似는 '같을 사'이며 존存은 '살필 존'이다. 그러므로 사혹존似或存은 '어떤 이가 살펴 본 것도 같다'는 뜻이다.

그러나 노자는 자기보다 앞서 도道를 살펴본 '어떤 이[或]'를 알지는 못한다. 훌륭한 선생인 것은 틀림없겠지만 그가 누구인지는 모른다. 오부지수지자吾不知誰之子가 바로 그 말이다. 수誰는 '누구 수'가 아니라 '옛 수'다. 자子는 '아들 자'로 흔히 새기지만 '임 자'로 새기기도 한다. 일가언一家言[12]을 이룬 고매한 선생을 이르는 말이다. 그러므로 이 글귀는 '나는 옛날의 (그) 선생을 알지 못한다'는 뜻이다. 선생, 스승을 가리키는 사師는 자신이 모시고 가르침을 받은 선생을 일컫는다. '스승 사'를 쓰지 않고 자子를 쓴 것은 노자가 어떤 선생을 모시고 배운 것은 아니라는 것을 말한다. 노자보다 앞서 이미 도道를 전하는 어떤 학파나 선생이 있어 그 가르침을 전해 들었을 뿐이라는 것이다.

---

11) 전도서 1장 9절
12) 독자적으로 주장하는 견해나 학설

○ 象帝之先

흔히 '상제象帝보다 앞선 것이다'고 보고 있는데, 이렇게 풀이해 놓으니 상제象帝가 도대체 무엇인지, 상제보다 앞선다는 것이 무슨 말인지 온갖 해설이 어지럽기만 하다. 상제를 '코끼리 임금'이라고 해 놓은 것은 말할 것도 없고, 이를 '하나님'이라고 해놓은 김용옥의 번역도 잘못된 것이다. 아마도 상제象帝를 상제上帝로 보고, 상제, 곧 '하느님'과 그리스도교의 '하나님'을 동일시한 오류이다.

공영달孔穎達[13])이 지은 《상서정의尙書正義》에 따르면, 제帝는 천天의 한 이름이다. 이때 '하늘'이 신앙의 대상, 절대존재를 가리키는 것은 아니다. 동양에서 하늘[天]이란 선악을 판별하는 '기준'이며 선악에 따라 적절한 응보를 베푸는 '원리'이지 신앙의 대상은 아니다. 상象은 흔히 '코끼리 상'으로 새기지만 '본받을 상'이기도 하다. 제帝는 '하느님 제'다. 이때 지之는 주격조사이며 선先은 '앞 선'으로서 '먼저 할 일'이라는 뜻을 지니고 있다. 그러므로 상제지선象帝之先은 '하늘을 본받음이 먼저 할 일'이 된다.

하늘을 본받음은 하늘이 정한 원리와 규범을 따른다는 뜻이다. 도를 깨우침은 선생을 모시고 그를 따라 배워 이르게 되는 것이 아니라 하늘을 본받아 그 이법理法을 익히고 행하여 얻는 것이다. 그러므로 도는 스승으로부터 배우는 것이 아니며, 스승을 본받는다고 해서 도를 깨칠 수 있는 것도 아니다. 오로지 하늘을 본받음[象帝]이 도道를 깨치는 길인 것이다.

---

13) 574~648. 수 양제 때 과거에 급제하고 당나라에서 벼슬을 지낸 유학자이다. 자는 중달仲達이다. 남북조 이래 여러 학파로 나뉘어 반달헤온 경긴헤닉을 동일했나. 이 책은 이후 과거시험의 교과서가 되었으며 오늘날까지 경전해석의 기본문헌으로 인정받고 있으나, 학문이 자유롭게 발전하는 것을 막기도 했다.

제5장 천지도 무심하고 성인도 무심하다

천지는 (만물을) 불쌍히 여기지 않아 만물을 풀 강아지처럼 무심하게 대하고

천지불인 이만물위추구
天地不仁 以萬物爲芻狗

성인도 그러하여 백성을 풀강아지처럼 대하느니라.

성인불인 이백성위추구
聖人不仁 以百姓爲芻狗

임금이 땅을 (넓힐 기회를) 엿보는데

천지지간
天地之間

그 움직임이 풀무로구나. 헛되다 하여도 굽히지 않는구나.

기유탁약호 허이불굴
其猶橐籥乎 虛而不屈

(군사를) 움직일수록 (풀무와 같이 그 욕망은) 더욱 생겨나는구나.

동이유출
動而愈出

때마침 말이 자주 막히는구나.

다언삭궁
多言數窮

(말이 많은 것은) 중도를 지킴만 못하도다.

불여수중
不如守中

여느 번역서들은 불인不仁을 '인자하지 않다, 어질지 않다, 잔인하다'로 풀이하고 있으나 나는 그런 풀이에 동의하지 않는다. 천지가 그 무슨 성정性情이 있을 것이며 성인이 어찌 인자하지 않다는 것인가. 나는 이런 풀이에서 공맹孔孟의 유학에서 한 치도 벗어나지 못하고 있는 고루한 한학자들의 모습을 본다. 불인不仁을 인仁의 반대 개념으로 보면 노자의 본디 뜻은 사라지고 유학의 눈으로 본 노자, 유학의 틀에 맞춘 노자가 남는 것이다.

노자는 인仁, 의義, 예禮, 지智, 신信 등의 덕목은 모두 위爲, 곧 지어내고 꾸며내어 '체'하는 것이며 본성本性을 비틀어놓은 것이라고 보았다. 있는 그대로 놓아두는 것이 가장 좋다고 본 것이다. 그 어떤 힘도 더하지 않고 체하지 않으며 있는 그대로 자연이법에 따라 움직이도록 놓아두는 것, 이것이 바로 무위無爲다.

○ 天地不仁 以萬物爲芻狗

여기에서 인仁은 '불쌍히 여길 인'이다. 자연 현상이 사회문화 현상과 다른 것 가운데 하나가 몰가치성이다. 천지만물은 자연이법을 따라 저절로 움직이는 것이지 가치를 판단하지 않는다. 어찌 만물을 불쌍히 여기겠는가. 따라서 천지는 불인不仁하다. 천지(자연)는 (만물을) 불쌍히 여기지 않는다(天地不仁).

○ 聖人不仁 以百姓爲芻狗

성인도 그러하다(聖人不仁). 그저 무심한 눈으로 백성을 바라보고 있는 그대로 두어 자연이법에 따라 살아가게 할 뿐이다. 인의예지신仁義禮智信 따위 가치를 내세워 백성들의 행동을 윤리도덕 속에 가두거나 그들의 삶에 끼어들지 않는다.

추구芻狗는 고대 중국의 제사 도구 가운데 하나다. 제사를 지낼 때

악귀나 흉한 기운이 침범하는 것을 막으려고 풀이나 지푸라기로 개를 본떠 옆에 세워 두었다가, 제사가 끝나면 버리거나 태운다. 떠받들거나 길이 보존할 가치가 있는 것이 아니다.

이만물위추구以萬物爲芻狗와 이백성위추구以百姓爲芻狗는 모두 '以 ㉮爲 ㉯'로 된 얼개다. '㉮를 ㉯로 삼다, ㉮를 ㉯로 만들다, ㉮를 ㉯라고 여기다'로 옮기면 된다. 그러므로 이 두 글귀는 제가끔 '만물을 추구로 여기다', '백성을 추구로 여기다'는 뜻이다. 천지만물이 일어나 움직이고 활짝 피어났다가 마침내 사라짐은 저절로 그러한 것이지 절대자의 가치나 의지가 끼어들어서 된 것이 아니다. 성인도 백성에게 자신의 신념을 강요하지 않고 있는 그대로 살아가게 놓아둔다. 바로 무위無爲를 행하는 것이다.

아래 글귀를 다들 '하늘과 땅 사이 또는 그 사이에 있는 공간이 풀무와 같다[其猶橐籥乎]'고 옮긴다. 그런데 왜 갑자기 하늘과 땅 사이에 있는 공간이 풀무와 같다는 것일까? 그 공간이 풀무처럼 늘었다 줄었다 한다는 것도 우습지 않은가.

천지지간天地之間을 '하늘과 땅 사이'라고만 생각하니 기유탁약호其猶橐籥乎를 천지지간과 풀무가 같지 않은가 하는 감탄문으로 풀이할 수밖에 없고, 그러다보니 늙으신 선생님께서 말하고자 하는 참뜻을 제대로 알아내지 못한 것이다.

한자는 한 글자가 여러 가지 뜻을 지니고 있다는 것, 늙으신 선생님의 본디 뜻인 무위無爲에 비추어 해석해야 한다는 것, 그 분이 살던 시절의 상황과 배경, 곧 정복전쟁이 끊이지 않던 시절이었음을 살펴봐야 한다는 것, 앞뒤 글월의 논리가 맞아야 한다는 것 등을 생각하지 않으면 《도덕경》을 제대로 이해할 수 없다.

이천오백여 년 동안 《도덕경》과 늙으신 선생님은 참으로 많은 오해와 고초를 겪어온 것이다.

○ 天地之間 其猶橐籥乎

노자가 서쪽으로 달아나던 길에 관령關令 윤희尹喜에게 써 준 글이 《도덕경》이라는 《사기》의 기록이 사실이라면, 이 글귀는 노자가 달아나는 까닭을 알려주는 실마리다. 끊임없이 벌어지는 정복 전쟁, 영토 확장 정책을 비판하고 있는 것이다.

천지지간天地之間은 천간지天間地가 도치된 글귀다. 한문은 동사 뒤에 목적어가 오는데 '엿볼 간間'의 목적어인 지地가 앞으로 나가면서 그것이 목적어임을 알려주는 구조조사 지之가 붙은 것이다. 천天은 '하늘 천'이 아니라 '임금 천'이다. 황제를 가리키는 말이지만 황제라는 말을 쓰기 시작한 것은 진秦이 춘추전국을 통일한 뒤이니 이곳의 천天은 천자天子, 곧 주나라의 임금을 가리킨다.

그러면 천지지간天地之間은 '임금(천자)이 땅을 엿보다'는 뜻이다. 다른 나라를 쳐서 영토를 넓힐 기회를 노린다는 것이다. 온 세상을 지배하고자 하는 군주의 욕망이다.

그런데 그 욕망은 탁약橐籥, 곧 풀무와 같지 않겠느냐〔其猶橐籥乎〕고 노자는 말한다. 탁약橐籥은 바람을 불어넣는 도구인 풀무를 가리킨다. 기其는 '아마'라는 뜻을 지닌 추측부사다. 따라서 기유탁약호其猶橐籥乎는 아마도 풀무와 같으리라는 뜻이다.

○ 虛而不屈 動而愈出

임금이 땅을 넓히려는 것은 헛된 욕망이지만, 임금은 결코 그 욕망을 굽히려 하지 않는다. 허이불굴虛而不屈이다. 허虛는 '헛될 허'이고, 굴屈은 '굽힐 굴' 또는 '다할 굴'이다.

풀무는 〈자료 3〉과 같이 생겼다. 빠르게 움직일수록 더 많은 바람이 나온다. 임금이 영토를 넓히려는 욕망도 이 풀무와 같은 것이다. 더 많이 움직여 다닐수록 더 넓은 영토를 차지하려는 욕심이 생겨난다〔動而

愈出〕.

〈자료 3〉 풀무의 생김새와 얼개

늙으신 선생님께서 주나라를 떠나 서쪽으로 몸을 피한 까닭 가운데 하나가 이렇게 임금의 영토야욕을 비판하다가 미움을 샀기 때문인지도 모른다. 그리고 비록 주나라를 떠나 몸을 숨기려는 길이기는 했지만 말을 조심해야 했을 것이다. 이렇게 임금을 비판하는 글을 지니고 있는 사람이 화를 당할지도 모를 일이었으니 더욱 그랬을 것이다. 게다가 관령 윤희가 글을 남겨 달라고 청하기는 했지만 그 또한 주나라의 관리가 아닌가. 그래서 '임금 왕王' 대신 '임금 천天'을 쓴 것이고 글자 순서도 바꾸어 임금이나 그의 영토야욕을 직접 가리키지 않으면서도 할 말은 하려 했던 것이다. 그러다 보니 뒷날 전혀 다른 뜻으로 읽을 수밖에 없게 되었지만 말이다.

○ 多言數窮 不如守中

다언삭궁多言數窮에서 다多는 '마침 다'다. '때 맞춰 알맞게'라는 뜻이다. 數은 '자주 삭'이다. 암호 같은 글을 쓰려니 말을 더하려 해도 더 만들어 내기가 어렵디. 할 말이 궁힐 수밖에 없다. 그러므로 다언삭궁多言數窮은 '마침 말이 자주 막힌다'는 뜻이다.

영토를 넓히려고 수많은 목숨을 죽여가면서 전쟁을 벌이는 임금을 비판하다가 죽을 위기에 몰리자 몸을 피하려는 자신의 처지를 생각하니 하고픈 말이 많았을 것이다. 그러나 무작정 긴 글을 쓸 수는 없다. 가지고 있는 죽간은 한정된 것일 뿐만 아니라 구하기도 어려운 것이 아닌가. 제아무리 암호와 같은 글이라 할지라도 임금을 비판하는 글을 너무 길게 썼다가 꼬리를 잡힐 수도 있지 않겠는가. 그래서 할 말은 다했으니 이쯤에서 그치고 가슴에 품어두는 것이 낫다(不如守中)고 생각한 모양이다.

불여수중不如守中은 '중도中度를 지킴만 못하다'는 뜻이다. 할 말은 다해서 이쯤이면 되었으니 말을 더하기보다 중도를 지켜 그치는 것이 낫겠다는 뜻이다.

제6장 아득한 골짜기 현빈玄牝

(앞에서 말이) 막혔느니라. (천지자연을 지배하는 이법인 도道는) 영묘함이 다하지 않는데

谷神不死
곡 신 불 사

이를 일러 (아득히 멀어 가물거리는 골짜기인) 현빈이라고 하느니라.

是謂玄牝
시 위 현 빈

현빈은 (덕德이 나오는) 문이로다.

玄牝之門
현 빈 지 문

천지天地의 뿌리를 이름이라.

是謂天地根
시 위 천 지 근

멀고도 멀리 그대가 있으나 쓸모를 근심하지는 않느니라.

綿綿若存 用之不勤
면 면 약 존 용 지 불 근

○ 谷 神不死

이 글귀를 다들 곡신불사谷神不死로 읽어 '골짜기의 신은 죽지 않는다'고 옮긴다. 그런데 왜 갑자기 '골짜기의 신[谷神]'이 나오는 것일까? '골짜기의 신'이 나왔다면 그 대가 되는 '봉우리의 신'이 나오고 둘을 견주어 말하는 것이 옳을 것이다. 그런데 그러기는커녕 '골짜기의 신'에 대해서도 아무런 말이 없다. 이경숙처럼 '신이 죽지 않고 영원히 존재하는 계곡이 있다'고 옮겨도 마찬가지다.

그리스도교의 신과 달리 동양의 신은 죽는 존재다. 중국 신화에 나오는 창조신 반고盤古도 죽었고 인간을 만들었다는 신 여와女媧도 죽었다. 우리나라 제주도를 만들었다는 선문대 할망도 죽었다. 그런데 다른 신은 죽고 '골짜기에 있는 신'은 죽지 않는다니 무슨 소리일까?

이 글귀는 곡谷 신불사神不死로 끊어 읽어야 한다. 곡谷은 골짜기란 뜻이 아니라 '막힐 곡'이다. 왜 그런가? 제5장 말미에서 말조심을 해야겠다는 생각이 들었던지 말을 그쳤다. 다언삭궁多言數窮은 때마침 말이 자주 막힌다는 뜻이다. 그래서 아까는 말이 막혔지만[谷], 다시 말을 시작해 보겠다는 것이다.

신神은 '영묘할 신'이고, 사死는 '다할 사'다. 노자가 말한 것은 오로지 자연이법을 따라 순리대로 살라는 것이었다. 남보다 나아 보이려고 꾸미거나 체하지 말아야 다투지도 않게 되며, 그래야 제 본성을 지키고 제 명에 죽을 수 있다는 것이었지 초자연을 이야기한 적은 없다. 따라서 신불사神不死는 '영묘함이 다하지 않다'는 뜻이다. 그러므로 이 글귀는 "(아까는 말이) 막혔지만 (이어서 하자면) 영묘함이 다하지 않다"는 뜻이다. 그 다하지 않는 영묘함을 가리켜 현빈이라고 이른다[是謂玄牝].

○ 是謂玄牝

현빈玄牝이 무엇일까. 글자 그대로 풀이하면 '검은 골짜기14)'다.

김용옥은 이것을 '가물한 암컷'으로 보았는데 빈牝에 '암컷'이라는 뜻이 있기는 하지만 참으로 뜬금없는 풀이다. 글 흐름과 전혀 맞지 않는데다가 그렇게 보아야 할 아무런 까닭이 없다.

현빈玄牝은 아득하게 멀리 있어 '가물거리는〔玄〕골짜기'다. '영묘함이 다하지 않는〔神不死〕골짜기'다. '멀고 멀리 존재하고 있는 것'이어서 아득히 가물거린다. 그러므로 '아득히 멀어 가물거리는 골짜기' 정도로 옮기거나 원문을 그대로 살려 현빈玄牝이라고 하는 것이 글맛은 말할 것도 없고 노자의 본디 뜻을 살리는 길일 것이다.

○ 玄牝之門 是謂天地根

김용옥은 현빈지문玄牝之門을 암컷의 생식기라 보고 '아랫문'이라고 옮겼지만, 참으로 천박하다고 아니할 수 없다.

지之는 주격조사이니 현빈지문玄牝之門은 '현빈은 문이다'란 뜻이다. 무슨 문인가. 바로 도道로 들어가는 문이고, 제1장에서 말한 것처럼 온갖 오묘함이 나오는 문〔衆妙之門〕이다. 그리고 이 문을 일컬어 천지의 뿌리라고 한다〔是謂天地根〕.

노자는 우주만물, 곧 현상계現象界는 덕德에서 나왔으며 덕은 도道에서 나왔다고 보았다. 그러므로 천지의 뿌리인 현빈玄牝은 도道에서 현상계現象界, 곧 천지만물을 내는 덕德이 태어나는 문이다.

○ 綿綿若存

면綿은 '솜 면'이다. 그러나 여기에서는 그런 뜻이 아니다. 중국에서 목화를 키워 쓰기 시작한 것은 송·원 시대인 10세기 이후이기 때문이다.

---

14) 玄은 '검다'는 뜻이지만 黑과는 다르다. 까마득하게 멀어서 가물가물 아득해 보이는 색깔이다. 나이나 경력 차이가 많이 나는 후배를 꾸짖을 때 하는 말 "새카만 게…"의 '새카맣다'와 비슷하다.

이경숙은 면면綿綿을 '면면히 이어져 온 전통'이라고 할 때 바로 그 면면이라고 한다.15) '이어지고 이어지다'는 뜻이라고도 하고 '실낱같이 희미하게 이어진 모양16)'이라고도 한다. 면綿은 면縣이라고 썼는데, 실이 가늘고 길게 늘어나는 것을 뜻한다고 한다. 여기에서 '길게 이어지다'는 뜻이 나온 것이니 제법 그럴 듯하다.

그런데 이상하다. 현빈의 문[玄牝之門]은 덕德이 나오고 도道로 들어가는 문이다. 혈통, 역사, 문화, 전통 따위가 이어진다면 몰라도 문이 실낱같이 희미하게 이어지다니 이상하지 않은가.

면綿은 '멀 면'이다. 그냥 먼 것이 아니라 '아득히 멀다[요원遙遠]'는 뜻이다. 겹쳐 썼으니 멀고 또 멀다[綿綿]는 뜻이다. 그렇게 아득히 멀리 있으니 거무스레하고 가물거리는[玄] 것이다. 약若은 '너 약'이다. 따라서 면면약존綿綿若存은 "멀고도 멀리 네가 (존재하고) 있다"는 뜻이다. '너'는 바로 현빈이다.

재미있지 않은가. 삼인칭이 아니라 이인칭을 썼다. 멀고도 멀리 '그것'이 있는 것이 아니라 멀고도 멀리 '그대'가 있다. '그대'는 상대편을 친근하게 이르는 이인칭 대명사다. 현빈이 비록 아득히 멀리 있기는 해도 참으로 가까운 것이라는 걸 말하려고 한 것인지도 모른다. 늙으신 선생님의 글솜씨를 미루어 알 수 있는 대목이다.

○ 用之不勤

이경숙은 이 글귀를 '쓰고자 하면 게을러서 쓸 수가 없다17)'고 풀이하고 있다. 근勤이 '부지런히 할 근'이니 불근不勤은 곧 '게으르다'는 뜻이라고 한다. 그런데 현빈이 게으르다니 이상하지 않은가?

용지불근用之不勤은 도치된 글귀다. 본디 불근용不勤用이었는데 근勤

---

15) 이경숙, 《노자를 웃긴 남자》, 176쪽.
16) 이경숙, 《완역 이경숙 도덕경》, 118쪽.
17) 위의 책, 119쪽.

의 목적어인 용用이 앞으로 나가면서 그것이 목적어임을 알려 주는 구조조사 지之가 붙은 것이다. 근勤은 '근심할 근'이다. 따라서 이 글귀는 "효용(작용, 쓰임새)을 근심하지 않다"는 뜻이다.

왜 그런가? 아득히 멀리 있어 가물거리는 현빈이 무슨 작용을 하느냐고, 그것을 어디에 쓴다는 것이냐고 물어볼지도 모르지만, 그것은 인간의 의지, 신념, 가치관 따위가 끼어들 수 있는 것이 아니니 신경 쓸 일이 아니기 때문이다.

제7장 몸을 돌보는 것이 먼저 할 일이니라

천지는 장구하도다.	천 장 지 구 天長地久
천지가 장구할 수 있는 까닭은	천 지 소 이 능 장 차 구 자 天地所以能長且久者
아마도 몸소 조작하지(꾸미지) 않기 때문이리라.	이 기 부 자 생 以其不自生
그러므로 오래 살 수 있도다.	고 능 장 생 故能長生
그러므로 성인은 그 몸을 뒤로 물리니 제 몸이 먼저인 것이요,	시 이 성 인 후 기 신 이 신 선 是以聖人 後其身而身先
그 몸을 (세상살이의) 밖에 두니 몸이 편안하도다.	외 기 신 이 신 존 外其身而身存
이는 (명리를 얻고자 하는) 사사로움이 없기 때문이 아니겠는가.	비 이 기 무 사 야 非以其無私邪
그러므로 능히 (몸을 편안히 지키고자 하는) 그 사사로움을 이룰 수 있느니라.	고 능 성 기 사 故能成其私

○ 天長地久 天地所以能長且久者

김용옥은 장長을 '너르다'고 옮겨 놓았다. 그러나 장長에 '넓다'는 뜻은 없다. 1차원 개념인 '길이'와 2차원 개념인 '넓이'는 다르다. 아마 '하늘이 길다'고 하면 말이 되지 않기 때문에 '너르다'고 한 것 같다.

이 글월은 '천지는 장구하다〔天地長久〕'라고 보아야지 '하늘은 길고〔天長〕 땅은 오래 간다〔地久〕'고 풀이할 것이 아니다.18) 바로 뒤에 '천지가 장구한 까닭〔天地所以能長且久者〕'이라는 글귀도 나오지 않는가.

○ 以其不自生 故能長生

이以는 까닭을 나타내는 전치사, 기其는 '아마'라는 뜻이다. 따라서 이기부자생以其不自生은 '부자생不自生하기 때문'이라는 뜻이다. 자생自生은 '스스로 자란다' 또는 '스스로 산다'는 뜻이 아니다. '천지가 스스로 살지(자라지) 않기 때문'이라고 풀이해 보면 말이 되지 않음을 바로 알 것이다. 이경숙은 '스스로 살고자 애쓰지 않기 때문'이라고 옮기고 있으나, 이 글귀에 '~하고자 애쓰다'는 말은 들어 있지 않다.

자自는 '스스로 자'다. '몸소'라는 뜻이다. 생生은 '살 생'이 아니라 '만들 생'이다. 조작造作한다는 뜻이다. 그러므로 不自生은 '몸소 만들지(조작하지) 않다'로 해석된다.

제5장의 천지불인天地不仁을 기억하고 있을 것이다. 이때 불인不仁은 '불쌍히 여기지 않다'는 뜻이었다. 만물은 자연이법을 따라 나고 자라 무성해지다가 마침내 늙어 사라지는 법이다. 그렇다고 해서 천지가 이를 불쌍하게 여기지는 않는다. 그러한 법도에 끼어들어 짓고 꾸미는 일 따위는 하지 않는다. 조작하지 않는 것이 천지자연이다. 조작은 인간이 저 잘난 줄 알고 하는 짓이다. 천지가 능히 오래 살 수 있는 것

---

18) 부생모육지은父生母育之恩도 '아버지가 낳고 어머니가 기르신 은혜'라고 풀이해서는 안 된다. '부모님이 낳고 기르신 은혜〔父母生育之恩〕'라고 풀이해야 한다.

〔故能長生〕은 바로 조작하고 꾸며내어 '체'하지 않기〔無爲〕 때문이다.

○ 後其身而身先

흔히 '몸을 뒤로 하기에 몸이 앞서다'로 옮기는데 잘못된 것이다. 늙으신 선생님은 명리名利를 탐탁지 않게 보았다. 그래서 꾸미고 체하여 자신을 드러내려 하지도 말고 남보다 앞서 나가거나 높아지려고도 하지 말라고 했다. 그렇게 하면 다툼에 얽혀 다치거나 죽을 수도 있으니 그런 데 끼어들지 말고 네 한 몸이나 잘 지키라고 했다. 그러므로 몸을 뒤로 뺌으로써 오히려 앞설 수 있다고 한다면 이는 노자의 본디 뜻과 전혀 달라지게 된다. 남보다 앞서기 위한 방편으로 몸을 뒤로 뺀다면 그것이야말로 '체'하는 것이고, 이것이 바로 위爲이기 때문이다.

한자漢字는 누구나 잘 알고 있는 쉬운 글자라도 우리가 잘 알지 못하는 뜻이나 쓰임새를 지니고 있을 때가 많다. 따라서 내가 알고 있는 뜻만 가지고 옮길 수 없을 때는 반드시 자전을 찾아보아야지 지레짐작으로 풀이해서는 안 된다. 노자가 말하려 했던 본디 뜻, 곧 무위無爲에 어긋나지 않아야 하는 것이다.

후後는 '뒤로 미룰 후'이므로, 후기신後其身은 '그 몸을 뒤로 미루라'이다. 나서지 말라는 뜻이다. 신선身先은 '몸을 앞세우다'가 아니라 '몸이 먼저'라는 뜻이다. 내 한 몸 편안하기를 생각하여 잘 지키는 것이 우선 할 일이라는 것이다. 그러므로 이 글귀는 잘난 척하며 나서지 말고 뒤로 빠지는 것이 본성을 지키기 위해 먼저 할 일이라는 말이다.

○ 外其身而身存

김용옥은 외기신外其身을 '내 몸을 내던져 희생할 줄 아는 삶의 자세[19]'라고 말하고 있는데, 늙으신 선생님께서 하고자 하신 말씀이 무엇인지 모르는 것 같다.

늙으신 선생님은 그 어디에서도 제 몸을 희생하라고 말하지 않았다. 백성 대하기를 추구芻狗 대하듯 하고,[20) 세상 명리와 시비 다툼에서 벗어나 제 한 몸이나 편안히 지키라고 말했을 뿐이다.

외外는 '외댈 외'다. 제외한다는 말이다. 존存은 '편안할 존'이다. 따라서 이 글귀는 "그 몸을 (밖으로) 빼니 몸이 편안하다"로 풀이해야 한다.

○ 非以其無私邪 故能成其私

사私가 두 번 나오고 있는데 서로 다른 의미로 쓴 것이다. 그런데 이것을 모두 '사사로울 사'로 읽어 '사사로움이 없기 때문에 사사로움을 이룰 수 있다'고 읽으니 참으로 어처구니없는 번역이다.

비이기무사야非以其無私邪는 이중 부정이다. 이와 같이 '비非 ~ 야邪'로 짜인 글월은 '~이 아니겠는가'로 풀이할 수 있는데, 이기무사以其無私의 이以는 까닭을 나타내는 전치사이므로 '그 사사로움이 없기 때문이 아니겠는가'라는 뜻이 된다.

여기서 말하는 사사로움이란 바라는 바[所欲]를 채우는 것이며 그것은 남보다 낫게 되는 것이다. 바로 명예, 지식, 재물, 출세 따위의 추구는 세상명리를 더하려 하는 마음이니 이를 버려야 능히 그 사사로움을 이룰 수 있다[故能成其私]. 이곳의 사私는 제 한 몸을 보존하는 것을 말한다.

---

19) 김용옥, 《노자와 21세기》 하, 통나무, 2000, 20쪽.
20) 제5장 以百姓爲芻狗

제8장 낮은 곳으로 내려가기를 옳게 여기라

바라건대 물을 좇음을 옳게 여기라.	상 선 약 수 上 善若水
물은 만물을 이롭게 함을 옳게 여길 따름이요,	수 선 리 만 물 이 水善利萬物而
뭇사람들이 부끄러워하는 (낮은) 곳에 처함을 하소연하지 않느니라.	부 쟁 처 중 인 지 소 오 不爭處衆人之所惡
그러므로 도道에 가깝도다.	고 기 어 도 故 幾於道
아마도 (낮은 데로 흐르는 물의 본성을) 옳게 여김이 근본일 것이니라.	기 선 지 심 居善地心
불쌍히 여기기보다는 고요함을 옳게 여기라.	선 연 여 선 인 善淵與善仁
이르노니, 진실로 바른 것을 옳게 여기고 사람을 부리는 일은 빌려 씀을 옳게 여기며,	언 선 신 정 선 치 사 言 善信正 善治事
벼슬자리를 얻으려는 마음을 참아냄을 옳게 여기고, (벼슬살이를 할 만한지) 때맞춤을 옳게 여길진저.	선 내 동 선 시 부 善能動 善時夫
오로지 다투지 않으니 그러므로 허물이 없으리라.	유 부 쟁 고 무 우 唯不爭 故無尤

○ 上 善若水

흔히 상선약수上善若水라고 읽어서 '가장 좋은 것은 물과 같은 것이다', '가장 위대한 선은 물과 같은 것이다'로 옮기는데 잘못된 것이다. 상上이 '가장'이나 '가장 위대하다'는 뜻은 지니고 있지 않기 때문이다. 上상은 '바랄 상'이다. 상尙과 같다. 善은 '옳게 여길 선'이며 약若은 '같을 약'이 아니라 '좇을 약'이다.

그러므로 이 글귀는 상 선약수上 善若水라고 끊어 읽어야 한다. "바라건대 물을 좇음을 옳게 여기라"는 뜻이다. 제 몸이 먼저(身先, 제7장)이니 낮은 곳을 찾아 내려가려는 물의 본성을 좇아야 몸도 편안할(身存, 제7장) 수 있다는 것이다.

○ 水善利萬物而 不爭處衆人之所惡 故幾於道

이 글귀를 흔히 수선리만물이부쟁水善利萬物而不爭이라고 끊어 읽고 옮기는데 잘못된 것이다. 수선리만물이水善利萬物而에서 끊고 부쟁不爭은 다음 글귀에 붙여 읽어야 한다.

선善은 '옳게 여길 선', 이而21)는 '뿐 이'다. '물은 만물을 이롭게 함을 옳게 여길 뿐'이라는 뜻이다. 물은 만물을 이롭게 할 뿐 대가를 바라지 않으며, 높은 곳으로 올라가려고도 하지 않는다. 내가 만물을 이롭게 하는 공을 세웠는데 왜 낮은 곳으로 가야 하느냐고 툴툴거리지도 않는다.

쟁爭은 '하소연하다'는 뜻이다. 물은 하소연하지 않는다[不爭]. 뭇사람들이 부끄러워하는 바에 처함[處衆人之所惡]을 못마땅해 하거나 불평하지 않는다. 오惡는 '부끄러워할 오'다. 뭇사람들은 낮은 자리에 드는 것을 부끄러워하기 때문에 꾸미고 지어내고 '체'를 해서라도 남보다 나은

---

21) 흔히 이이而已나 이이의而已矣로 써서 '~일 따름'이라는 뜻을 나타낸다.

자리, 높은 자리를 차지하려고 한다. 그러나 물은 낮은 곳으로 내려가기를 옳게 여긴다(以其善下之, 제66장). 그러면서도 원망하거나 불평하지 않으며 높은 곳으로 오르려 하지도 않는다. 무욕無欲이다. 그러므로 물은 도道에 가깝다[故幾於道]. 뭇사람들이 부끄러워하는 낮은 곳으로만 흐르는 물. 물이 지닌 이와 같은 본성을 따르는 것이 바로 제 본성을 지키는 길인 것이다.

○ 居善地心 善淵與善仁

이 글귀는 흔히 거선지居善地 심선연心善淵 여선인與善仁이라고 끊어 읽어 옮긴다. 다들 참으로 좋은 말인 것만 같다. 착한/좋은 땅에 거하라[居善地]니 그럴듯하지 않은가.

그러나 좋은 것이 반드시 옳은 것은 아니며, 사막이나 극 지방처럼 좋지 않은 땅에 사는 사람도 있다. 게다가 물이 도道에 가깝다는 이야기를 하다가 왜 갑자기 땅과 삶 이야기가 나오는지, 왜 이런 비약이 일어난 것인지 알 수가 없다.

이 글귀는 기선지심居善地心 선연여선인善淵與善仁이라고 읽어야 한다. 居는 '어조사 기'다. 其와 통용되는데 '아마'라는 추측부사로 쓴 것이다. 선善은 앞서 나온 것처럼 '옳게 여길 선'이고 지地는 '지위 지', 심心은 '근본 심'이다. 그러므로 기선지심居善地心은 '아마도 (현재 처한) 지위를 옳게 여김이 근본일 것이다'는 뜻이다. 처지를 받아들이지 않고 더 높은 곳을 바라고 나아가려 하다가 爲를 저지르며 자칫 본성을 해칠 수도 있기 때문이다.

여與는 '보다는 여'다. 비교하는 말이다. 따라서 선연여선인善淵與善仁은 '선인善仁하기보다는 선연善淵하라'는 것이니, 인仁을 옳게 여기기보다는 연淵을 옳게 여기라는 말이다 이때 인仁은 '불쌍히 여길 인', 넌淵은 '조용할 연'이니, '불쌍히 여김을 옳게 여기기보다는 고요함을 옳게 여기라'는 말이 된다.

왜 그런가? 제5장에 천지는 불인不仁하여 만물을 풀강아지처럼 여기고[天地不仁 以萬物爲芻狗] 성인도 불인不仁하여 백성을 풀강아지처럼 여긴다[聖人不仁 以百姓爲芻狗]는 글귀가 있다. 자연이법대로 나고 살다 사라지는 것을 무심히 바라볼 뿐 불쌍히 여기는 마음으로 끼어들지 않는다는 말이다. 만물과 백성이 나서 살다 사라지는 것을 불쌍히 여기게 되면 자연이법에 끼어들게 된다. 물 흐르듯 움직여 가는 순리를 거스르거나 막으려 하며 바꾸려 하게 된다. 그러나 내 한 몸이 먼저[身先]라고 하지 않았는가. 내 몸이 편안한 것[身存]이 으뜸이 아닌가. 남을 불쌍히 여기고 거기에 끼어들다가 몸을 다치거나 목숨을 잃을 수도 있으니 조용히 지켜보는 것을 옳게 여기라는 말이다.

오해하지 말아야 한다. 불쌍한 이를 돕지 말라는 뜻이 아니라 순리를 거스르지 말라는 이야기다. 어려운 이를 불쌍히 여기고 돕는 것은 인지상정이 아니겠는가.

○ 言 善信正 善治事 善能動 善時夫 唯不爭 故無尤

언言은 '말할 언'이다. '말하건대, 말하노니'라는 뜻이다. 따라서 끊어 읽어야 한다. 신信은 '진실로 신'이다. 따라서 선신정善信正은 '진실로 바른 것을 옳게 여기라'는 뜻이다.

치治는 '빌 치'이고, 사事는 '부릴 사'다. 따라서 선치사善治事는 사람을 부릴 때도 빌려 쓰는 것처럼 머뭇거리고 조심하는 마음으로 함을 옳게 여길 일이지, 힘과 권위를 앞세우지 말라는 것이다.

능能는 '견딜 내'다. 내耐와 같으니 '참을 내'이기도 한데 내耐 또한 '능할 능'으로 쓰기도 한다. 동動에는 '벼슬을 하다'는 뜻이 있다. 따라서 선내동善能動은 '벼슬하기를 참아냄을 옳게 여기라'는 뜻이다. 벼슬자리를 얻고자 하는 마음을 참아내라는 뜻이다. 높은 자리에 오르려고 하는 것은 물이 지닌 본성이 아닐뿐더러 잘난 척하면서 나서는 것이니 바로 위爲이기 때문이다.

시時는 '때맞출 시'다. 부夫는 감탄을 나타내는 '진저 부'다. 따라서 선시부善時夫는 '때맞춤을 옳게 여길진저'의 뜻이다. 무슨 때를 맞추라는 것일까? 앞서 선내동善能動 곧 '벼슬하기를 참아냄을 옳게 여기라'고 했다. 한 줌이나 될까 말까한 학식과 재주를 믿고 촐싹거리며 나서지 말라는 것이었다. 그러므로 선시부善時夫는 벼슬하기를 사양하지만 어쩌다 벼슬을 하게 되더라도 벼슬살이를 할 만한 때인지 잘 살피라는 말이다. 때를 가늠하지 않고 벼슬자리에 올랐다가 몸을 다치거나 못 볼 꼴을 보고 패가망신할 수도 있을 터이다.

이와 같이 선신정善信正하고 선치사善治事하고 선내동善能動하며 선시善時한다고 해 보자. 다투거나 불평불만을 늘어놓을 일이 있을 수 없으며 마침내 위爲를 저지를 일도 없게 될 것이다. 그리하면 오로지 다투지 않으니[唯不爭] 허물도 없는[故無尤] 것이다.

제9장 공이 따르거든 스스로 물러날지니라

남도록 지닌다는 것은 장차 그치느니만 못하도다.

지 이 영 지 불 여 기 이
持而盈之 不如其已

쇠를 불려 단단하게 만들고 갈아 날카롭게 한다
해도 오래 보존할 수 없느니라.

췌 이 탈 지 불 가 장 보
揣而梲之 不可長保

금은보화가 집을 채웠다 해도 지킬 수 없느니라.

금 옥 만 당 막 지 능 수
金玉滿堂 莫之能守

부귀하면 교만함이 절로 따르리니 장차 재앙이라.

부 귀 이 교 자 수
富貴而驕自遺

공이 따르거든 스스로 물러날지니

공 수 신 퇴
功遂身退

하늘의 법도法道이니라.

천 지 도
天之道

○ 持而盈之

영盈은 '찰 영' 또는 '남을 영'이다. 목적어를 취하지 않는 자동사다. 그러므로 다른 이들의 풀이처럼 타동사인 '채우다'로 옮길 수는 없다. 한편 이而는 구조조사 지之와 마찬가지로 주어와 술어 사이에 쓰여 주술구조로 하여금 독립성을 잃고 명사구名詞句 또는 절節이 되게 하는 구조조사다. 그러므로 지이영持而盈은 '지닌 것이 남음'이라는 명사절이 된다. 이때 지之는 그 명사절을 이끄는 주격조사다. 그러므로 지이영지持而盈之는 "지니고 있으면서도 (그것이) 남는다는 것은~", 곧 "남도록 지닌다는 것은~"이라는 뜻이다.

○ 不如其已

'불여不如~'는 '~만 못하다[22]'는 뜻이다. 그러므로 이 글귀는 "기이其已만 못하다"는 뜻이다. 어떤 이는 기이其已에서 기其가 영盈을 가리키고, 기이其已는 '채움을 그침(멈춤)'이라고 한다. 그러나 영盈에 '채우다'는 뜻은 없다. 그렇다고 해서 '참을 그치다'나 '남음을 그치다'로 옮기는 것도 말이 되지 않는다. 기其는 '장차[23]'라는 뜻을 지닌 부사, 이已는 '그칠 이'다. 따라서 이 글귀는 "장차 그치느니만 못하다"는 뜻이다.

○ 揣而梲之 不可長保

이경숙은 췌揣를 '헤아리다', 탈梲을 '동자기둥[24] 절'로 읽어 '동자기

---

22) 《漢書》〈趙充國傳〉에서 전한前漢 선제宣帝(B.C. 74~49)가 후장군後將軍 조충국趙充國에게 강족羌族을 물리칠 계책을 묻자 조충국이 한 대답 가운데 나오는 백문불여일견百聞不如一見을 통해 익숙한 말이다. 군사軍事란 실제로 가서 보지 않으면 헤아리기 어렵다며 한 말이다.

23) 《論語》〈爲政〉其何以行之哉 : 장차 무엇으로써 수레를 운행할 수 있겠는가?

24) 동자주童子柱. 들보 위에 올리는 짧은 기둥인데 우리말로는 '쪼구미'라고 한다.

둥의 개수를 센다, 집의 크기를 잰다'로 풀이하고 있는데, 글자들이 지닌 뜻을 얽어놓은 것일 뿐 말이 되지 않는다. '동자기둥을 헤아리다'란 뜻이라면 취절揣梲이라고 쓰면 되지 접속사 이而가 들어갈 까닭은 없다.

한편 김용옥은 취揣를 '갈다'로 새기고 있는데 취揣라는 글자에 '갈다'는 뜻은 없다. 그리고 탈梲을 '날카로울 예銳'를 잘못 쓴 것이라고 주장하고 있으나 아무 근거가 없는 소리다.

취揣는 '불릴 취'다. 물에 적셔 부피를 커지게 한다는 뜻이 아니라 금속을 열처리[25]하는 기술 가운데 하나다. '불림[26]'이라고 한다. 늙으신 선생님께서 춘추시대 말에서 전국시대 초에 살았다는 것이 맞다면, 이때는 철기를 제대로 쓰기 시작한 무렵이다. 마땅히 금속 가공 기술이 발달했을 것이니 지식인이었던 늙으신 선생님께서 이런 기술용어를 모를 리 없었을 것이다. 탈梲은 '동자기둥 절' 또는 '막대기(곤봉) 탈'로 새기기도 하지만 여기에서는 '벗을 탈'이다. 탈脫과 통하는 글자이기도 하니 '벗길 탈'로 새길 수도 있다. 그렇다면 이 말은 '불림'이라는 기술을 써서 단단하게 한 금속의 껍질을 벗긴다는 것이니 '금속을 단단히 만들어 갈다(날카롭게 하다)'는 뜻이 아니겠는가. 그러므로 '취이탈지揣而梲之'는 '(금속을) 불리고(단단하게 하고) 벗기는(갈아 날카롭게 하는) 것은'이라고 옮겨야 하는 것이다. 지之는 앞 글귀와 마찬가지로 주격 조사지만, '(금속을) 단단하게 만들고 (날카롭게) 간다고 하여도'처럼 양보로 푸는 것이 더욱 매끈하다.

불가장보不可長保는 오래 보전할 수 없다는 말이다.

○ 金玉滿堂 莫之能守

금옥만당金玉滿堂은 '금과 옥이 집을 채우다'는 뜻이다. 금옥金玉이

---

25) 금속을 열처리하는 기술에는 불림(normalizing), 담금질(quenching), 뜨임(tempering), 풀림(annealing) 따위가 있다.
26) 금속의 조직을 균일하게 만드는 열처리 기술이다.

보화나 재산을 가리킴은 말할 나위도 없다.

막지능수莫之能守는 '그것을 능히 지킬 수 없다'는 뜻인데, 본디 막능수지莫能守之였던 것이 도치된 것이다. 한문에서는 부정사 불不, 미未, 비非, 무無, 막莫 따위를 붙여서 부정문을 만드는데 이때 글월이 도치되곤 한다. 동사 수守뒤에 있어야 할 대사 지之가 도치되어 동사 앞으로 나온 것이다. 지之가 가리키는 것은 금옥金玉이다.

부정사	대사	조동사	동사	←	부정사	조동사	동사	대사
莫	之	能	守		莫	能	守	之

따라서 막지능수莫之能守는 '그것[金玉]을 능히 지킬 수 없다'는 뜻이다.

○ 富貴而驕自遺 其咎

이 글귀는 부귀이교富貴而驕 자유기구自遺其咎로 끊어서 '부귀하다고 하여 교만하면 스스로 그 허물을 남긴다'고 보고 있다. 그러나 부귀이교자수富貴而驕自遺 기구其咎로 끊어 읽으면 풀이가 달라진다. 而는 조건이나 가정을 나타내는 접속사, 遺는 '남길 유'가 아니라 '따를 수'다. 따라서 부귀이교자수富貴而驕自遺는 '부귀하게 되면 교만함이 저절로 따라온다'는 말이다.

기其는 '장차'라는 부사다. 구咎는 '재앙 구'로 새기는 것이 마땅하다. 이것을 '허물 구'로 새기면 도덕경은 한낱 수신서修身書에 지나지 않게 되기 때문이다. 그러나 늙으신 선생님께서 수신修身이나 윤리도덕을 놓고 말씀하신 적은 없다. 오로지 무위無爲하고 부쟁不爭하여야 몸이 편안하다[身存]고 했을 뿐이다. 그러므로 기구其咎는 '장차 재앙이다'는 뜻이다. 교만하게 되면 본성을 해치는 재앙이 따른다는 것이다.

66

○ 功遂身退 天之道

수遂는 '따를 수'다. 따라서 공수신퇴功遂身退는 '공이 따르거든 몸은
물러나라'는 뜻이다. 신身을 '몸소 신'으로 보아 신퇴身退를 '스스로 물
러나라'고 옮겨도 좋겠다. 공을 세우면 그 대가로 벼슬이 올라가거나
새로 벼슬을 받을 것이다. 그에 따라 채읍采邑[27]을 받게 되는데 여기
에서는 세금을 거둬들일 뿐만 아니라 노동력을 징발할 수도 있었다.
농민을 실제로 지배하는 권력자가 되는 것이니 교만함이 저절로 따르
는데[驕自遺], 교만하면 장차 재앙을 입게 된다. 진나라 때 '진승陳勝과
오광吳廣의 난[28]'을 중국에서 처음 일어난 농민 반란으로 꼽지만 그
이전 전국시대에도 농민들이 봉기하여 제 주인을 죽이거나 쫓아내는
일은 적지 않았을 것이다. 그런가 하면 제후국 사이에 전쟁이 자주 일
어나던 때이니 땅의 주인이 바뀌는 일도 흔했다. 다른 제후가 지배하
던 땅을 빼앗으면 그 땅을 지배하던 벼슬아치들은 채읍을 빼앗길 뿐만
아니라 심하면 목숨을 잃기도 했을 것이다. 그래서 공이 따르거든 스
스로 물러나라고 한 것이다. 그렇게 하는 것이 다치거나 목숨을 잃지
않고 본성을 지키는 일이니 바로 하늘의 법도[天之道]이다.

---

27) 왕족, 공신, 대신들에게 내려준 땅. 고대 중국은 관리들에게 녹봉을 지급
하지 않고 땅을 내려주었는데 소유권을 받는 것이 아니라 그 땅에서 농
사를 짓는 농민들로부터 세금을 거둘 권리인 수조권收租權을 받는 것이었
다. 식읍食邑, 시토食土, 시봉食封, 채지采地라고도 한다.
28) 진나라 2세 황제가 즉위한 해인 기원전 210년에 일어난 농민 반란. 진나
라가 멸망하는 계기가 되었다. 이때 진승이 했다는 말 '왕후장상이 어찌
씨가 있겠는가[王侯將相 寧有種乎]'는 유명하다.

제10장 내가 하겠다고 나서지 말라

술찌끼를 가득 지어 한 덩이로 쥐어보라. 흩어짐이 없을 수 있겠느뇨.

재영박포일 능무리호
載營魄抱一 能無離乎

제멋대로 기운을 쓰면서 부드러움을 돋우어 보라. 어린아이를 둘러 안을 수 있겠느뇨.

전기치유 능영아호
專氣致柔 能嬰兒乎

쓸고 닦고서 고요히 살펴보라. 흠이 없을 수 있겠느뇨.

척제현람 능무자호
滌除玄覽 能無疵乎

백성을 사랑하고 나라를 다스리는데 (백성들에게) 떠벌려 알림이 없을 수 있겠느뇨.

애민치국 능무지호
愛民治國 能無知乎

임금이 성문을 공격하여 문을 여는데(성을 함락시키는데) 후퇴가 없을 수 있겠느뇨.

천문개합 능무자호
天門開闔 能無雌乎

어진이랍시고 사방을 흘겨보면서 영화를 누리는데 위爲가 없을 수 있겠느뇨.

명백사달 능무위호
明白四達 能無爲乎

(때가 되면) 저절로 이르니 그것을 따르라.

생지축지
生之畜之

생겨날 따름이 아닌가. 또한 될 따름이 아닌가.

생이부 유 위이부
生而不 有 爲而不

(그러므로 내가) 낫다고 믿더라도 맡아 주관하지 않으니 이를 일컬어 현덕玄德이라고 하느니라.

시장이부재 시위현덕
恃長而不宰 是謂玄德

○ 載營魄抱一 能無離乎

이경숙에 따르면 이 장은 지금까지 한 번도 제대로 번역된 적이 없다고 한다.[29] 맞는 말이기는 하지만 그렇다고 해서 그의 풀이가 옳은 것은 아니다. 이경숙은 '영백營魄'이 '온 나라 사람의 마음'을 뜻한다고 본다. 노자 당시에는 '국민'이라는 개념이 없었고 사람을 가리키는 인人과 백성을 가리키는 민民 따위 말밖에 없었기 때문에, '한 나라의 백성'을 가리키는 말로 군사 부대의 단위를 뜻하는 영營을 선택했고, 백魄은 '넋'이니 '한 나라 국민들의 넋이고 얼'이라는 것이다.

춘추전국시대 초나라의 시인인 굴원(屈原 : 기원전 339?~ 기원전 278?)의 시가를 모았다는 《초사楚辭》[30]에 〈원유遠遊〉라는 작품이 전하는데, '재영백이등하혜載營魄而登霞兮'라는 글귀가 있다. '혼백을 타고 노을에 올라'라는 뜻이다. 그래서 영백營魄을 '영혼, 혼백'이라고 옮기기도 한다. 그러나 이런 풀이가 정말 옳은 것일까?

이 글귀를 해석하는 데 가장 먼저 생각해야 할 것은 영백營魄이 아니라 백魄이다. 여기에서는 '넋 백'이 아니라 '재강 박'으로 새겨야 한다. '술을 거르고 남은 찌끼'를 가리킨다. 여기에 물을 붓고 계피 따위를 넣어 끓여서 짜낸 것이 모주라는 것이고, 모주를 짜내고 남은 찌꺼기를 지게미라고 부른다.

재載는 '실을 재'가 아니라 '가득할 재'다. 여기에서는 영營을 꾸미는 부사로 쓴 것이니 '가득, 가득히'라는 뜻이다. 영營은 '지을 영'이다. 따

---

29) 이경숙, 《이경숙 완역 도덕경, 도경》, 144쪽.

30) 한 성제成帝 때 유향劉向이 굴원을 비롯한 여러 시인들의 작품을 모아 《초사》라고 이름을 붙인 책인데 없어지고, 주석서만 여러 가지 전한다. 가장 오래된 것은 동한東漢 왕일王逸이 지은 《초사장구楚辭章句》이며 굴원의 작품으로 추정되는 것은 〈이소〉, 〈구가〉, 〈천문〉, 〈구장〉, 〈원유〉, 〈복거〉, 〈어부〉 등이라고 하는데 위작 논쟁이 끊이지 않았다. 굴원 역시 실재 인물이 아니라는 주장도 있으며, 실재 인물이라 하더라도 책 자체가 한대에 편집된 것이므로 춘추전국시대의 문학이 아니라 한대의 문학으로 봐야 한다는 견해도 있다.

라서 재영박載營魄은 '(술을 담가) 술찌끼를 가득 짓다'는 말이다. 포抱에는 '쥐다'는 뜻이 있다. 일一은 '하나로 할 일'이다. 따라서 포일抱一은 '쥐어 하나로 하다,' 곧 술찌끼를 뭉쳐 덩어리를 만든다는 말이다. 그래서 재영박포일載營魄抱一의 뜻은 '가득히 술찌끼를 지어 한 덩어리로 뭉쳐 쥐다'이다.

리離는 '흩어질 리'다. 따라서 능무리호能無離乎는 '흩어짐이 없을 수 있겠는가'라는 뜻이다. 술찌끼는 끈끈하지 않다. 뭉친다고 해 봐야 흘러내리고 다 말라 덩이가 진다해도 잘 부서진다. 그러니 이걸 흩어지지 않게 할 도리가 없는 것이다.

○ 專氣致柔 能嬰兒乎

이 글귀를 단전호흡이나 기공 수련 따위와 연결하여 읽기도 하고 실제로 기수련하는 이들이 활용하기도 한다고 하는데, 그런 풀이가 늙으신 선생님의 본디 뜻이 아니라는 건 말할 나위도 없다.

전專은 '제멋대로 할 전'이다. 기氣는 '기운 기'다. 치致는 '돋울 치'다. 위로 끌어 올려 도드라지거나 높아지게 한다는 뜻이다. 따라서 전기치유專氣致柔는 '기운을 제멋대로 하면서(쓰면서) 부드러움을 돋우어 보라'는 뜻이다. 마구잡이로 힘을 쓰면서 부드러움을 돋울 수 있겠는가? 그럴 수는 없을 것이다.

능能은 조동사이니 그 뒤에는 본동사가 와야 한다. 그러므로 영嬰은 동사다. '두를 영'이니 영아嬰兒는 '어린아이를 (팔로) 두르다'는 말이다. 따라서 능영아호能嬰兒乎는 '(약하디 약한) 어린아이를 두를(팔을 둘러 안을) 수 있겠느냐'는 뜻이다. 마구잡이로 힘을 주면서 어떻게 부드러움을 돋우어 어린아이를 둘러 안을 수 있단 말인가. 그럴 수는 없을 것이라는 말이다.

○ 滌除玄覽 能無疵乎

척제滌除는 사람에 따라 '섬돌을 닦다', '뜰을 쓸다'로 옮기고 있는데 글자 뜻으로만 본다면 그럴 수도 있을 것이다. 그런가 하면 현람玄覽에 무슨 심오한 뜻이 들어 있겠거니 하면서 그럴듯하지만 엉뚱한 말을 지어내기도 한다.

척滌은 '닦을 척, 씻을 척'이다. 제除는 '덜 제'로, 먼지 따위를 깨끗이 치우는 것을 말한다. 그러므로 척제滌除는 '닦고 쓸다', 곧 '청소하다'는 뜻이다.

김용옥은 현람玄覽을 '가믈한 거울'이라고 옮기고 척제滌除의 목적어로 보고 있지만 그렇지 않다. 람覽은 '볼 람'이다. '두루 보다, 살펴 보다'는 뜻이 있을 뿐 거울이란 뜻은 없다. 이것을 놓고 우주적 거울이니 뭐니 하면서 백서본帛書本까지 들먹이는데[31] 뜬금없는 이야기다.

현람玄覽을 자전字典의 뜻풀이를 따라 '사물의 진상을 통견함'으로 볼 수도 있겠으나, 노자 당시에 그런 뜻으로 썼는지도 알 수 없고 척제滌除라는 말과도 전혀 어울리지 않는다. 이것도 글자 뜻 그대로다. '고요할 현玄'에 '볼 람覽'이니 '고요히 살펴보라'는 뜻이다.

자疵는 '흉 자'다. 흠, 결점이란 말이니 무자無疵는 '흠이 없다'는 말이고 능무자호能無疵乎는 '흠이 없을 수 있겠느냐'는 말이다. 아무리 깨끗이 쓸고 닦았다〔滌除〕해도 고요히 살펴보면〔玄覽〕제대로 치우지 못한 곳, 흠이나 결점이 반드시 있게 마련이라는 것이다.

○ 愛民治國 能無知乎

이 글귀는 제법 쉬워 보인다. 백성을 사랑하고 나라를 다스리는데 지知가 없을 수 있겠느냐는 뜻이다. 그런데 여기에서 지知는 '앎'일까? '알림'일까? 아니면 다른 뜻이 있는 것일까?

---

31) 김용옥, 《노자와 21세기》(하), 102쪽.

제2장에 '만물작언이萬物作焉而 불사不辭', 곧 '만물은 생겨날 따름이지 제 존재를 알리지 않는다'는 글귀가 있다. 그렇다면 애민치국愛民治國하는 일도 조용해야 하지 않겠는가. 백성을 사랑하고 나라를 다스린다고 하여 소란을 일으키고 부지런을 떨며, 나라와 백성을 위해 이런 일을 하고 있노라고 떠들어 알리지 말아야 하는 것이다.

임금이 무슨 일을 하는지 정사를 어떻게 돌보는지 알리지 않으니 백성들은 알지도 못하고 알고 싶어 하지도 않는다. 무릇 훌륭한 정치는 이렇게 조용한 것이다. 애민치국愛民治國, 곧 정치를 한다는 것은 이러저러한 일을 벌여 소란스럽게 하지 않으며 백성들에게 알리지도 않는 것이다. 백성들은 태평성대를 누리면서도 그저 통치자가 있다는 것만 알 뿐이다. 따라서 지知는 '알릴 지'이다.

○ 天門開闔

뒤에 나오는 글귀 능무자호能無雌乎에 암컷을 가리키는 자雌가 있다고 하여 천문天門이 여성의 생식기를 가리킨다고 하는 번역은 얼마나 천박한가. 여성 생식기를 일러 옥문玉門 또는 음문陰門이라고 하기는 하지만, 왜 뜬금없이 천天이 들어가는 것인가.

그런가 하면 천문天門을 하늘 문이라고 보고 이 글귀를 '하늘 문을 열고 닫다'로 옮기기도 하는데 문법에 맞지 않는다. 만약 그렇다면 목적어인 천문天門이 동사인 개합開闔의 뒤에 와야 하기 때문이다. 게다가 이렇게 옮기는 것은 글 흐름으로 보아 전혀 맞지 않는다. 애민치국, 곧 정치를 이야기하다가 갑자기 하늘문이 나올 까닭이 없기 때문이다.

천天은 '임금 천'이다. 문門은 '문 칠 문'이니 성문을 공격한다는 말이다. 따라서 천문天門은 '임금이 성문을 공격하다', 곧 다른 나라와 전쟁을 벌인다는 뜻이겠다. 합闔은 '문짝 합'이니 개합開闔은 '문짝을 열다'는 뜻이다. 그러므로 천문개합天門開闔은 "임금이 (다른 나라의) 성을 공격하여 성문을 열다"는 말이다.

○ 能無雌乎

자雌가 암컷을 가리키는 것은 맞다. 그러나 그렇다고 하여 이 글귀를 '암컷(여자, 배필) 없이 할 수 있겠는가'라고 풀이할 수는 없는 일이다. 천문天門이 '하늘 문'을 가리키는 것이 맞다고 하더라도 하늘 문을 여닫는 데 암컷, 여성, 배필이 무슨 상관이 있겠는가. 그러다 보니 천문개합天門開闔을 '하늘 문을 여닫는 것과 같은 중요한 일', 곧 정치로 해석하고는 정치를 제대로 하려면 여자를 멀리해야 한다고 풀이한 것도 있는데 이 또한 틀린 것이다. 천문개합天門開闔이 정치를 가리킨다는 근거는 어디에도 없기 때문이다.

자웅雌雄[32]을 겨룬다는 말이 있다. 암수가 겨룬다는 말이 아니라 힘이 비슷한 양쪽이 겨뤄서 승패를 가린다는 뜻이다. 이기는 쪽이 웅雄이니 강한 것이요, 지는 쪽이 자雌이니 약한 것이다. 씩씩하고 용감하게 나아가고 높은 곳을 향해 뛰어 오르는 것을 웅비雄飛라고 한다. 이에 대가 되는 말이 자복雌伏이다. 겁을 내고 물러서서 굴복하거나 때를 기다려 숨어 지낸다는 뜻이다. 그러므로 자雌는 패배, 또는 굴복을 뜻한다. 싸움에서 지고 뒤로 물러서는 것이니 퇴각이라고도 할 수 있겠다. 그러므로 이 글귀는 "패배(굴복, 퇴각)가 없을 수 있겠느냐"는 뜻이다.

○ 明白四達

이 글귀는 그리 어렵지 않다고 생각하는지 다들 제가 알고 있는 짧은 지식을 가지고 풀이해 보려고 한다. 명백明白은 '밝고 깨끗하여 매우 분명함'이고 사달四達은 '사방으로 통하다, 구석구석까지 미치다'는 뜻이니 '밝고 깨끗한 통치자의 덕이 구석구석 미친다'고 옮긴다. 그럴듯해 보이기는 하지만 이 또한 말이 되지 않는다. 명백明白을 '통치자

---

32) 본디 역법曆法에서 비롯된 말인데, 밤을 자雌, 낮을 웅雄이라 부르며 밤과 낮이 번갈아가며 세상을 지배한다는 뜻이다.

의 덕'이라고 옮길 수 있는 근거는 어디에도 없다.

명明은 '밝을 명'이지만 그 속에는 '어진 사람, 현명한 사람'이란 뜻이 있다. 백白은 '흰 백'이 아니라 '흘겨 볼 백'이고 사四는 '사방 사'다. 달達은 '달할 달'인데 '영화를 누리다, 세상에 알려지다'는 뜻이 있다. 그러므로 이 글귀는 "어진 이가 사방을 흘겨보며 영화를 누리다"는 뜻이다.

어진 이가 왜 사방을 흘겨보는 것일까? 그 시대에 '어진 이' 또는 '현명한 사람'은 아마도 글을 읽을 줄 알고 무예를 지녔으며 나라에 공을 세워 제후나 천자로부터 벼슬과 토지(채읍, 봉토 따위)를 받은 사람, 곧 제후나 벼슬아치들이었을 것이다. 그들은 사방에 있는 백성들을 짓밟고 서서 거들먹거리는 건 말할 것도 없고, 눈을 흘겨 뜨고는 백성들을 종 부리듯 했을 것이다. 그리고 그 가운데 몇몇은 어진 이라는 소문이 돌면서 어느 정도는 이름도 알려졌을 것이다. 따라서 이 글귀는 "어진 이랍시고 (벼슬을 하거나 땅을 지니게 된 사람들은) (못마땅한 눈길로) 사방(에 있는 백성)을 흘겨보며 영화를 누린다"는 뜻이다.

○ 能無爲乎

위爲가 없을 수 있겠느냐는 뜻이다. 이미 말했듯이 위爲는 '체할 위'다. 잘난 척, 아는 척, 힘 있는 척, 지혜로운 척 자신을 꾸미고 앞장서 설쳐대는 것이다. 벼슬과 땅을 받아 영화를 누리고 농민을 지배하며 이름도 널리 알려져 영예를 누리게 되기까지 '체 함' 없이, 곧 자신을 꾸미고 앞장서 설쳐대지 않았어도 그렇게 되었겠느냐는 것이다. 그리고 그런 권력과 영화를 누리면서도 위爲 없이, 곧 '체'하지 않고 순리를 따를 수 있겠느냐는 말이다.

○ 生之畜之 生而不 有 爲而不

생지生之에서 생生은 '저절로 생'이다. 지之는 '이를 지'다. 따라서 생
지生之는 '저절로 이르다'는 뜻이다. 축지畜之에서 축畜은 '따를 축'이다.
여기에 나오는 지之는 '그것'이라는 대사다. 그러므로 이 글귀는 '(모든
것은 때가 되면) 저절로 이르니 (되어 가는대로) 그것을 따르라'는 뜻
이다. 위爲하지 않고 순리를 따르면 얻고자 하는 것들은 저절로 이르
게 된다는 말이다. 생이불生而不 유有 위이부爲而不는 제2장에도 나오므
로 여기에서는 설명을 줄인다.

○ 恃長而不宰 是謂玄德

시恃는 '믿을 시'다. 장長은 '어른 장, 우두머리 장'이 아니라 '나을
장'이고, 재宰는 '주관할 재'다. 이而는 역접을 나타내는 접속사다. 따라
서 이 글귀는 비록 남보다 낫다고 믿더라도 나서서 일을 주관하거나
이끌고 나가지 않는다는 말이다. 잘난 척 나서는 일, 곧 위爲이기 때문
이다. 이와 같이 몸을 뒤로 물릴 줄 아는 덕을 일컬어 현덕玄德이라고
한다〔是謂玄德〕. 현덕玄德은 '깊고 오묘한 덕'이나 '고요한 덕'으로 옮기
면 되겠으나, 굳이 우리말로 옮기지 않아도 그 뜻과 느낌을 알 수 있
으리라 생각한다.

제11장 비어 있어야 쓰임새가 생기느니라

서른 개 바퀴살이 한 바퀴통을 향하는데	삼십복공일곡 三十輻共一轂
마땅히 그것이 (굴대를 꽂을 수 있도록) 비어 있어야 수레의 쓸모가 생겨나느니라.	당기무유차지용 當其無有車之用
찰흙을 이겨 그릇을 만드니	선식이위기 埏埴以爲器
마땅히 그것이 비어 (오목한 곳이) 있어야 그릇의 쓸모가 생겨나느니라.	당기무유기지용 當其無有器之用
문과 들창을 뚫어 방을 만드는데	착호유이위실 鑿戶牖以爲室
마땅히 그것이 비어 있어야 방의 쓰임이 생겨나느니라.	당기무유실지용 當其無有室之用
그러므로 유有(존재)로 말하자면 이렇게 이로움이 되고	고유지이위리 故有之以爲利
무無(없음, 비어 있음)으로 말하자면 이렇게 쓸모가 되느니라.	무지이위용 無之以爲用

○ 三十輻共一轂 當其無有車之用

복輻은 '바퀴살 복', 곡轂은 '바퀴통 곡'이다. 바퀴와 바퀴를 이어주는 축軸(굴대)을 꽂는 곳이다. 공共은 '향할 공'이다. 따라서 삼십복공일곡三十輻共一轂은 바퀴살 서른 개가 한 바퀴통을 향한다는 뜻이다. 바퀴살 서른 개를 바퀴통 하나를 향하게 하여 꽂음을 일컫는다.

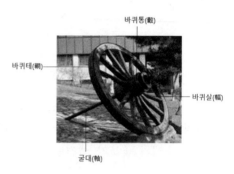

〈자료 4〉 바퀴통 구조

당當은 '마땅히 당'이다. 기其는 바퀴통〔轂〕을 가리키는 인칭 대사다. 무無는 '없을 무'인데 여기에서는 '없음'이라는 명사로 전성된 것이며 '비어 있음'을 뜻한다. 유有는 '가질 유', 차지용車[33]之用은 '수레의 효용(쓰임새)'이라는 말이다. 따라서 당기무유차지용當其無有車之用은 '마땅히 그 빔이 수레의 효용을 지닌다'는 말이다. 곡(轂, 바퀴통)이 비어 있어야, 곧 구멍이 있어야 굴대를 꽂을 수 있고, 굴대를 꽂아야 바퀴가 굴러 수레의 쓸모(用, 효용)가 생겨나기 때문이다.

○ 埏埴以爲器 當其無有器之用

선식이위기埏埴以爲器는 埏埴而爲器와 같다. 이以는 본디 수단을 나타내는 전치사다. 글 흐름으로 보아 이以 다음에 선식埏埴을 가리키는 인

33) 車는 '수레 거', '수레 차' 두 가지로 읽는다.
 · 수레 거 : 사람을 태우는 데 많이 쓴다. → 자전거自轉車, 인력거人力車, 병거兵車
 · 수레 차 : 사람뿐만 아니라 물건을 싣는 데도 많이 쓴다. → 자동차自動車, 기차汽車, 마차馬車
 · 사람이나 물건을 실어 나르지 않지만 바퀴 달린 기계 장치도 '차'라고 부른다. → 수차水車, 방차紡車(물레)

칭대사 지之가 와서 목적어 구실을 해야 하는데 그것이 생략되어 있다. 이렇게 지之를 생략하고 보니 전치사 이以와 그 목적어 선식埏埴이 도치된 형태가 된 것이다. 이런 성격의 以는 점차 순접관계를 표시하는 접속사 이而와 같은 뜻으로 변해 갔다.

埏埴以之爲器	찰흙을 이겨 <u>그것으로써</u> 그릇을 만들다

⇩

埏埴以爲器	찰흙을 이겨 그릇을 만들다

그러므로 이 글귀는 埏埴과 爲器 두 명령문을 而로 이어놓은 꼴과 같고 '찰흙을 이겨 그릇을 만들라'는 뜻이 되는 것이다. 이렇게 찰흙을 이겨 그릇을 만드는데 판판한 그릇이란 있을 수 없다. 그릇은 마땅히 움푹 들어가 빈 곳이 있어야[當其無] 먹을 것, 마실 것을 담을 수 있는 그릇의 쓸모를 지니게 되는 법이다.

○ 鑿戶牖以爲室 當其無有室之用

여기에서 이경숙은 이렇게 생각한 것 같다. 문[戶]이 있어야 방[室] 이다. 창문은 없어도 문이 있으면 방이다. 문이 없어 드나들 수 없다면 방으로서 쓸모가 없을 것이다. 그러다보니 그는 '출입문과 창문'을 뜻하는 호유戶牖를 어떻게 옮겨야 할지 난감했던 모양이다. 창문이 없어도 문만 있다면 방은 방이니 들창[牖]은 쏙 빼놓고 '벽을 뚫어 문을 만들다'로 해 놓았다. 이는 당기무當其無의 기其가 '문과 들창[戶牖]'을 가리키는 것으로 오해했기 때문이다. 기其는 문과 들창을 가리키는 것이 아니라 방[室]을 가리킨다. 이는 앞서 나온 글월 埏埴以爲器와 견주어 본다면 뚜렷이 드러나는 것이다.

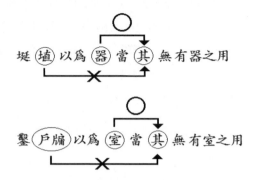

埏(埴)以爲(器)當(其)無有器之用

鑿(戶牖)以爲(室)當(其)無有室之用

　따라서 이 글귀는 "문과 들창을 뚫어 방을 만드니 마땅히 그것(방)이 비어 있어야 그 쓸모가 생겨난다"는 말이다.

○ 故有之以爲利 無之以爲用

　지之는 유有와 무無라는 두 가지 사실의 대비 관계를 나타낸다. '~로 말하자면, ~로 말할 것 같으면, ~는'과 같이 옮길 수 있다. 따라서 有之는 '有로 말하자면', 無之는 '無로 말하자면'이라는 뜻이다. 이以는 '이, 이것, 이렇게'라고 옮길 수 있다.

　따라서 유지이위리有之以爲利는 '있음(존재)으로 말하자면 이렇게 이로움이 된다'는 말이다. 앞서 말한 수레, 그릇, 방 같은 것들은 존재함으로써 삶에 이로움을 준다. '있다'는 것은 '채움'이고 '채울 수 있으므로' 이로움이 생긴다. 그런데 채울 수 있는 그 이로움은 어디에서 오는가? 바로 비어 있음, 곧 無에서 온다. 수레는 바퀴통이 비어 있어 굴대를 꽂을 수 있어야 쓸모가 생기고, 그릇은 우묵해서 먹을거리를 담을 수 있어야 쓸모가 생기고, 방은 비어 있어서 사람이 들어가 거할 수 있어야 쓸모가 생긴다. 그러므로 무지이위용無之以爲用은 '없음(부재, 빔)으로 말하자면 이렇게 효용(쓸모)이 된다'는 뜻이다.

제2장 향락을 버리고 생존을 취하라

온갖 현란한 색은 사람으로 하여금 눈멀게 하고,	오 색 령 인 목 맹 **五色令人目盲**
온갖 화려한 음률은 사람으로 하여금 귀먹게 하며,	오 음 령 인 이 농 **五音令人耳聾**
온갖 맛난 음식은 사람으로 하여금 입맛을 버리게 하느니라.	오 미 령 인 구 상 **五味令人口爽**
말 타고 사냥하는 것은 사람 마음에 광증狂症이 일어나게 하느니라.	치 빙 전 렵 령 인 심 발 광 **馳騁畋獵令人心發狂**
탐내는 것이 겨우 재물이란 말이냐고 꾸짖어 사람들 행실로 하여금 거리끼게 하라.	난 득 지 화 령 인 행 방 **難得之貨令人行妨**
이 때문에 성인은 배(腹 : 생존 → 본성本性)를 위하지 눈(目 : 향락 → 위爲)을 위하지 않느니라.	시 이 성 인 위 복 불 위 목 **是以聖人 爲腹不爲目**
그러므로 저것(目)을 버리고 이것(腹)을 취하라.	고 거 피 취 차 **故去彼取此**

○ 五色令人目盲 五音令人耳聾 五味令人口爽

오색五色은 청靑, 백白, 적赤, 흑黑, 황黃이다. 이는 오방五方, 오방신五方神, 오행五行34)과도 닿아서 동은 청(청룡靑龍, 木), 서는 백(백호白虎, 金), 남은 적(주작朱雀, 火), 북은 흑(현무玄武, 水), 중앙은 황(황제黃帝, 土)에 해당한다. 오음五音은 궁宮, 상商, 각角, 치徵, 우羽, 오미五味는 신맛[酸], 쓴맛[苦], 단맛[甘], 매운맛[辛], 짠맛[鹹]인데 이를 반드시 다섯 가지 색·소리·맛으로 옮길 필요는 없다. 그냥 '온갖 색, 온갖 소리, 온갖 맛'이라고 풀이하면 된다.

령令은 사동을 나타내는 조사로, 사使와 비슷하다. 그러므로 오색영인목맹五色令人目盲은 '온갖 색깔이 사람으로 하여금 눈멀게 하다'는 뜻이다. 그 아래 글귀도 같은 얼개로 되어 있으므로 '온갖 음악은 사람으로 하여금 귀먹게 하고 온갖 맛은 사람으로 하여금 입맛을 버리게[爽] 한다'로 옮기면 된다. 입맛을 버리게 한다는 것은 입맛이 민감해져 어지간한 것이 아니면 맛있다고 느끼지 못한다는 뜻이다.

○ 馳騁畋獵 令人心發狂

치빙전렵馳騁畋獵35)은 말 타고 사냥한다는 뜻이다. 덫이나 올무를 놓는 정도가 아니라 말을 타고 사냥을 즐기니 지배계급이나 즐길 수 있는 고급 오락이었을 것이다. 몰이꾼을 동원하여 온 산과 마을이 들썩거렸을 것이고, 사냥이 끝나면 몰이꾼들도 고기 몇 점에 술 한 잔 얻어 마실 수 있었을 터이니 사람 마음을 온통 뒤흔들어 미치게 만든다

---

34) 우주를 구성하는 오원질五元質인 목木, 화火, 토土, 금金, 수水의 상생相生과 상극相剋 관계로 우주와 인간 사회의 현상을 해석하려는 학설이다. 오행설은 전국시대 제나라의 추연(鄒衍 또는 騶衍 : 기원전 305-240)이 체계를 잡았다.

35) 치빙馳騁 : 말을 빨리 몸, 사냥함
치렵馳獵 : 말을 타고 달리면서 사냥함

〔令人心發狂〕. 앞에서 온갖 색, 온갖 소리, 온갖 맛이 사람들의 감각을
무디게 한다는 것과 같은 맥락이다.

○ 難得之貨 令人行妨

난득지화難得之貨는 제3장에서처럼 '탐내는 것이 겨우 재물이란 말이
냐고 꾸짖으라'는 말이다.

방妨은 '거리낄 방'이다. 따라서 영인행방令人行妨은 '사람행실로 하여
금 거리끼게 하라'는 말이다. 온갖 향락과 재물에 탐닉하는 마음과 행
실을 거리껴 하도록 하라는 뜻이다.

○ 是以聖人 爲腹不爲目 故去彼取此

화려한 채색, 현란한 음악, 맛난 음식 따위는 사람의 감각을 무디게
하여 더 큰 자극, 더 큰 쾌락을 찾게 만든다. 오락과 취미 생활에 빠지
면 제정신을 잃게 될 것이고 금은보화에 마음을 빼앗기면 제 갈 길을
팽개치게 될 것이다. 나라 망하기 십상이요 집안 무너지기 딱 좋다. 그
래서 성인은 배를 위하여 일을 할 뿐이지 눈을 위하여 일하지 않는다.
전자는 적어도 배는 곯지 않도록 하고 생존을 보장한다는 말이다. 후
자는 향락으로 사람들 눈과 귀를 멀게 한다는 뜻이다. 향락을 좇다 본
성을 해치거나 다칠 수도 있고 패가망신할 수도 있다. 오로지 본성을
지키도록 하는 것이 중요할 뿐 사치와 향락을 좇게 만듦은 위정자들이
할 바가 아닌 것이다.

고거피취차故去彼取此는 명령 또는 권유다. 이치가 그러하니 마땅히
저것을 버리고 이것을 취하도록 하라는 것이다. 버릴 것은 쾌락이요
취할 것은 본성이다.

제13장 제 몸 먼저 살필지니라

영예와 치욕은 네 놀람이요 그대의 큰 근심은 몸과 같도다.

총 욕 약 경　귀 대 환 약 신
寵辱若驚 貴大患若身

어찌하여 영예와 치욕을 일러 네 놀람이라고 하는가?

하 위 총 욕 약 경
何謂寵辱若驚

영예는 벼슬이 높아짐이요, 치욕은 벼슬이 낮아짐이라.

총 위 상 욕 위 하
寵爲上 辱爲下

(영예를) 얻으면 네가 (기뻐서) 놀라고,
잃으면 (치욕스러움에) 네가 놀라리라.

득 지 약 경　실 지 약 경
得之若驚 失之若驚

이를 일러 영예와 치욕은 네 놀람이라고 하느니라.

시 위 총 욕 약 경
是謂寵辱若驚

어찌하여 그대의 큰 근심을 일러 몸과 같다고 하는가.

하 위 귀 대 환 약 신
何謂貴大患若身

우리가 큰 근심을 지닌 까닭은 우리가 몸을 지니고 있음이니

오 소 이 유 대 환 자　위 오 유 신
吾所以有大患者 爲吾有身

우리와 더불어 몸이 없으면 우리가 무슨 근심이 있겠는가.

급 오 무 신　오 유 하 환
及吾無身 吾有何患

본디 제 몸을 귀히 여김이 하늘 법도라. 겸손하라.

고　귀 이 신　위 천 하
故 貴以身 爲天下

만일 할 수 있다면 (다른 이에게) 천하를 맡기라.

약 가　기 천 하
若可 寄天下

제 몸을 사랑함이 하늘 법도라. 겸손하라. 만일 할 수 있다면 (다른 이에게) 천하를 부탁하라.

애 이 신　위 천 하 약 가　탁 천 하
愛以身 爲天下 若可 託天下

○ 寵辱若驚 貴大患若身 何謂寵辱若驚

총총寵은 영예라는 뜻이고, 욕辱은 수치, 불명예, 모멸 따위를 가리키는 말이다. 약若은 '너 약', 경驚은 '놀랄 경'이다. 따라서 총욕약경寵辱若驚은 '영예와 치욕은 네 놀람'이라는 뜻이다.

귀貴는 접두어다. 상대방에 대한 존칭을 나타낸다. 여기에서는 큰 근심[大患] 앞에 붙어서 상대편의 근심이라는 뜻이 되었다. 여기에서 若은 '같을 약'이다. 따라서 귀대환약신貴大患若身은 '그대의 큰 근심은 몸과 같다'가 된다.

'하위何謂 ~'는 '어찌하여 ~을 일러 …라고 하는가'는 뜻이다. 따라서 하위총욕약경何謂寵辱若驚은 '어찌하여 영예와 치욕을 일러 네 놀람이라고 하는가'로 옮기면 된다.

○ 寵爲上 辱爲下

위爲는 계사繫辭다. 우리말로는 '~이다'로 옮길 수 있다. 상上은 '오를 상', 하下는 '내릴 하'이니 제가끔 벼슬이 높아지고 낮아짐을 말한다.

따라서 총위상 욕위하寵爲上 辱爲下는 "영예는 (벼슬이) 높아짐이요, 불명예는 (벼슬이) 낮아짐"이라는 뜻이다.

○ 得之若驚 失之若驚 是謂寵辱若驚

득得과 실失의 목적어는 지之이며 지之가 가리키는 것은 총寵, 곧 영예이다. 영예를 얻어도 네가 놀라고[得之若驚] 영예를 잃어도 네가 놀랄 것이다[失之若驚]. 영예를 얻으면 벼슬이 높아지니 기뻐 놀랄 것이다. 영예를 잃으면 벼슬도 낮아질 터이니 더욱 놀랄 것이다. 욕辱을 당하는 것이기 때문이다. 그러므로 시위총욕약경是謂寵辱若驚은 '이를 일러 영예와 치욕은 네 놀람이라고 한다'는 말이다.

○ 何謂貴大患若身 吾所以有大患者爲吾有身

하위귀대환약신何謂貴大患若身은 '어찌하여 그대의 큰 근심을 일러 네 몸이라고 하는가'라는 뜻이다.

오吾는 '나 오'인데 흔히 '우리'로 옮긴다. 소이所以는 '까닭'이라는 뜻인데, 뒤에 있는 자者와 묶어 '~하는 까닭'이라고 옮긴다. 위爲는 '~이다'라는 뜻이다. 따라서 吾 이하 글귀는 "우리가 큰 근심[大患]을 지닌 까닭은 우리가 몸을 지니고 있음이다"가 된다. 몸이 있기 때문에 근심하고 산다는 말인 것이다.

○ 及吾無身 吾有何患

급及은 '더불 급'이다. 여與와 같다. 따라서 급오무신及吾無身은 '우리와 더불어 몸이 없으면'이라는 말이고 오유하환吾有何患은 '우리가 무슨 근심이 있겠는가'라는 뜻이다.

○ 故貴以身爲天 下

고故는 '본디 고'다. 귀貴는 '귀히 여길 귀'이며, 이以는 동작의 대상을 나타내는 전치사로 신身이 귀貴의 직접목적어임을 나타낸다. 따라서 귀이신貴以身은 '몸을 귀히 여기다'는 뜻인데 여기에서는 '몸을 귀히 여김'이라는 명사구로 쓴 것이다. 위爲는 '~이다'로 번역되는 계사다. 천天은 '하늘 이법'을 가리킨다. 따라서 고귀이신위천故貴以身爲天은 '본디 몸을 귀히 여김이 하늘 이법'이라는 말이다.

하下는 '낮출 하'이니 자신을 낮추어 겸손하라는 뜻이 되겠다. 무엇보다도 급하고 중요한 것은 본성을 지키는 일이다. 몸을 돌보지 않고 목숨을 걸고 정치에 뛰어드는 일은 본성을 해치는 길이다. 천하를 위해 정치를 한다는 명분이 아무리 크고 그럴싸하다고 해도 내 한 몸 상하거나 목숨을 잃으면 무슨 보람이 있겠는가. 내 한 몸 귀히 여기는 것이 하늘 이법이니 잘난 척 나서지 말고 스스로 몸을 낮추어 겸손해야 하는 것이다.

○ 若可 寄天下

김용옥과 이경숙의 번역은 다음과 같다.

若可寄天下	김용옥 풀이 : 정녕코 천하를 맡길 수 있는 것이다.
	이경숙 풀이 : 가히 천하를 맡았다 할 것이요.

약若에 대한 풀이는 어디로 갔을까? 이 글귀 어디에 '정녕코'란 말이 있는가? '맡길 기寄'를 '맡다'로 옮겨도 되는 것일까?

늙으신 선생님께서는 몸을 뒤로 하고(後其身) 세상살이의 다툼 밖으로 몸을 빼서(外其身) 제 한 몸 잘 지키라고 하셨다. 천하를 차지하려고 피비린내 나는 전쟁을 벌이고 모략과 술수가 판을 치는 마당에 그 다툼 속으로 들어가 천하를 맡으라고 하니, 이게 어찌 그분께서 하신 말씀이겠는가.

여기에서 약若은 '만일 약'이다. 가可는 '가히 가'다. 따라서 약가若可는 '할 수 있으면, 할 수 있다면, 될 수 있으면'이라는 뜻이다. 기寄는 '맡길 기'다. 따라서 이 글귀는 "만일 할 수 있다면 천하를 맡기라"로 옮길 수 있다.

앞에서 제 몸을 먼저 챙겨 귀히 여기고(貴以身) 나서 하늘 이법을 배워 겸손하라(爲天下)고 했다. 그러므로 이 글귀는 나라를 다스리는 일은 남에게 맡겨 두라는 말이다. 제 몸을 먼저 챙겨 본성을 지키는 일이 중요하기 때문이다.

○ 愛以身爲天 下 若可 託天下

애愛는 '사랑할 애'다. 소중히 여긴다는 말이다. 이以는 신身이 애愛의 목적어임을 나타낸다. 따라서 애이신愛以身은 '몸을 소중히 여기라'는 뜻인데 '몸을 소중히 여김'이란 명사구로 쓴 것이다. 위爲는 앞서 나온 것과 마찬가지인 계사다. 천天은 '하늘 이법'이다. 그러므로 애이신위천愛以身爲天은 '몸을 소중히 여김이 하늘 법도'란 말이다.

하下는 '낮출 하'이니 몸을 낮추어 겸손하라는 말이며 약가若可 또한 앞서 나온 바와 같다. 탁託은 '부탁할 탁'이다. 어떤 일을 맡거나 대신해 달라고 청하는 것이다. 그러므로 약가若可 탁천하託天下는 '만약 할 수 있다면 천하(를 다스리는 정치)를 (대신해 달라고) 부탁하라'는 뜻이다.

제14장 도道의 실마리

그것을 살펴보아도 알아보지 못하니 이름 붙여 가로되 이夷라 하고,

시 지 불 견 명 왈 이
視之不見 名曰夷

그것을 들어보아도 알아듣지 못하니 이름 붙여 가로되 희希라 하고,

청 지 불 문 명 왈 희
聽之不聞 名曰希

쥐어도 깨닫지 못하니 이름 붙여 가로되 미微라고 하느니라.

박 지 부 득 명 왈 미
搏之不得 名曰微

이 셋은 답을 구하느라 힘을 다할 수는 없으니

차 삼 자 불 가 치 힐
此三者 不可致詰

섞어 뭉뚱그려 하나로 보겠노라.

고 혼 이 위 일
故混而爲一

장차 (구하기를) 더한다 하여도 뚜렷하지 않을 것이요, 장차 덜 한다 하더라도 어둡고 흐리멍덩하지는 않으리라.

기 상 불 교 기 하 불 매
其上不皦 其下不昧

바로잡고 바로잡아도 (알 수 없으니) 이름을 지을 수도 없도다.

승 승 불 가 명
繩繩不可名

다시 무물無物로 돌아가니 이를 일러 무상無狀이라고 하느니라.

부 귀 어 무 물 시 위 무 상
復歸於無物 是謂無狀

그 꼴은 무물無物을 본뜬 것인데 이를 일러 홀황惚恍이라고 하느니라.

지 상 무 물 지 상 시 위 홀 황
之狀無物之象 是謂惚恍

맞이한다 해도 그 시작을 드러내지 않고, 따라간다 해도 그 끝을 드러내지 않느니라.

영 지 불 견 기 수 수 지 불 견 기 후
迎之不見其首 隨之不見其後

벗이여. 옛사람을 좇아 요즘 세상을 다스리라.

집 고 지 도 이 어 금
執 古之道以御今

이는 또한 옛일(무위無爲하던 정치)을 알 수 있음이니 비로소 이를 일러 도道의 실마리라고 하느니라.

지 유 능 지 고 시 시 위 도 기
之有能知古始是謂道紀

○ 視之不見 名曰夷

시지불견視之不見은 시지이불견視之而不見에서 이而가 줄어든 글월36)이라고 볼 수 있다. 시視는 '볼 시'인데 여기에서는 '자세히 보아 살피다'는 뜻이다. 견見은 '보일 견'이다. 따라서 시지불견視之不見은 '그것[之]을 자세히 살펴보아도 보이지 않다'는 말이 된다. 보더라도[視] 보이지 않는다[不見]니 왜 그런 것일까? 시視는 눈으로 보는 신체 감각이다. 견見은 신체감각인 '봄[視]'을 통해서 알아차리는 것, 곧 지각知覺이다.

이것을 이름 지어 가로되 이夷라 한다[名曰夷]. 이夷는 '클 이, 판판할 이'다. 인간의 감각이 미치지 않을 만큼 크니 보아도 알아차릴 수 없는 것이 마땅하다. 울퉁불퉁하지 않고 판판하니 있다는 것조차 알아차릴 수 없는 것이다.

○ 聽之不聞 名曰希

청聽은 '들을 청'이다. '정신을 차리고 듣다'는 뜻이니 귀 기울여 듣는다는 말인데 시視와 마찬가지로 신체 감각이다. 문聞은 '들릴 문'이다. 들어서 알게 된다는 것이니 견見과 마찬가지로 지각작용이다. 따라서 청지불문聽之不聞은 '그것[之]을 들어보아도 알아듣지 못한다'는 뜻이다.

이를 이름 지어 가로되 희希라 한다[名曰希]. 희希는 '드물 희, 성길 희'다. 소리 낼 때가 드물고, 내더라도 매우 성긴 소리를 내니 알아들을 수 없는 것이 마땅하다.

○ 搏之不得 名曰微

박지부득搏之不得을 글자 그대로 풀이하면 '쥐어도 얻지 못하다'는 뜻이다. 희미하고 은밀한 것이라 쥐어 봐도 다 새어나간다. 그래서 이

---

36) 백서본帛書本에는 시지이불견視之而弗見이라고 되어 있다.

름 지어 부르기를 미微라고 한다는 것이다.

그런데 생각해 볼 것이 있다. 앞 글월에서는 감각(視, 聽)으로는 인식하지만 지각(見, 聞)으로는 인식하지 못한다고 했는데 여기에서만 득得을 쓴 까닭은 무엇인가 하는 것이다. 득得은 '얻을 득'이지만 '알다, 깨닫다'는 뜻도 지닌다. 따라서 여기에서 得은 '깨달음을 얻다'는 뜻이다.

○ 此三者 不可致詰 故混而爲一

차삼자此三者는 이夷, 희希, 미微라고 이름 붙인 세 가지를 말한다. 치致는 '다할 치'다. 힘을 다하여 애쓴다는 뜻이다. 힐詰은 '물을 힐'이다. 물어서 대답을 구한다는 뜻이다. 따라서 불가치힐不可致詰은 '답을 구하는 일에 힘을 다해 애쓸 수 없다'는 뜻이다. 보고 듣고 쥐어 봐도 정체를 알기 어렵다. 답을 구하려면 참으로 긴 이야기를 해야 하는데 가지고 있는 죽간은 얼마 되지 않는다. 게다가 쫓기고 있는 몸이니 글쓰기를 서둘러 마치겠다는 마음을 엿볼 수 있다.

그래서 이 셋을 섞어 하나로 보겠다[故混而爲一]는 것이다. 이때 위爲는 '삼을 위'인데 '간주看做하다'는 뜻이다.

○ 其上不皦 其下不昧

흔히 기상其上을 '그 위', 기하其下를 '그 아래'라고 옮기는데 그렇지 않다. 아니 그럴 수가 없다. 살펴보고 들어보고 쥐어보아도 깨달아 분별할 수 없는데 어찌 위아래를 알아 볼 수 있단 말인가.

기其는 '그 기'가 아니라 '장차[37]'라는 부사어다. 상上은 '가할 상'이다. 상尙과 같으며 '더하다'는 뜻이다. 교皦는 '밝을 교'다. '뚜렷하다, 명백하다'는 뜻이다. 따라서 기상불교其上不皦는 '장차 더한다 하여도 밝지(뚜렷하게) 않을 것이다'는 뜻이다. 밝음을 더해 봐야 정체가 뚜렷

---

37) 《論語》,〈爲政〉篇 其何以行之哉? : 장차 무엇으로써 수레를 운행할 수 있겠는가?

이 드러나지 않는다. 그래서 치힐致詰할 수 없다고 한 것이다.

하下는 '낮출 하'인데 '빼다, 줄이다'는 뜻이다. 매昧는 '어둠침침할 매'다. 어둠침침하여 뚜렷이 보이지 않고 흐리멍덩하다. 따라서 기하불 매其下不昧는 '장차 (물음을) 줄인다 하여도 흐리멍덩하지 않다'가 된 다. 물음을 더하여 답을 구해 봐도 뚜렷하지 않으니 물음을 줄인다 하 여 더 모호해질 것도 없다는 말이다.

○ 繩繩不可名

승繩은 '바로잡을 승'이다. 승승繩繩이니 자꾸만 바로잡는다는 것이 다. 이夷, 희希, 미微를 뒤섞어 하나로 해놓기는 했는데 그 모습은 뚜렷 한 것도 아니고[不皦] 흐리멍덩한 것도 아니다[不昧]. 그 정체를 알기 어려우니 어떻게 좀 바로잡아 보려는데, 그렇게 해도 정체를 알 수 없 으니 이름을 지어 부르기도 어렵다[不可名]는 것이다.

○ 復歸於無物 是謂無狀

復을 '돌아갈 복'으로 읽고 복귀復歸를 한 낱말로 보아 '(먼저 있던 곳으로) 되돌아가다'고 옮기는데 그렇지 않다고 생각한다. 늙으신 선생 님께서 살던 시대에 이런 말을 썼으리라고는 생각할 수 없기 때문이 다. 復는 '다시 부'이니 부귀어무물復歸於無物은 '다시 무물無物로 돌아 가다'는 뜻이다. 상狀은 '모양 상'이니 시위무상是謂無狀은 '이를 일러 무상無狀(꼴이 없음)이라고 한다'는 말이다. 모든 물物은 무無에서 나왔 고 다시 무無로 돌아가니 무물無物에 어떤 꼴이나 정형이 있을 수 없 는 것이다.

○ 之狀無物之象 是謂惚恍

여기에서 지之는 흔히 보는 관형격 조사가 아니다. 이것을 관형격

조사로 보았기 때문에 앞 글귀 시위무상是謂無狀에 붙여 시위무상지상是謂無狀之狀으로 읽어 왔던 것이다. 지之는 '이 지'다. 따라서 지상무물지상之狀無物之象은 '이 꼴은 무물지상無物之象이다'로 풀이된다.

그러면 무물지상無物之象에서 지之는 관형격 조사로 보아 '무물無物의 상'이라고 옮겨야 할까? '물物이 없는 모양'이라니 무슨 뜻인가? 물物이 없는데 무슨 모양이 있단 말이며, 살펴보아도 드러나지 않는다[視之不見]고 했는데, 어찌 볼 수 있단 말인가? 그동안 지상之狀을 앞에다 붙여 무상지상無狀之狀이라고 읽어온 글귀도 마찬가지다. '모양 없는 모양'이라니 이건 또 무슨 소리란 말인가? 누군가는 이렇게 말할 것이다. 바로 그렇게 어려운 것이 노자의 사상이고 그래서 차원 높은 것이라고. 그러나 어려워야 차원이 높은 것인가? 알 듯 모를 듯 헤매게 만드는 것이 이른바 '철학'이라는 것인가? 늙으신 선생님의 글을 그분의 생각에 비추어보지 못하니 제대로 풀이할 수가 없는 것이다. 해설서를 펴내는 사람들조차 제가 한 말이 무슨 뜻인지 모를 것이다.

다시 한 번 말하거니와 늙으신 선생님은 남들이 알아듣지 못할 소리를 횡설수설하신 분이 아니다. 잘난 척 하는 말, 자신을 드러내고 높이려는 말씀은 한마디도 하지 않으셨다. 뚜렷하지 않으면 그렇다고 했고 잘 모르겠으면 모르겠다고 했다. 오로지 제 본성을 지켜 뒤로 물러설 뿐 오지랖 넓게 나서지 말라고 하셨을 따름이다. 무위無爲하는 도道를 설명하고자 하는데 꼴이 없으니 말하기가 어려워 '꼴이 없다[無狀]'고 한 것이지 '꼴 없는 꼴'이니 뭐니 하는 말장난으로 사람들 헷갈리게 하려 한 것은 아니라는 말이다.

무물지상無物之象의 지之는 상象의 목적어인 무물無物이 도치되어 앞으로 나온 것임을 알려주는 구조조사다. 이때 상象은 '본뜰 상'이다. 따라서 무물지상無物之象은 본디 상무물象無物이었으니 '무물無物을 본뜸이다'로 볼 수 있다. 다시 무물無物로 돌아가니[復歸於無物] 무슨 '꼴'을 그려볼 수가 있겠는가. 그래서 '꼴이 없다'[是謂無狀]는 것이다. 물物이 없으니 감각으로 인식할 수는 없지만, 개념 속에서는 무물을 본뜬 어떤 '꼴'이 있을 것이다. 그래서 그 꼴[之狀]은 무물無物을 본뜬다(無物之象 ← 象無物)고 한 것이며, 그 모습을 일컬어 홀황惚恍이라고 한다[是謂惚恍]. 이때 홀惚은 '황홀할 홀'인데 '흐릿하여 유무有無가 불분명한 모양'을 나타내는 말이다. 황恍은 '어슴푸레할 황'이다. 굳이 우리말로 옮겨 본다면 '흐릿하고 어슴푸레하다'는 뜻이 되겠지만 따로 옮기지 않아도 좋겠다.

○ 迎之不見其首 隨之不見其後[38]

흔히 수首와 후後를 '머리'와 '꼬리'로 옮긴다. 그리고 '맞이해도 그 머리를 볼 수 없다', '따라가도 그 꼬리를 볼 수 없다'고 한다.

그런데 좀 이상하다. 도道라고 하는 것이 무슨 짐승인 것은 아니지 않은가. 더구나 앞에서 꼴이 없다[無狀]고 했고 무물無物을 본뜬 것[無物之象]이라고 했으니 '머리'나 '꼬리'가 있을 리가 없다. 비유하는 말일지라도 그렇다.

수首는 '머리 수'인데 '처음, 시작, 첫머리'라는 뜻이다. 후後는 '뒤 후'인데, '나중, 끝'이라는 뜻이다. 이때 見은 '나타낼 현'이다. 그러므로 이 글귀는 "맞이하여도 그 시작을 드러내지 않고 뒤따라가도 그 끝을 드러내지 않다"는 뜻이다. 앞뒤로 이리저리 살펴보아도 그 처음과 끝이 무엇인지 알지 못하겠다는 말이다.

○ 執 古之道以御今

흔히 집고지도執古之道라고 읽어 '옛 도道를 잡다'고 옮기는 일이 많지만, 이 또한 끊어 읽기를 잘못하는 바람에 도무지 알아들을 수 없는

---

38) 백서본에는 이 글귀가 영이불견기수迎而不見其首, 수이불견기후隨而不見其後라고 되어 있고 순서도 반대다.

말이 되고 말았다.

집執은 '벗 집'으로, '벗이여' 또는 '동지여'하고 부르는 말이다. 보아 알 수도 없고 들어 알 수도 없고 쥐어도 얻을 수 없는 도道를 구하는 관령 윤희를 기특히 여기는 마음으로 부르는 말일 것이다.

고지도이어금古之道以御今은 御今以古之道가 도치[39]된 글월이다. '고지도古之道로써 어금御今하라'는 말이다. 고지도古之道는 '옛 도'라는 뜻이 아니다. 이 또한 도고道古가 도치된 것이며 도道는 고古를 목적어로 취하는 동사 '말미암을 도'다. '좇다, 따르다'는 뜻이다.

목적어	구조 조사	동사		동사	목적어
古	之	道	←	道	古
옛사람	을/를	좇다		좇다	옛사람

도道는 인식하기 어려운 것이어서 그 처음과 끝이 잘 드러나지 않는다. 도道를 구한다고 해도 어찌해야 좋을지 모른다. 그러니 어찌해야 하는가? 바로 '옛사람[古]'을 따르라는 것이다. 고古는 '선조 고'다. 조상 또는 옛사람을 가리키기도 하고 선왕先王을 가리키기도 한다. 이때 선왕이란 바로 앞 대 임금이라기보다는 아주 오랜 옛날의 임금, 곧 요堯나 순舜을 가리킨다고 보아야 한다. 바로 무위無爲하는 도道를 좇아 백성을 다스리던 임금, 또는 성인을 말한다.

어御는 '어거할 어'다. 어거馭車란 수레를 끄는 소나 말을 부리어 몰다, 또는 거느려 바른길로 가게 하다는 뜻이지만, 여기에서는 '통치하다'는 의미다. 금今은 다들 알다시피 '이제 금, 곧 금'으로 새기는데 여기에서는 '요즘 세상'이란 뜻이다. 따라서 어금御今은 '요즘 세상을 통치하다'는 말이다. 이어서 읽어 보면 "벗이여. (요堯나 순舜과 같은) 옛사람을 좇아 요즘 세상을 다스리라."가 된다.

---

39) 《論語》〈爲政〉篇, 일언이폐지一言以蔽之 ; 《論語》〈里仁〉篇, 일이관지一以貫之

○ 之有能知古 始是謂道紀

지之는 '이 지', 유有는 '또 유'다. 여기에서 고古는 '예 고'다. '옛일'
을 가리킨다. '옛일'은 옛사람, 성인들이 하던 정치, 무위無爲하는 정치
를 일컫는다. 따라서 지유능지고之有能知古는 '이 또한 옛일(옛 성인이
행하던 정치)을 알 수 있다'는 뜻이다. 시始는 '처음'이 아니라 '비로소'
라는 부사다. 한편 도기道紀를 '도의 기원'이라고 옮기는 일이 많으나
그렇지 않다. 맞이해도 그 시작을 알 수 없다[迎之不見其首]고 했는데
어떻게 그 기원을 말할 수 있단 말인가. 기紀는 '실마리 기'이므로 '도
의 실마리'라고 옮기는 것이 마땅하다. 시작과 끝을 알 수 없는데 옛
성인(성군)이 했던 무위無爲를 좇아 옛일을 알게 되니, 비로소 도道가
무엇인지 그 실마리를 잡아 따를 수 있게 되었다는 것이다.

제15장 그저 낡아갈 뿐 새로 이루려 하지 말라

옛사람들은 옳게 하였도다. 벼슬하는 이들은

고 지 선 위 사 자
古之善 爲士者

(생각과 행동이) 미微하고 묘妙하며 현玄하고 통通하며 심深해서 그 모습을 묘사할 수는 없으리라.

미 묘 현 통 심 불 가 지 부
微妙玄通深 不可識夫

비록 묘사할 수는 없으나 본디 억지로 함이니 어찌 기뻐하리오.

수 불 가 지 고 강 위 지 용 예 언
唯不可識 故強爲之容豫焉

겨울에 내를 건너는 것 같이 머뭇거리는구나.

약 동 섭 천 유 혜
若冬涉川 猶兮

사방 이웃을 두려워하는 것 같이 공손하고 엄숙하구나.

약 외 사 린 엄 혜
若畏四隣 儼兮

아마도 그대의 지난 세월은 화려하였을지나 얼음이 장차 풀림과 같았으리라.

기 약 객 환 혜 약 빙 지 장 석
其若客渙兮 若氷之將釋

도탑구나. 아마도 통나무와 같으리라.

돈 혜 기 약 박
敦兮 其若樸

텅 비었구나. 아마도 골짜기와 같으리라. 민중 속에 섞였구나. 아마도 어리숙해 보이리라.

광 혜 기 약 곡 혼 혜 기 약 탁
曠兮 其若谷 混兮 其若濁

무르익은 재능을 지닌 이는 탁한 것을 고요히 두어 서서히 맑히고,

숙 능 탁 이 정 지 서 청
孰能濁以靜之徐清

무르익은 재능을 지닌 이는 침착하고 조용히 오래 기다려 벼슬하니 서서히 일어나느니라.

숙 능 안 이 구 동 지 서 생
孰能安以久動之徐生

이를 깨달아 따른다면 채우려하지 말진저.

보 차 도 자 불 욕 영 부
保此道者 不欲盈夫

오직 채우시 않으니 낡아 피폐해짐을 견디며 새로이 이루지 않느니라.

유 불 영 고 내 폐 불 신 성
唯不盈 故能敝 不新成

○ 古之善 爲士者 微妙玄通深

고古는 '옛사람'이다. 선조先祖를 가리키는 말이다. 이때 지之는 주격 조사, 선善은 '옳게 할 선'이니 고지선古之善은 '옛사람들은 옳게 하였다'는 말이다. 사士는 '선비 사'가 아니라 '벼슬 사'이므로 위사자爲士者는 '벼슬하는 이'라는 뜻이다.

미묘현통심微妙玄通深은 옛날에 벼슬하던 이들의 됨됨이나 마음가짐을 가리킨다. 미微는 '은밀할 미', '숨길 미'다. '나'를 드러내지 않는다는 말이다. 묘妙는 '묘할 묘'다. 오묘하다는 뜻이다. 현玄은 '고요할 현'이다. 행동거지가 고요하니 드러나지 않는다. 통通은 '통할 통'인데 '환히 안다'는 뜻이다. 지식이 많다는 것이 아니라 자연이법에 통달했다는 뜻이다. 심深은 '깊을 심'인데 '경박하지 아니하다', 말과 행동이 촐싹거리지 않고 무게가 있다는 말이다.

○ 不可識夫 唯不可識 故强爲之容豫焉

識는 '알 식'이 아니라 '표할 지'인데 '표시하다'는 뜻이다. '겉으로 드러내 보이다'는 말이다. 부夫는 감탄사다. 따라서 불가지부不可識夫는 '드러내 보이지는 못하겠구나!'가 된다. 자신을 드러내지 않으며 경박하지 않고 묵직하고 조용히 움직이니 그 행동거지를 묘사하기가 어렵다는 말이다.

唯는 '오직 유'가 아니라 '비록 수'다. 수雖와 같다. 따라서 수불가지唯不可識는 '비록 드러내어 표시할 수는 없지만'이라는 뜻이다.

고故는 '고로 고'가 아니라 '본디 고'다. 강위强爲는 '억지로 함'이다. 지之는 사士, 곧 벼슬을 가리키는 인칭대사다. 따라서 고강위지故强爲之는 '본디 억지로 벼슬을 함'이라는 말이다. 마지못해 억지로 하는 일이니 어찌 기뻐하겠는가〔容豫焉〕. 이때 용容은 '어찌 용', 예豫는 '기뻐할 예'다. 언焉은 종결사다. 그러므로 고강위지용예언故强爲之容豫焉은 "본디 억지로 벼슬을 함이니 어찌 기뻐하겠느냐"는 뜻이다.

○ 若冬涉川 猶兮

옛사람을 옳게 여기고 옛일을 배워 본받은 이는 벼슬자리를 얻었다고 해서 기뻐하지 않고 오히려 꺼리고 싫어한다. 정치판에 나아갔다가 본성을 해칠 수 있기 때문이다. 그러므로 훌륭한 선비 또는 성인은 벼슬자리에 나아가는 모습이 마치 겨울에 시냇물을 건너는 사람처럼〔若冬涉川〕망설이고 주저한다〔猶〕. 유猶는 '원숭이 유', '같을 유'이지만 여기에서는 '망설일 유'다. 겨울에 찬 냇물에 발을 담그고 건너기를 좋아할 사람은 없을 것이다. 얼음이 얼었다 해도 얼음이 꺼질까 두렵다. 그래서 벼슬자리에 나아가는 것은 기뻐할 일이 아니며 망설이고 주저할 일이다. 혜兮는 감탄을 나타내는 어기조사다.

○ 若畏四隣 儼兮

사린四隣은 사방에 있는 이웃이니 약외사린若畏四隣은 '사방을 두려워하는 것과 같다'는 말이다. 벼슬을 얻어 일을 하는 모습이 제 둘레에 있는 사람들을 두려워하는 듯하다는 말이다. 그러므로 그 태도가 공근〔儼〕할 수밖에 없다. 공손하고 정중하며, 엄숙하게 삼가는 모습이 공근한 태도다.

○ 其若客渙兮 若氷之將釋

고문古文은 잇달아 강조할 때는 같거나 비슷한 얼개를 되풀이한다. 글자 수도 같거나 비슷하다. 그런데 이곳에 오면 갑자기 낯설게 느껴진다. '若○○○ ○兮'라는 틀이 깨졌고 뒤에 나오는 '○兮 其若○'이라는 틀과도 다르기 때문이다. 말하자면 이곳을 경계로 해서 그 앞뒤가 서로 다른 이야기라는 느낌이 드는 것이다.

나는 이곳이 늙으신 선생님께 經경을 부탁한 윤희尹喜의 과거를 말해 주는 실마리라고 본다. 변방 수비대장에 지나지 않지만, 노자를 알아보았을 뿐만 아니라 經경을 부탁할 정도라면 학식이 꽤 높은 인물이었던 것은 분명하다. 어쩌면 그는 변방 수비대장을 자청했을지도 모른다. 늙으신 선생님께서 몸을 피해 서쪽으로 달아나는 것처럼 제 본성을 지키고자 벼슬과 명예를 버리고 중앙 정치 무대로부터 도망쳤을지도 모른다. 지난날의 영화도 물거품처럼 사라졌을 것이다.

내가 이렇게 생각하는 것은 客객 때문이다. 客객은 흔히 '손 객, 나그네 객'으로 새기지만 여기서는 '지난 세월 객'이다. 其기는 추측을 나타내는 부사, 若약은 '너 약'이므로 기약객환혜其若客渙兮는 '아마도 네지난 세월은 찬란했으리라'로 해석된다.

약빙지장석若氷之將釋은 화려했던 지난날이 한낱 물거품이 되어 꺼짐이 마치 얼음이 장차 풀리는 데 이름과 같다는 뜻이다.

若	氷	之	將	釋
같을 약	얼음 빙	이를 지	장차 장	풀릴 석

옛 기억에 얽매여 오늘을 잡아먹는 사람들이 있다. 아무 쓸데없는 소리란 걸 아는지 모르는지 화려했던 옛 이야기를 늘어놓으면서 우쭐대는 사람들이다. 그러나 부귀영화도 한때요 봄날 얼음 풀리듯 사라질 터이다. 오로지 본성을 지키는 데 힘쓸 일이다.

다음은 늙으신 선생님께서 윤희의 처신을 칭송하는 대목이다. 네가 지난날 누렸던 영화는 다 지나가고 이제는 초라한 변방수비대장에 지나지 않지만, 본성을 지키려고 스스로 택한 일이니 참으로 잘했다며 감탄하는 말이다.

○ 敦兮 其若樸 曠兮 其若谷 混兮 其若濁

돈敦은 '도타울 돈'이다. 혜兮는 감탄사다. 따라서 돈혜敦兮는 '도타워라!'는 뜻이다. 윤희가 중앙 정치무대를 버리고 변방의 미관말직을 택한 행동이 참으로 도탑다는 것인데, 그 도타움을 사물에 비유하자면 아마〔其〕통나무〔樸〕와 같을〔若〕 것이라는 말이다. 도탑다는 것은 사랑이나 인정이 많고 깊다는 뜻이다. 박樸은 깎아 다듬지 않은 통나무를 말한다. 도탑기가 통나무 같다는 것은 베여 쓰러진 통나무처럼 아무런 꾸밈이 없다는 말이니 곧 무위無爲함을 일컫는다. 잘난 척, 아는 척 자신을 드러내지 않으며 명리名利를 따라 이리저리 흔들리지도 않고 오로지 순리를 따라 제 본성을 지키며 살아간다는 말이다.

○ 曠兮 其若谷

광曠은 '빌 광'이다. 따라서 광혜曠兮는 '비었구나!'는 뜻이다. 비어 있다는 것은 채우려 힘쓰지 않는다는 말이다. 텅 빈 것을 사물에 비유하자면 아마도〔其〕골짜기〔谷〕와 같을〔若〕 것이다. 골짜기는 채우려 하지 않으나 흘러드는 물을 막지 않는다. 흘러가는 것을 막거나 가두지도 않는다. 순리를 거스르지 않는 골짜기와 같이 텅 빈 모습이니 이 또한 무위無爲한다는 말이다.

○ 混兮 其若濁

혼混은 '섞일 혼'이다. 나는 이 말을 '민중 속으로 섞이다'는 뜻이라고 본다. 민중은 피지배층이다. 당시는 춘추전국시대이니 지배층은 학식은 말할 것도 없고 토지와 무력을 소유하며 농민을 지배하였다. 남을 쓰러뜨리고 남을 밟고 올라서며 더 높이 되려고 나두고 겨부었다. 자신이 밟히고 쓰러지기도 했다. 어찌 본성을 해치지 않을 수 있겠는가.

그러므로 이 말은 윤희가 변방 미관말직을 택한 것을 칭송하는 말이다. 관령關令이라는 자리가 벼슬이라고는 하지만 여느 병사나 민중과 다를 바 없다. 관문과 성벽을 다듬고 고치는데 우두머리라고 해서 감독만 하고 있을 처지가 아닌 것이다. 우리나라로 치면 휴전선 철책에 근무하는 소대장 같은 처지인 것이다. 병사들과 같은 밥을 먹고 함께 잠을 자며 함께 거친 일을 한다.

이렇게 스스로 민중 속에 섞이니 참으로 초라해 보인다. 쥐었던 모든 것을 내려놓고 낮은 곳으로 내려가니 여느 사람들이 보면 참으로 어리숙한 짓이 아니겠는가. 그러나 빛나거나 드러날 일이 없으니 미움이나 시샘을 받을 까닭도 없다. 본성을 지키며 살아갈 수 있다. 그 존재가 아마도〔其〕 흐릿함〔濁〕과 같을〔若〕 것이다.

○ 孰能濁以靜之徐淸

숙능孰能을 '누가 ~할 수 있겠는가'로만 보기 때문에 이 글귀를 풀이하기 어려운 것이다. 숙孰은 '익을 숙'이고, 숙熟과 같다. 능能은 '재능 능'이다. 그러므로 숙능孰能은 무르익은 재능을 지닌 뛰어난 사람을 가리킨다.

탁이정지濁以靜之는 잘 알려진 글귀 일이관지一以貫之[40]와 같은 얼개다. 본디 관지이일貫之以一인데 이일以一을 강조하려고 앞으로 빼면서 일一과 이以가 자리를 바꾼 것이다. 그러므로 이 글귀도 정지이탁靜之以濁이 도치된 것이다. 흐리고 뿌연 것을 조용히 하여 가라앉힌다는 말이다. 그리하여 마침내 서서히 맑아지게 한다〔徐淸〕. 그러므로 이 글귀는 "무르익은 재능을 지닌 이는 탁한 것을 조용히 하여 서서히 맑아지게 한다"로 옮긴다.

맑아진다는 것은 눈에 띄게 된다, 눈앞을 가리던 뿌연 것이 가라앉

---

40) 《論語》〈里仁〉篇, "參乎 吾道一以貫之: 삼(參)아, 나의 도는 하나로써 꿰었느니라."

으며 본디 모습이 드러난다는 말이다. 그런데 재능이 무르익은 사람은
자신을 드러내려고 애쓰지 않고 그저 조용히 둘 따름이다. 흐리고 뿌
연 것을 맑게 하려고 거르거나 새 물을 채우지 않는다. 조용히 두어
흐리고 뿌연 것이 천천히 가라앉아 맑아지기를 기다릴 뿐 위爲를 더하
지 않는다. 그러므로 윤희 그대도 조바심 내지 말고 순리를 좇아 살며
때를 기다리라는 말이다.

○ 孰能安以久動之徐生

앞 글귀와 같은 얼개다. 안安은 '안존할 안'이다. 침착하고 조용하다
는 말이다. 구久는 '오래 기다릴 구'다. 동動은 '움직일 동'인데, '벼슬하
다'는 뜻이 있다. 따라서 이 글귀는 "재능이 무르익은 이는 조용함으로
써 오래 기다려 벼슬하니 서서히 일어난다"로 해석된다. 무슨 일을 이
루는 데 서두르지 않고 위爲 또한 더하지 않는다는 말이다. 윤희가 스
스로 택한 것이든 중앙에서 밀려난 것이든, 이 외진 곳에서 미관말직
으로 살아가고 있지만, 오래 기다리면 언젠가 좋은 날이 올 것이라는
뜻이다. 순리를 따라 불우한 때를 참고 견디며 오로지 천명을 기다리
면 언젠가 서서히 일어날〔徐生〕 수 있을 것이다. 이 또한 윤희를 위로
하는 말이다.

○ 保此道者

보차도자保此道者는 흔히 '이 도道를 지키는 자'라고 옮기지만 옳지
않다.

여기에서 도道는 '말미암을 도'다. '좇다, 따르다'는 뜻이다. 보保는
'알 보'다. '인식하다, 판단하다'는 뜻이다. 자者는 가정 또는 조건을 나
타내는 이기조사나. 따라서 이 글귀는 "이를 알고 따른다면"이란 말이
다. 여기서 '안다'는 것은 순리順理와 무위無爲라는 자연이법을 인식한

다는 것이다.

○ 不欲盈夫

여기에서 불不은 금지사로 쓴 것이므로 불욕不欲은 '~하려 하지 말라'는 뜻이다. 부夫는 '~할진저, ~도다, ~구나'로 옮길 수 있다. 따라서 이 글귀는 "채우려 하지 말진저"라고 옮길 수 있다. 채운다는 것은 학식, 명예, 재물, 지위 따위를 남보다 더 많이 지니고 더 높이 이루는 것이다. 이렇게 남보다 나아지려면 위爲를 더할 수밖에 없다. 순리順理하지 않고 역리逆理하게 되니 채우려 하지 말라는 것이다.

○ 唯不盈 故能敝 不新成

채우지 않는다[不盈]는 것은 위爲를 더하지 않는다는 말이다. 빈 것은 빈 대로, 낡아가는 것은 낡아가는 대로 두는 것이 순리順理다. 앞서 나온 바와 같이 내能는 '참을 내, 견딜 내'다. 낡아 해져 피폐해지는[敝] 것을 참고 견딜 뿐 채우거나 새것으로 바꾸지 않는다. 곧 위爲를 더하지 않으며 새로이 이루지 않는다[不新成]. 따라서 고내폐 故能敝 불신성 不新成의 뜻은 '그러므로 낡아감을 견디고 새로이 이루지 아니하다'가 된다.

제16장 도道를 좇으니 몸은 위태롭지 아니하리라

(무언가) 이룬다는 것은 헛되니 그칠지니라. 관직에 나가거든 조용히 하며 정성을 다하라.

치 허 극 수 정 독
致虛極 守靜篤

여러 무리(파당)가 나란히 일어나는데 (서로) 친하려 하지는 않으면서도 생각은 겹치는구나.

만 물 병 작 어 이 관 복
萬物竝作 吾以觀復

무리가 여럿 일어나 기세 좋게 퍼지지만 제가끔 (생각이) 겹치니 그 근본을 섬겨 따르라.

부 물 운 운 각 복 귀 기 근
夫物芸芸 各復 歸其根

근본을 섬겨 따르니 가로되 조용하다고 하는데 이는 명령 덜기를 이름이라.

귀 근 왈 정 시 위 복 명
歸根曰靜 是謂復命

명령을 더니 가로되 고즈넉하다〔常〕고 하고 고즈넉함을 아니 가로되 현명하다고 하느니라.

복 명 왈 상 지 상 왈 명
復命曰常 知常曰明

고즈넉함을 모르면 망령되이 일을 지어내니 재앙이로다. 고즈넉함을 알면 (나와 의견이 달라도) 받아들이느니라.

부 지 상 망 작 흉 지 상 용
不知常妄作凶 知常容

(나와 다른 의견을) 받아들이니 곧 한가지라. (모든 생각이) 한가지이니 어찌 (내 생각이) 왕 노릇하리오.

용 내 공 공 내 왕
容乃公 公乃王

왕 노릇하는 것은 곧 하늘(자연이법)이요 자연이법이 곧 도道라.

왕 내 천 천 내 도
王乃天 天乃道

(도를) 따르면 곧 지나침을 막으리니 몸이 위태롭지 아니하리라.

도 내 구 몰 신 불 태
道乃久沒 身不殆

○ 致虛極 守靜篤

다들 이 글귀를 '허虛가 극虛함에 이르다'로 옮겨 만물이 태어나기 직전 모습이라고 하지만 그렇지 않다. 이 글귀는 형이상학이나 우주 생성 원리를 말하는 게 아니라 정치인이나 관료들에게 하는 말이다.

치致는 '이룰 치', 허虛는 '헛될 허', 극極은 '그칠 극'이다. 그러므로 치허극致虛極은 "(무언가) 이룸은 헛되니 (더 이루려 하지 말고) 그치라"는 뜻이다. 이래야 앞 장에서 '새로 이루지 않는다[不新成]'고 한 말과 맞아 떨어지게 된다.

수守는 '관직에 임하다'는 뜻이 있다. 정靜은 '조용히 할 정'이다. 독篤은 '도타울 독'인데, 여기서는 '정성을 들여 열심히 하다'는 뜻이다. 따라서 이 글귀는 "관직에 나가거든 조용히 하고 정성을 다해 열심히 하라"는 말이다.

○ 萬物竝作

《도덕경》풀이는 수도 없이 많아서 천인천해千人千解라고 하지만, 거의 다 늙으신 선생님께서 하고자 한 말과는 거리가 멀다. 한자 한 글자가 지닌 여러 가지 뜻을 꼼꼼히 살펴보지 않고 흔히 알려진 뜻만 가지고 꿰어 맞추려 하기 때문이다. 위키피디아의 풀이를 보자.

> 모든 것은 함께 생기나, 나는 그 돌아감을 본다.

김용옥이나 이경숙의 풀이도 이와 크게 다르지 않은데 이런 풀이를 알아들을 사람이 있기나 할 것인가.

만물萬物이 '세상에 있는 모든 것', '우주 만물'을 가리키는 말이라고 쉽게 생각하기 때문에 벌어지는 일이다.

만萬은 수가 많은 것을 가리킨다. 물物은 '무리 물'이다. 이때 '무리'는 동류同類, 곧 정파政派나 파당派黨을 일컫는다. 따라서 만물萬物은 '여러 파당'이라는 말인데 여기에서는 여러 학파, 곧 제자백가를 가리킨다. 병竝은 '나란할 병'이고 작作은 '일어날 작'이니 병작竝作은 '나란히 일어나다'는 말이다. 여러 학파와 정파가 생겨나 대립한다는 뜻이다.

○ 吾以觀復夫

오吾는 '나 오', 곧 일인칭 대사[41]가 아니라 '친하지 않을 어'다. 이以는 이而와 같다. 관觀은 '생각 관'이고 복復은 '겹칠 복'이니 관복觀復은 '생각이 겹친다'는 뜻이다. 따라서 이 글귀는 파당끼리 서로 친하지는 않지만 제가끔 하는 생각은 겹친다는 말이다. 무리지어 다투고 맞서지만 따지고 보면 나라와 백성을 위하려는 마음과 생각은 같다는 것이다. 좀더 매끄럽게 옮긴다면 "생각이 겹치면서도 친하지는 않다"는 말이 되겠다. 부夫는 뒤 글월에 붙을 발어사發語辭[42]가 아니라 오이관복吾以觀復에 붙은 감탄사다. '~하구나', '~하도다' 등으로 옮기면 된다.

○ 物芸芸 各復 歸其根

운운芸芸은 '많고 성한 모양'을 가리킨다. 따라서 물운운物芸芸은 '여럿 일어나 기세 좋게 퍼진다'는 말이다. 주장하는 바가 서로 다른 것 같기는 해도 제가끔 하는 생각은 겹친다[各復]. 같거나 비슷한 곳이 많다는 말이다. 그러니 그 근원을 따라가 보면 서로 다르지 않다는 것이다.

---

41) 오吾는 주격과 소유격에 쓰고, 아我는 주격과 목적격에 많이 쓴다. 我가 목적격일 때는 吾를 주격으로 쓰며, 吾가 소유격일 때는 我를 주격으로 쓰는 일이 많다. 吾는 동사 뒤의 목적격으로 쓰지 않는다.
42) 글월 첫머리에서 이야기를 이끌어내고 듣는 이의 주의를 일깨우는 구실을 하는 어기조사다. 특별한 뜻은 없고 다음에 오는 말이 일반적으로 그러하다는 느낌을 준다. 개蓋(대개), 유惟(생각컨대), 범凡(무릇), 차且(또한) 등인데 夫를 발어사로 쓸 때는 '무릇', '대저大抵'로 옮긴다. 우리말로는 '대컨'이다.

그러므로 귀歸는 '돌아가다'가 아니라 '붙좇을 귀'다. '존경하거나 섬겨 따르다'는 뜻이니 귀기근歸其根은 '그 뿌리(근원, 근본)을 섬겨 따르라'는 말이다. 근본과 핵심을 따를 일이지 곁가지, 곧 작은 차이를 따지면서 맞서거나 다투지 말라는 것이다.

○ 歸根曰靜 是謂復命

"근본을 섬겨 따르니〔歸根〕 가로되〔曰〕 조용히 한다〔靜〕고 하니 이는 명령 덜기〔復命〕를 이름이다"는 뜻이다. 이때 복復은 '덜 복'이다. 관리들이 나라와 백성을 위한답시고 무리를 지어 서로 다른 말을 하고 서로 다른 수를 내놓다 보면 분부, 곧 법령이 늘어난다. 나라와 백성을 생각하는 것이라고 하지만, 따지고 보면 백성을 옭죄거나 이리저리 하라고 백성을 들볶는 것들이다. 그런데 이런 여러 주장과 법령이 서로 다른 것 같지만, 근본을 살펴보니 모두 같다. 모두 같은 근본을 섬겨 따르는 것이니 새로 명령이나 법령을 더하지 않아도 된다. 명령을 덜어낼〔復命〕수 있는 것이다. 이렇게 하여 법체계가 단순해지면 시끄러운 쟁론도 일어나지 않고 백성들도 불만이 없다. 조용해질 수밖에 없다.

○ 復命曰常 知常曰明

분부(명령, 법령)을 덜어내고 줄이면〔復命〕 바뀔 것이 없다. 새로 법을 만들어 알린다고 들썩일 일도 없고, 명령을 제대로 지키는지 살펴보느라 눈을 부릅뜰 일도 없으며, 백성을 옭죄지도 않는다. 바뀔 것이 없으니 눈에 띄는 일도 없고 조용하고 평온하다. 그것이 상常이다. 상常은 '항상 상'인데 '평상平常'이란 말이다. 변함없이 반복되는 일상이니 '고즈넉함43)'이란 표현이 좋을 것 같다. 따라서 복명왈상復命曰常은 '분

---

43) 말없이 다소곳하며 고요하고 아늑하다는 뜻이다.

부(명령, 법령)을 덜어내니 가로되 고즈넉함'이라는 뜻이다.

지知는 '알 지'인데 '깨닫다'는 뜻이다. 명明은 현명하다는 뜻이다. 따라서 지상왈명知常曰明은 '고즈넉함[常]을 깨달으니 가로되 현명하다고 한다'는 의미이다. 새로 법을 만들어 백성들을 옭죄거나 바쁘게 만들지 않고 그저 변함없이 조용하게 살아가도록 하는 것이 중요하다며 그것을 깨달음이 현명하다는 것이다.

○ 不知常妄作凶 知常容

고즈넉함을 모르면[不知常] 망작흉妄作凶한다. 망妄은 '허망할 망'이다. 헛되고 망령됨을 일컫는다. 정상이 아니어서 어이가 없다는 말이다. 작作은 '지을 작', 흉凶은 '재앙 흉'이다. 따라서 망작흉妄作凶은 '망령되이 (쓸데없는 일을) 지어내니 재앙이다'는 뜻이다.

그러나 고즈넉함을 알면[知常] 용容한다. 용容은 '받아들일 용'이다. 근본을 섬겨 따르는 것은 모두 같으니 생각이 나와 다르더라도 받아들인다. 나만 옳다고 논쟁을 벌이지 않고 망령되이 일을 벌이지도 않으니 조용하고 고즈넉하다.

○ 容乃公

용容은 '받아들일 용'이다. 내乃는 '이에 내'다. '곧, 바로'라는 뜻이다. 공公은 '한가지 공'이다. 모두 같다는 뜻이다. 서로 다른 생각이라 할지라도 그 생각을 받아들여보면 모두 근본이 같다. 따라서 이 글귀는 "(나와 다른 생각이라 할지라도) 받아들이니 곧 (근본은) 한가지"라는 말이다.

○ 公乃王

다른 듯 보이는 여러 생각도 따지고 보면 근본은 매한가지다. 여기에서 내乃는 '어찌 내'다. 왕王은 '왕 노릇할 왕'이다. 따라서 이 글귀는 "(모두) 한가지이니 어찌 왕 노릇을 하겠는가"라는 뜻이다. 모두 근본이 같은 생각들이므로 이들을 두고 으뜸이니 버금이니 차례를 매길 수는 없다는 말이다.

○ 王乃天 天乃道

그렇다면 무엇이 왕 노릇을 하고 사람들이 살아가는 데 준칙이 되며 우주만물이 나고 자라고 사라지는 데 원리로 작용하는가? 바로 천天이다〔王乃天〕. 여기에서 천天은 '하늘'이라는 공간이나 신앙의 대상이 아니라 자연自然, 또는 자연이법自然理法을 말한다. 자연은 어떤 초월 존재가 지어낸 것이 아니고 저절로 그러한 것이다. 저절로 그리되는 것이 자연이법이고, 자연이법이 곧 도〔天乃道〕이며 그 이법을 따르는 것〔順理〕이 바로 무위無爲다.

○ 道乃久沒 身不殆

이 글귀는 그동안 도내구道乃久 몰신불태沒身不殆로 끊어 읽어 '도道는 오래 가니 죽어도 위태롭지 않을 것이다'라고 풀이해 왔다. 그럴듯하게 들리지만 틀렸다. 도道가 오래 간다면 도道에도 끝이나 죽음이 있다는 말인가? 죽어도 위태롭지 않다는데, 죽음이 바로 위태로운 것이 아닌가. 도가 오래 가는 것과 죽어도 위태롭지 않다는 것은 무슨 상관이 있는가?

이 글귀는 도내구몰道乃久沒 신불태身不殆라고 끊어 읽어야 한다. 도道는 '순할 도'다. 자연이법을 따른다는 말이다. 구久는 '막을 구', 몰沒

은 '지나칠 몰'이다. 따라서 이 글귀는 "자연이법(도)를 따르니 곧 지나침을 막는다. (그러므로) 몸은 위태하지 않다"는 뜻이다.

　도를 따른다는 것은 자연이법을 따르는 것, 바로 순리順理다. 자연이법에 따라 저절로 그리되기를 기다리는 것이다. 그런데 자연이법을 거슬러 더 빨리 더 크게 이루려고 하다 보니, 밑바탕과 뼈대는 튼튼히 하지 않고 겉보기만 그럴듯하게 꾸미려고 하는 것이다. 순리하지 않고 마음만 앞서나가니 반드시 몸이 위태로워진다.

제17장 기리고 높이는 말을 근심할지니라

심히 바라건대 낮추라(겸손하라).	태 상 하 太上下
존재를 알림은 그 다음(에 할 일)이니라.	지 유 지 기 차 知有之其次
명예 같은 것을 사랑함은 그 다음이니라.	친 이 예 지 기 차 親而譽之其次
(존재를 알리고 명예가 드높아지면 사람들이) 그를 꺼리게 되고 그 다음에는 그를 업신여기게 되느니라.	외 지 기 차 매 지 畏之 其次侮之
참으로 마음에 들지 않으며 또한 미쁘지 아니하도다.	신 부 족 언 유 불 신 언 信不足焉 有不信焉
근심이로다. 어찌 (명예를 기리는) 말을 귀히 여기리오.	유 혜 기 귀 언 悠兮 其貴言
일을 이루었다고 공치사하(기를 좋아하)면	공 성 사 功成事
마침내 백성들이 모두 (비웃으며) 이르기를 (네가 잘 한 것이 아니라) 내가 스스로 그리했다고 하리라.	수 백 성 개 위 아 자 연 遂百姓皆謂我自然

○ 太上下

태太는 '심히 태'다. 상上은 '바랄 상'이다. 상尙과 같은데 '바라건대'이다. 하下는 '낮출 하'다. 따라서 이 글귀는 "심히 바라건대 낮추라(겸손하라)"는 뜻이다. 임금이나 관리들은 백성들 앞에 자신을 낮추고 겸손해야 한다는 것이다.

○ 知有之其次

지知는 '알릴 지'다. 유有는 '있을 유'이니 '존재'를 가리킨다. 지之는 주격조사다. 기차其次는 '그 다음'이란 말이다. 따라서 이 글귀는 "(자신의) 존재를 알리는 것은 그 다음"이 된다. 임금이나 관리들이 먼저 할 일은 몸을 낮추어 겸손히 하는 것이지, 이런 권한을 지닌 자리에 내가 앉아 있노라고 알리는 것은 그 다음 일이라는 뜻이다.

○ 親而譽之其次

이而는 '같을 이'다. 여如와 같다. 따라서 이 글귀는 "명예 같은 것을 사랑하는 일은 그 다음이다"는 뜻이다. 명예를 얻어 세상에 이름이 알려지고 사람들이 그를 기리는 일도 겸손히 몸을 낮춤만 못하다는 것이다.

○ 畏之 其次侮之

이곳의 지之는 인칭대사다. 임금 자리에 있거나 관직에 앉은 이를 가리킨다. 크고 아름다운 명예를 얻게 되면 사람들이 그를 두려워하고 꺼리게〔畏之〕된다. 가까이 할 엄두가 나지 않기 때문이다. 그러다가 그 다음에는〔其次〕그를 업신여기고 조롱하게 된다〔侮之〕.

○ 信不足焉 有不信焉

신信은 '진실로 신' 또는 '미쁠 신'이다. '미쁘다'는 것은 믿음직하다는 말이다. 유有는 '또 유'다. 언焉은 단정 종결사다. 따라서 이 글귀는 "참으로 족하지(마음에 들지) 아니하다. 또한 미쁘지 아니하다."는 뜻이다. 그런데 무엇이 마음에 들지 않고 무엇이 미쁘지 않다는 것일까?

어떤 글이든 다 마찬가지겠지만 《도덕경》을 읽고 옮길 때는 더욱 조심하고 신경을 써야 한다. 가장 큰 까닭은 이 글이 한문漢文, 그것도 고문古文이기 때문이다. 다들 알고 있다시피 한자는 글자 하나하나가 글월이 될 수 있고, 문법 자체도 엄격하지 않다. 글자 하나가 지닌 뜻이 여러 가지일 때도 많고 글월 속 자리에 따라 문법요소가 달라지기도 한다. 어떤 뜻으로 새길 것이며 어떤 요소로 보아 옮길 것인지 하는 문제가 일어나게 마련이다. 그러므로 논리가 일정하게 완결되는지, 글쓴이가 말하고자 한 본디 뜻에 맞는지 살펴보는 일이 매우 중요하다.

참으로 마음에 들지 않고[信不足焉] 미쁘지도 않은[不信焉] 일은 제 존재를 알리려 하고 명예를 남기려고 애쓰는 것이다. 내 존재를 알리고 명예를 더한다고 해서 나을 것도 없다는 말이다. 사람은 죽어 이름을 남긴다[44]고 하지만 죽어 이름을 남기기보다는 목숨을 이어가는 것이 더 낫다. 헛된 명예를 얻으려 하다가 업신여김을 받거나 죽고 다치는 일도 벌어질 수 있으니 명예를 더한다고 해서 만족해 할 일이 아닌

---

44) 《五代史》, 〈王彦章傳〉 인사류명人死留名.
　　당나라가 망한 뒤, 오대五代(양, 당, 진, 한, 주)가 잇달아 중원을 지배하던 때 양나라에 왕언장이라는 장수가 있었다. 산서山西에 있던 진晉나라가 국호를 당唐으로 고치고 양나라로 공격해 들어왔을 때 패하여 파면되었는데 당나라가 또 쳐들어오자 다시 기용되어 싸우다가 포로가 되었다. 당나라 임금이 왕언장의 용맹을 아까워하여 귀순할 것을 권하자, "아침에는 양나라를 섬기고 저녁에는 진나라를 섬기는 일[朝梁暮晉]은 할 수 없다"고 하며 죽음을 택했다. 왕언장은 군졸부터 시작하여 고위 무장이 되었는데 그는 평소에 늘 '호랑이는 죽어서 가죽을 남기고 사람은 죽어서 이름을 남긴다'는 말을 했다. 목숨보다 명예를 소중히 여긴다는 뜻이다.

것이다.

○ 悠兮 其貴言

그러므로 자신을 기리는 달콤한 말, 명예를 드높이는 말을 근심하고 걱정하는 것이다. 유悠는 '근심할 유'다. 기其는 '어찌'라는 뜻이며 귀貴는 '귀히 여길 귀'다. 따라서 이 글귀는 "근심이로다. 어찌 (명예를 드높이고 기리는) 말을 귀히 여기랴."는 뜻이다.

○ 功成事 遂百姓皆謂我自然

공功은 '공치사할 공'이다. 공치사는 스스로 제 자랑을 늘어놓는 일을 말한다. 명예와 같은 것을 사랑하고〔親而譽〕백성들이 자신을 기리기를 바라는 사람은 반드시 자신이 이러저러한 일을 이루었노라고 공치사를 늘어놓는다〔功成事〕. 그러나 백성들은 그를 비웃을〔侮之〕것이며, 마침내 권력자가 잘해서 그리된 게 아니라 제가 스스로 그리하였다고 말하게 된다〔百姓皆謂我自然〕. 수遂는 '드디어 수'다.

제18장 도가 있으면 인의충효는 쓸모없느니라

대도가 폐하니 인의가 생겨나고,

대도폐 유인의
大道廢 有仁義

지혜가 나오니 큰 거짓이 생겨나고,

혜지출 유대위
慧智出 有大僞

육친이 불화하니 효와 자애가 생겨나고,

육친불화 유효자
六親不和 有孝慈

나라가 혼란스러우니 충신이 나오는 것이니라.

국가혼란 유충신
國家昏亂 有忠臣

○ 大道廢 有仁義

큰 도道가 무너지니[大道廢] 일이 순리대로 되지 않는다. 그래서 법과 제도를 세워 그 틀 속에 사람들을 우겨넣으려 한다. 이 모든 것이 위僞다.

그래서 생겨난 것이 인의仁義[有仁義]라고 하는 위僞다. 유有는 '생기다, 일어나다'는 뜻이다. 그런데 이것을 '큰 도道가 사라졌으므로 도道를 되살리기 위해 인의仁義를 세워야 한다'고 해석하면 늙으신 선생님의 가르침을 거꾸로 뒤집는 것이다. 늙으신 선생님은 유가儒家에서 말하는 여러 가지 윤리 덕목을 모두 위僞로 보았기 때문이다.

큰 도道는 무위無爲다. 사람들을 다그쳐서 억지로 하게 하는 것이 아니라, 순리에 따라 모든 일이 풀려나가는 것이다. 그런데 도道가 사라졌기 때문에 그나마 질서를 세우려고 인의仁義를 부르짖게 된 것이다. 도道가 살아 있고 무위無爲하는 삶을 살게 되면 인의仁義 따위는 아무 쓸모가 없다는 것이 늙으신 선생님의 가르침이다.

도가道家와 유가儒家는 서로 견제하고 대립하면서 조화와 균형을 이루어왔다고 할 수 있다. 도가道家가 자연주의, 유가儒家가 인본주의라고 다들 알고 있지만, 나는 둘 다 인본주의라고 생각한다. 서로 다른 점은 유가儒家가 인문 세계의 가치인 인의예지신仁義禮智信을 세워 천하의 질서를 회복하려 했다면, 도가道家는 자연을 거스르지 않고 욕망을 멀리함으로써 제 한 몸 지키고 본성을 해치지 않으려고 했다는 것이다. 말하자면 노자는 유가儒家에서 중시하는 인의仁義, 충효忠孝 따위를 위僞라고 보고 멀리했으며 그런 가치를 강조하는 세상은 이미 도道가 사라진 세상으로 보았다.

○ 慧智出 有大僞

이경숙은 출出을 '나가다, 사라지다'로 보고 '지혜가 사라지니 큰 거짓〔大僞〕이 있게 되었다'고 풀이하는데, 잘못된 것이다. 지혜가 사라졌는데 속임수를 쓸 수는 없는 일이다. '절성기지絕聖棄智 민리백배民利百倍(제19장)'라 하여 지智를 버려야 백성들의 이익이 커질 것이라고 했다. 따라서 늙으신 선생님이 보기에 혜지慧智가 사라지는 것은 좋은 일이다. 그런데 그것이 사라져서 큰 거짓이 있게 되었다고 한다면 늙으신 선생님의 뜻과는 거리가 멀다. 그러므로 여기에서 출出은 '사라지다'가 '생겨 나오다'는 뜻이다. 혜慧와 지智라는 나쁜 것이 생겨나서 큰 거짓도 나타나게 되었으니 백성을 무지無知하게 만들어야 한다는 생각을 하게 된 것이다.

○ 六親不和 有孝慈 國家昏亂 有忠臣

육친불화六親不和 유효자有孝慈는 식구들이 서로 화목하지 않으니 효도와 사랑을 강조하게 되었다는 것이다. 육친六親은 부父, 모母, 형兄, 제弟, 처妻, 자子를 가리킨다. 다른 말로 가족, 또는 식구라고 할 수 있겠다. 가족들이 누가 시키지 않아도 사이좋게 지내면 효도와 사랑을 내세울 까닭이 없을 것이다.

나라가 혼란스러우면〔國家昏亂〕권력자의 눈과 귀를 속여 사사로움을 채우려는 무리가 늘어난다. 간신배奸臣輩가 우글거리니 충신忠臣이 나오는〔有忠臣〕것이지, 나라가 안정되고 정치가 제대로 굴러간다면 간신이 나올 까닭도 없고 충신忠臣을 기릴 일도 없어질 것이다.

제19장 성지聖智와 인의仁義를 끊어버리라

성聖과 지智를 끊어 버리면 백성의 이익이 백배요,	절 성 기 지 민 리 백 배 絶聖棄智 民利百倍
인仁과 의義를 끊어 버리면 백성이 효성과 자애로움으로 돌아오고,	절 인 기 의 민 복 효 자 絶仁棄義 民復孝慈
교巧와 리利를 끊어 버리면 도적이 있지 아니하리라.	절 교 기 리 도 적 무 유 絶巧棄利 盜賊無有
이 세 가지를 글로 쓰기에는 내 능력이 모자라도다.	차 삼 자 이 위 문 부 족 此三者以爲文不足
그러므로 글로 엮는 바가 있다면	고 령 유 소 속 故 令有所屬
견해는 소박하고 생각도 순박하리라.	견 소 포 박 見素抱樸
적게 지니고 적게 바랄지니라.	소 사 과 욕 少私寡欲

○ 絶聖棄智 絶仁棄義 絶巧棄利

절성기지絶聖棄智는 절기성지絶棄聖智를 멋을 부려 쓴 것이다. 성聖과 지智를 끊어버리라는 뜻이다. 천지장구天地長久를 천장지구天長地久라고 쓴 것과 같다. 뒤의 절인기의絶仁棄義, 절교기리絶巧棄利도 마찬가지다. 성聖과 지智45), 인仁과 의義, 교巧와 리利를 끊어(絶) 버리라(棄)는 것이다. 그런 것들이 바로 인간의 본성을 해하는 위爲이기 때문이다.

성聖을 추구한다는 이름으로 수많은 사람이 죽어갔다. 성지 예루살렘을 되찾는다는 명분을 앞세워 십자군 전쟁을 일으켰다. 그러나 이 전쟁은 유럽의 영주들이 새 영지를 얻고 동방무역을 독점하려는 사사로움에서 나온 것이었다. 교황도 자신의 세력을 넓힐 수 있다는 사사로움 때문에 종교 전쟁을 일으킨 것이다. 지智도 마찬가지다. 당시 유럽에서 지智는 오로지 성서에서 나오는 것이었고, 또 그래야만 했다. 성서에 어긋나면 악마로 몰았다. 여자들이 더 많이 희생되었음은 말할 것도 없다. 동아시아에서는 인仁과 의義를 바로 세운다는 명분 아래, 이웃 나라를 침략하는 일이 많았고 그 속에서 수많은 사람들이 목숨을 잃었다. 전쟁을 통해 조공 질서를 세우고 지배와 복속 관계를 확립하려는 사사로움에서 비롯된 것이다.

교巧는 '약을 교'다. 리利는 '탐할 리'다. 따라서 절교기리絶巧棄利는 '약은 생각과 탐하는 마음을 끊어 버린다'는 뜻이다. 정도正道를 가기보다 권도權道를 취하려 하는 것이 교巧이며, 이웃의 것을 탐내 빼앗으려 하는 것이 리利다. 내가 힘써 얻기보다는 남이 얻어 쌓아놓은 것을 손쉽게 내 것으로 하려는 사람이 도적이다. 그러므로 교巧와 리利를 끊어 버리면 마땅히 도적질이 사라지게(盜賊無有) 될 것이다.

---

45) 知는 앎, 지식을 뜻하지만 智는 슬기로움, 지혜를 뜻한다.

○ 此三者以爲文不足

차삼자此三者는 앞서 말한 세 가지다. 성지聖智와 인의仁義와 교리巧利를 끊어 버리면 백성들의 이익이 늘어나고 효성과 자애로 돌아오며 도적이 없어지는 것을 가리킨다. 그런데 이 세 가지를 가지고 글을 쓰려 하니 자신의 능력이 모자라더라는 것이다〔爲文不足〕. 늙으신 선생님께서 자신을 낮추어 겸손히 말씀하신 것이리라. 본디 위문이차삼자부족爲文以此三者不足인데 이차삼자以此三者가 앞으로 나가면서 이以와 차삼자此三者가 도치되었다.

○ 故 令有所屬 見素抱樸

령슈은 '가령 령'이다. 가정문을 만드는 부사다. 속屬은 '엮을 속'이다. '글을 짓다[46)]'는 말이다. 따라서 령유소속슈有所屬은 '글을 짓는 바가 있다면', '글로 엮어 본다면'이 된다.

견見은 '견해 견'이다. 포抱는 '가슴 포'다. 마음 또는 생각이라는 뜻이다. 따라서 견소포박見素抱樸은 '견해가 소박하고 생각도 순박하다'는 말이다. 늙으신 선생님께서 겸양하는 말이기도 하겠으나, 실제로 보아도 오로지 소사과욕少私寡欲하라는 말 밖에는 쓸 것이 없으니 화려하거나 거창할 것도 없다.

○ 少私寡欲

소少가 '적을 소'임은 누구나 안다. 그런데 사私가 문제다. 흔히 '사사로울 사'로 새기는데 그러다 보니 소사少私를 우리말로 옮기기 어렵게 된다. 이래서 반드시 자전을 찾아보고 그 뜻을 꼼꼼히 살펴야 한다. 사私는 다른 여러 가지 뜻도 지니고 있지만, 여기에서는 '사사로이 할

---

46) 속문屬文 : 문장을 엮어서 글을 지음

사', '자기 소유로 하다'는 뜻이다. 따라서 소사少私는 '적게 소유하다'는 말이다. 과寡는 '적을 과'다. 욕欲은 '바랄 욕'이다. 한문에서 형용사는 부사로도 쓰이므로 과욕寡欲은 '적게 바라라'는 것이다. 이어서 읽어 보라. "적게 지니고 적게 바라라" 이 얼마나 소박한 생각인가.

제20장 나 홀로 어리석은 듯하나

학문을 끊으면 근심이 없으리라.	절학무우 絶學無憂
공손히 하는 대답과 건성으로 하는 대답이 얼마나 떨어져 있겠으며,	유지여아 상거기하 唯之與阿 相去幾何
선과 악은 얼마나 떨어져 있겠느냐.	선지여악 상거약하 善之與惡 相去若何
다른 사람들이 두려워하는 바니 두려워하지 않을 수 없도다.	인지소외 불가불외 人之所畏 不可不畏
버릴지니라. 그 끝없는 것이여.	황혜 기미앙재 荒兮 其未央哉
뭇사람들이 (예절, 선악 따지지 않고) 즐거이 노는 것은 큰 잔치를 벌여 맛난 음식을 즐기는 것 같고,	중인희희 여향태뢰 衆人熙熙 如享太牢
봄날 누각에 올라 노니는 것 같은데, 나만 홀로 머물러 흔들리고 있구나.	여춘등대 아독박혜 如春登臺 我獨泊兮
조짐 없음이 마치 젖먹이 어린 아이가 웃지 않고 멀뚱거리는 것 같도다.	기미조 여영아지미해 其未兆 如嬰兒之未孩
고달프고 고달프구나. 돌아갈 곳도 없는 것 같구나.	래래혜 약무소귀 儽儽兮 若無所歸
뭇사람들은 모두 (마음에) 넉넉함이 있는데 나만 홀로 이처럼 남아 있으니	중인개유여 이아독약유 衆人皆有餘 而我獨若遺
나야말로 어리석은 사람의 마음이로고.	아우인지심야재 我愚人之心也哉

어리석고 어리석도다.

돈 돈 혜
沌沌兮

세상 사람들은 밝은데 나 홀로 어둡고,

속 인 소 소 아 독 혼 혼
俗人昭昭 我獨昏昏

세상 사람들은 잘 살피는데 나 홀로 어리숙하도다.

속 인 찰 찰 아 독 민 민
俗人察察 我獨悶悶

흔들림이여! 바다와 같구나,

담 혜 기 약 해
澹兮 其若海

바람소리여! 그치지 않는 듯하구나.

료 혜 약 무 지
飂兮 若無止

뭇사람은 모두 까닭이 있는데

중 인 개 유 이
衆人皆有以

나 홀로 완고하고 또 어리숙하도다.

이 아 독 완 차 비
而我獨頑且鄙

나 홀로 다른 사람과 달라서 (만물을 기르는 어미인) 사모食母(=도道와 덕德)를 귀히 여기도다.

아 독 이 어 인 이 귀 사 모
我獨異於人 而貴食母

○ 絶學無憂

학문을 끊으면 아무 근심이 없다는 말이다. 세상에 나와 배나 곯지 않고 제 한 몸이나 지키며 살다 죽으면 그뿐이다. 그런데 학문을 익혀 기껏 한다고 하는 일이 예禮와 비례非禮 따위나 따지고 선과 악을 가르며 근심하고 있으니 이 얼마나 한심한 일이냐고 탄식하는 말이다.

○ 唯之與阿 相去幾何 善之與惡 相去若何

유唯는 '예'하고 정중하게 대답하는 소리이고 아阿는 '응'하고 건성으로 대답하는 소리다. 이때 지之는 주격조사이며, 여與는 '~와 더불어'라는 말이다. 거去는 '떨어질 거', 기하幾何는 '얼마'이다. 따라서 상거기하相去幾何는 '서로 떨어짐이 얼마인가'라는 말이다. '예, 하고 대답하는 것이 응, 하고 대답하는 것과 서로 떨어진 거리가 얼마나 되느냐,' 예 禮와 비례非禮의 차이가 몸과 목숨을 지키는 일만큼 크고 무거운 일이 겠느냐는 것이다. 선과 악도 마찬가지다. '선은 악과 더불어[善之與惡] 서로 떨어진 거리가 어떠하냐[相去若何]⁴⁷⁾'고 풀이할 수 있다. 둘이 얼마나 다르길래 그걸 분별하겠노라 애를 쓰느냐는 말이다.

○ 人之所畏 不可不畏

그러나 사람들은 무례하다고 비난받을까 두려워하니[人之所畏], 나 역시 두려워하지 않을 수 없다[不可不畏]. 그래서 살아가는 데 별다른 쓸모도 없는 예절이나 선악을 따지고 있으니 한심하기만 하다는 한탄 이다.

노자는 인의예지신仁義禮智信이나 충효忠孝 같은 유가儒家의 가치와

---

47) 약하若何는 내하奈何(어떤가, 어찌하여), 여하如何(어찌하여, 어떠하게, 어 찌할꼬) 등과 비슷한 말이다.

규범을 경멸한 사람이다. 대도大道가 폐하여 인의仁義가 나오게 되었으니, 도道를 되살리면 인의仁義 따위는 필요 없다. 인의仁義를 끊어 버리면 백성이 저절로 효성스럽고 자애로워질 것이라고 말하지 않았던가. 예와 비례를 나누고 선과 악을 가르는 이 모두가 위爲이며 인간의 본성을 속박하고 해치는 것들이다.

○ 荒兮 其未央哉

황荒은 '버릴 황'이다. 동사가 먼저 나오고 감탄사가 나오니 황혜荒兮는 '버릴 지니라'로 옮겨야 한다. 몸을 지키고 본성을 지키는 일에 견주면 그다지 중요할 것도 없는 예와 비례, 선과 악 따위를 가르는 학문은 버리라는 것이다. 왜냐하면 아무리 애써 연구해 봐도 끝이 없는 것이기 때문이다. 그래서 기미앙재其未央哉라고 한 것이다. 앙央은 '멀다, 다하다'는 뜻이니 미앙未央은 '아무리 궁구해도 멀기만 해서 답을 구할 수 없다', 곧 '정답을 알 수 없다'고 해석할 수 있다. 따라서 其未央哉는 '그 구할 수 없음이여' 또는 '그 끝없음이여'라고 옮겨야지 '텅 빈 곳'이니 '드러나지 않다' 따위로 옮기면, 이는 글자 뜻과도 맞지 않고 앞뒤 글귀가 아무 상관없이 따로 놀게 된다.

○ 衆人熙熙 如享太牢 如春登臺

'희희熙熙'는 사람들이 어울려 즐거이 노는 모습이며 태뢰太牢[48]는 진수성찬이란 뜻이다. 그러므로 이 글월은 뭇사람들이 즐거이 노는 모습(衆人熙熙)이 마치 진수성찬을 즐기는 듯하며(如享太牢), 봄에 누대에 올라 노니는 것 같다(如春登臺)는 말이다.

---

48) 소, 양, 돼지 세 가지 희생을 갖춘 제수 또는 요리를 뜻하는데 이것이 변하여 '푸짐하게 차린 음식', '진수성찬'을 가리키게 되었다.

○ 我獨泊兮 其未兆

다들 그렇게 즐거이 먹고 마시고 노니는데 나는 그렇지 못하다〔我獨泊兮〕. 박泊은 '배를 대다'인데, '조용하다', '머무르다'는 뜻도 있다. 말하자면 부두에 대어놓은 배처럼 조용히 물결 따라 흔들리며 마음을 정하지 못하고 있음을 나타낸 것이다. 조兆는 '조짐' 또는 '조짐이 보이다'이니 기미조其未兆는 '아직 조짐이 없다'는 뜻이다. 옛사람들은 큰일을 앞두고 점을 쳐서 길흉화복을 알아보곤 하였다. 갑골문자甲骨文字가 바로 점을 칠 때 썼던 글자다. 큰일을 앞두고 점을 치는 건 지금도 변함이 없다. 부처의 공덕이나 신의 권능에 기대려고 산으로 가거나 절집과 예배당을 찾아 기도하기도 한다. 그런데 아직 아무런 조짐이 없다는 것이다〔其未兆〕. 응답을 받지 못했으니 마음을 정하지도 못하고 분분한 마음만 오락가락할 것이다.

○ 如嬰兒之未孩

영아嬰兒는 젖먹이를 가리킨다. 점괘가 나오지 않아 마음을 정하지 못하고 마음만 오락가락하는 모습을 젖먹이 아이에 빗댄 것이다. 지之는 주격조사이니 "젖먹이가 미해未孩하는 것 같다"로 풀이하면 된다.

해孩는 '어린 아이'란 뜻도 있지만 부정사인 미未[49]가 붙은 것으로 보아 서술어. '웃다'는 뜻이다. 그러므로 이 글귀는 "젖먹이 어린 아이가 웃지 않는 것 같다"로 풀이해야 한다. 젖먹이 어린 아이가 웃지 않고 멀뚱거리고 있는 모습을 상상해 보면 아직 마음을 정하지 못하고 있는 늙으신 선생님의 마음을 헤아릴 수 있을 것이다.

---

49) 不, 弗, 未 따위 부정사 뒤에는 술어(동사, 형용사)가 와야 한다.

○ 儽儽兮 若無所歸

래래儽儽는 고달프다는 뜻을 지닌 래儽가 겹쳤으니 '고달프고 또 고달프다' 또는 '매우 고달프다'로 옮기면 되겠고, 약무소귀若無所歸는 그 고달픈 모습이 마치 돌아가 쉴 곳도 없는 사람 같다는 뜻이다.

○ 衆人皆有餘 而我獨若遺 我愚人之心也哉

중인개유여衆人皆有餘는 글자 그대로 '뭇사람들은 모두 여유가 있다'는 말이다. 그 여유란 재물이 풍족함이 아니라 마음이 느긋하고 넉넉함을 뜻한다.

그런데 나(노자)는 이와 같이 홀로 남아 있다[我獨若遺]. 이때 약若은 '이 같을 약'인데 부사로 전성된 것이다. 유遺는 '남을 유'다. 뭇사람들과 함께 하지 못하고 홀로 남아 뒤처져 있으니, 나야말로 어리석은 사람이 아닌가[我愚人之心也哉]하며 한탄하고 있는 것이다.

○ 沌沌兮 俗人昭昭 我獨昏昏 俗人察察 我獨悶悶

별로 어렵지 않은 글귀다. 세상 사람들은 모두 사는 데 밝아서 주변 사정을 잘 살펴 살아가는데[俗人察察], 나 홀로 세상살이에 어둡고[我獨昏昏] 어리숙하다[我獨悶悶]는 뜻이다. 이 글귀는 어둡고 어리석은 것은 세상 사람들인데, 오히려 내가 그렇게 보인다는 역설이고 탄식이다. 도道를 품어 제 한 몸을 지켜 사는 것이 똑똑한 일인가, 세상 사람들처럼 약삭빠르게 재고 꾸며서 재물과 권세와 명예를 얻는 것이 똑똑한 일인가.

○ 澹兮 其若海 飂兮 若無止

담澹은 '조용하다'는 뜻과 함께 '움직이다'는 뜻도 있는데 앞뒤 흐름
으로 보아 '움직이다'로 풀이하는 것이 맞겠다. 료飂는 '높이 부는 바
람'인데 그 부는 모양이나 바람 소리를 나타내기도 한다. 그래서 이 글
귀는 "흔들리는 모습은 바다와 같고, 높은 바람이 그치지 않음 같다"로
옮길 수 있다.

○ 衆人皆有以 而我獨頑且鄙

이以는 '까닭'이라는 뜻이다. 그러면 중인개유이衆人皆有以는 '뭇사람들
은 모두 까닭이 있다'는 말인데 그 까닭은 무엇을 가리키는 것일까? 바
로 이런 곳에서 늙으신 선생님의 본디 뜻을 살피고 되새겨 보는 일이
필요하다.

늙으신 선생님은 꾸미고 '체'하는 것을 싫어했다. 인의, 재물, 권세,
명예 따위도 모두 꾸미고 '체'하는 것, 위爲로 보았다. 잘난 척하지 말고
있어도 없는 듯, 살아 있어도 죽은 듯 살며, 나서지 말고 늘 몸을 뒤로
물리는 것이 모두 늙으신 선생님께서 당부하는 바다. 그런데 뭇사람들
은 어떻게 살고 있는가? 공을 차지하려 애쓰고, 자신을 드러내려 없는
것도 지어내며, 작은 공이라도 세우면 뽐내며 살지 않는가? 남보다 높
이 되고 귀히 되려 하기 때문이다. 그러므로 뭇사람들이 모두 지니고
있는 '까닭'은 이 세상을 살아가는 이유와 목표다. 명예와 권세와 재물
을 얻어 자신을 드러내는 것이 사는 까닭이요 목표가 되었다.

그런데 늙으신 선생님은 홀로 완고하고[頑] 촌스럽다[鄙]. 완고하다
함은 뭇사람들이 살아가는 까닭, 이루고자 하는 목표인 세상명리를 우
습게 보고 멀리하는 것이고, 촌스럽다 함은 약삭빠르지 못하다는 것이
다. 뭇사람들과 다를 수밖에 없다. 드높은 자부심이다.

○ 我獨異於人 而貴食母

그래서 늙으신 선생님은 홀로 다른 이들과 다르다〔我獨異於人〕. 사모
食母를 귀히 여기지, 뭇사람들이 바라는 바를 귀히 여기지 않는다. 사
모食母를 '식모'라고 읽으면 안 된다. 사食는 '기를 사, 먹일 사'다. 그
러므로 사모食母는 '(만물을) 낳아 먹이고 기르는 어미', 곧 도道와 덕
德을 가리키는 말이다.

제21장 변치 않는 이름이 있어 만물을 가려내느니라

공孔(빔)은 덕德을 형용하니 생각컨대 (비어 있는) 도道를 따르느니라.

공 덕 지 용 유 도 시 종
孔德之容 惟道是從

도가 물物을 지음에 이르니 생각컨대 황恍하도다. 생각컨대 홀惚하도다.

도 지 위 물 유 황 유 홀
道之爲物 惟恍惟惚

홀惚하도다, 황恍하도다. 그 가운데 상象이 생기느니라.

홀 혜 황 혜 기 중 유 상
惚兮恍兮 其中有象

황恍하도다, 홀惚하도다. 그 가운데 물物이 생기느니라.

황 혜 홀 혜 기 중 유 물
恍兮惚兮 其中有物

그윽하도다. 어둡도다. 그 가운데 정精이 생기느니라.

요 혜 명 혜 기 중 유 정
窈兮冥兮 其中有精

그 정精이 매우 참되니 그 가운데 믿음이 생기느니라.

기 정 심 진 기 중 유 신
其精甚眞 其中有信

옛날부터 지금까지 그 이름이 떠나지 않는 까닭에

자 고 급 금 기 명 불 거
自古及今 其名不去

중보衆甫(수많은 물物)를 가릴 수 있느니라.

이 열 중 보
以閱衆甫

내가 어찌 중보의 모습[衆甫之狀]을 알겠는가?

오 하 이 지 중 보 지 상 재
吾何以知衆甫之狀哉

바로 이 때문이니라(그 참된 이름 때문이니라),

이 차
以此

○ 孔德之容 惟道是從 道之爲物 惟恍惟惚

  공덕孔德을 흔히 대덕大德이나 상덕上德으로 풀이하지만 그렇지 않다
고 생각한다. 흔히 쓰는 말을 버리고 공덕孔德이란 낯선 말을 썼으리라
고는 생각할 수 없기 때문이다. 공孔은 '빌 공'이다. 따라서 공덕孔德은
'빈 덕', 공덕지용孔德之容은 '빈 덕의 모습'이 된다.

  유도시종惟道是從은 도치50)된 글월이다. 본디 유종도惟從道에서 종從
의 목적어 도道가 앞으로 나가면서 도道가 종從의 목적어임을 나타내
고자 구조조사 시是를 쓴 것이다. '오직 도道를 좇다(따르다)'로 옮길
수 있다. 그렇다면 덕이 왜 비어 있는지 알 수 있을 것이다. 도道는 비
어 있고(道沖, 제4장) 덕은 도道를 좇기〔惟道是從〕 때문이다.

  덕德은 도와 마찬가지로 비어 있다. 여기에 현상의 원리인 도道가 이
르러 물物을 지어낸다〔道之爲物〕. 지之는 '이를 지'다. 어렴풋이 가물거리
는 모습, 우주만물이 막 생겨나려는 찰나, 그 모습을 생각해 보니〔惟〕 황
恍하고 홀惚하다. 황恍은 어슴푸레, 홀惚은 황홀하다는 뜻이다.51)

○ 惚兮恍兮 其中有象 恍兮惚兮 其中有物 窈兮冥兮 其中有精

  혜兮는 감탄사다. 따라서 홀혜황혜惚兮恍兮는 '홀惚하구나! 황恍하구
나'란 뜻이다. 홀황惚恍한 가운데 상象52)이 생겨난다〔其中有象〕. 유有는
'일어나다, 생기다'는 뜻을 지니고 있다. 그리고 황하고 홀한〔恍兮惚兮〕
가운데 물物이 생겨나며〔其中有物〕, 요窈하고 명冥한〔窈兮冥兮〕 가운데
정精이 생겨난다〔其中有精〕.

---

50) 《좌전左傳》에 나오는 '유자시청唯子是聽(오직 그대를 따르겠습니다)'도
  청聽의 목적어인 자子가 도치되면서 구조조사 시是가 붙은 글월이다.
51) 황恍과 홀惚은 굳이 우리말로 옮기지 않는 것이 좋겠다.
52) 물物과 현상의 원초형상을 가리킨다. 플라톤의 이데아Idea와 같거나 비슷
  하다고 할 수 있다.

○ 其精甚眞 其中有信

정精은 어떤 물物이 존재하도록 받쳐주는 원기元氣다. 그러므로 정精이 심히 참됨〔其精甚眞〕은 물物이 참됨이고, 물物이 참됨은 위爲를 더하지 않아 꾸밈이나 지어냄이 없음이다. 곧 본성이 상하지 않으니 거짓이 없고 변하지도 않는다는 말이다. 변하지 않는다는 것은 물物의 겉모습〔形〕이 아니라 그 본디 성질과 원리, 곧 상象이 변하지 않는다는 뜻이다. 그러므로 그 가운데 미쁨이 생겨난다〔其中有信〕.

○ 自古及今 其名不去 以閱衆甫

자自는 '부터 자', 급及은 '미칠 급'이다. 그러므로 자고급금自古及今은 '옛날부터 오늘에 미친다'는 뜻이다. '이름이 떠나가지 않는다〔其名不去〕'에서 이름이란 변치 않는 상象에서 비롯된 물物에 제가끔 붙인 이름이다. 이름은 본질을 반영한다. 본질이 변하면 이름도 떠나간다는 것이고 이는 이름이 바뀌거나 사라진다는 말이다. 그러므로 이름이 떠나가지 않는다는 것은 본질, 곧 물物의 상象이 변하지 않는다는 뜻이고, 이는 본성을 상하지 않는다는 말과 같다.

중보衆甫53)는 무엇을 가리키는 말일까? 중衆은 '무리, 많다', 보甫는 '아무개, 많다'는 뜻이다. 따라서 중보衆甫는 '뭇 아무개들', 또는 '많고 많은 것들'이니 '아무개라는 이름이 붙은, 많고 많은 물物의 무리'를 가리킨다고 볼 수 있다. 그러므로 이열중보以閱衆甫는 중보衆甫, 곧 이러저러한 '아무개라고 불리는 수많은 물物'을 가려낸다는 말이다. 변치 않는 이름이 있어야 물物을 가려낼 수 있는 것이다.

---

53) 김용옥은 중보衆甫를 '만물의 태초'로 옮기고 있는데, 이는 왕필의 주석 '중보衆甫 물지시야物之始也'를 따른 것이다.

○ 吾何以知衆甫之狀哉 以此

　하이何以는 '무엇으로써, 어찌하여'이고, 이차以此의 이以는 까닭을 나
타내므로 '이것 때문'이라는 뜻이다. 그러므로 이 글귀는 "내가 어떻게
중보衆甫의 모양〔衆甫之狀〕을 아는가? 이것 때문"이라고 옮긴다. 그럼
'이것〔此〕'은 무엇일까? '아무개라고 불리는 수많은 물物'을 중보衆甫라
고 부른다. 물物에 깃든 참된 정情이 있어 참된 이름이 있다. 그리고
중보衆甫(수없이 많은 물物)에 붙어 있는 참된 정精과 이름 때문에 중
보衆甫를 가려낼 수 있는 것이고, 그럼으로써 중보衆甫의 상〔衆甫之狀〕
을 알 수 있다. 그러므로 '이것〔以〕'은 '참된 이름'을 가리킬 것이다. 앞
서 나온 '자고급금自古及今 기명불거其名不去 이열중보以閱衆甫'를 부연
하는 글귀다.

제22장 굽은 나무가 선산을 지키나니

굽어야 온전할 수 있는데 굽었다고 해서 곧게 하려 하는구나.

曲則全 枉則直

우묵해야 차는 법인데 낡았다고 해서 새롭게 하려 하는구나.

窪則盈 敝則新

(법은) 적어야 알 수 있는데 많게 하니 헷갈리는구나.

少則得 多則惑

이 때문에 성인이 가슴에 품은 오직 하나는 하늘 이법이라. 낮추고 삼갈지니라.

是以聖人抱一爲天 下式

(천하법도를) 좇지는 아니하고 옛날에 어진 이였다고 내세우고, 옛날에 유명한 이였음을 옳게 여기며,

不自見故明 不自是故彰

옛날에 세운 공적을 자랑하고 옛날에 (남보다) 나았다고 하며 우쭐대는구나.

不自伐故有功 不自矜故長夫

비록 (제 자랑 따위로) 다투지 않더라도 옛날부터 천하는 셀 수 없는 다툼이었노라.

唯不爭 故天下莫能與之爭

옛 사람들이 이른 바, 굽은(못난) 것이 온전하다는 것이 어찌 헛된 말이겠느뇨.

古之所謂 曲則全者豈虛言哉

참으로 (본성을) 온전하게 하려면 이(하늘 법도)를 따르리.

誠全而歸之

○ 曲則全 枉則直

지금까지 이 글월은 흔히 다음과 같이 풀이해 왔다.

曲則全	굽으면(굽히면, 굽은 것은) 온전할 수 있다. 굽히는 것이 곧 온전하게 보존하는 것이다.
枉則直	굽혀야 펼 수 있다. 굽히면 펴진다. 구부러진 것은 곧 똑바로 펴지게 된다.

그러나 무엇이라고 풀이해도 곡曲과 왕枉이 어떻게 다른 것인지 알 수 없다. 곡曲과 왕枉은 모두 '굽다, 휘다, 굽히다' 또는 '굽은 모양'을 나타내며 뜻에 차이가 있는 것도 아닌데, 같은 행위를 왜 다른 글자를 써서 나타냈는지 아무도 말하지 않는다. 굽으면 온전하다고 해놓고, 또 다시 굽혀야 펼 수 있다고 하니 이야말로 모순이 아니겠는가.

이경숙은 다음과 같이 설명한다.

- 곡曲 : 구부리는 동작이나 자세, 나무줄기가 자란 본디 모습
- 왕枉 : 굽은 상태나 형태, 나무줄기를 용도에 맞게 구부리는 것

그런가 하면 다음과 같이 설명하는 이도 있다.

글귀	풀이	속 뜻
曲則全	굽으면 완전하다. 굽은 나무는 온전히 보존된다.	도道의 항상성恒常性
枉則直	굽히면 뻣뻣하다. 굽은 것은 곧 똑바로 펴진다.	현상現狀의 무상성無常性

이런 풀이를 알아들을 수 있는 이가 정말 있을까? 풀이해 놓았다는 사람도 제 풀이가 무슨 뜻인지 알지 못할 것이다.

이 글귀는 "굽어야 온전한데 굽었다고 해서 편다(펴려 한다)"는 뜻이다. 굽은 나무는 목재로서 쓸모가 적다. 목수가 손을 대지 않으니 살아남을 수 있는 것이다. 그러나 굽었다고 해서 펴려 하면 나무는 부러진다. 본성을 해치게 되는 것이다.

○ 窪則盈 敝則新

이 글귀를 다음과 같이 옮긴 이들도 있는데 이 또한 알아들을 수 없고, 와즉영窪則盈과 폐즉신敝則新을 잇는 논리 고리를 찾을 수 없다.

窪則盈	오목해야 채울 수 있다. 움푹 팬 곳은 곧 채워진다. 움푹하면 채운다.
敝則新	낡으면 새로워진다. 낡은 것은 곧 새롭게 된다. 낡으면 새로 바꾼다.

이 글귀는 "우묵해야 차는데, 낡았다고 해서 새롭게 한다"는 뜻이다. 새롭게 한다는 것은 혁신한다, 새 것으로 바꾼다는 말이겠다. 낡아 쭈그러져 우묵하게 들어간 것은 보기 좋지 않으니 새 것으로 바꾸려고 하지만, 무언가 담을 수 있게 되었으니 그 나름대로 쓸모가 생긴 것이 아니겠는가. 낡고 팬 것도 쓸모가 있는 법인데 새 것, 미끈한 것만 아름답고 쓸모 있다고 생각하는 세태를 생각해 볼 일이다.

○ 少則得 多則惑

소즉득少則得을 흔히 '적어야 얻는다'고 풀이한다. 이 뜻은 지닌 것이

적어야 얻을 수 있다는 말인가? 그렇다면 지닌 것이 많은 이는 얻을 수 없을까? 무엇을 얻는다는 말인가? 도道를 얻는다는 말인가? 그렇다면 지닌 것이 많은 이는 도道를 깨칠 수 없는 것일까?

소少는 '적을 소'다. 득得은 '얻을 득'인데 여기에서는 '알다, 깨닫다'는 뜻이다. 다多는 '많게할 다', 혹惑은 '미혹할 혹, 미혹케 할 혹'이다. 미혹迷惑이란 무엇에 홀려 정신을 차리지 못하거나 정신이 헷갈리어 갈팡질팡 헤매는 것이다. 따라서 이 글귀는 "적어야 깨닫는데 많게 하니 헷갈린다"는 뜻이다. 인간 세상을 규율하는 여러 제도와 규칙이 있는데 그것이 법이다. 언뜻 생각하기에 법이 많고 촘촘해야 질서를 잡기에 좋을 것 같지만 그렇지 않다. 사람들이 수많은 법을 알고 지키기는 어려워지며, 내가 하는 일이 어느 곳에선가 법에 걸리는 것은 아닐지 두려워하게 된다. 정신을 차리지 못하고 헷갈려 하며 갈팡질팡하게 되니, 이것이 바로 미혹되는 것이다.

인간 세상을 다스리는 법은 가짓수가 적을수록 좋은 것이다. 법과 제도가 복잡하지 않아야 규율하고자 하는 목적을 알게 되며 해야 할 도리를 깨닫게 된다. 단순명쾌해야 본질에 접근하기 쉬워지는 것이다. 그래서 '적어야 안다〔少則得〕'고 한 것이다.

○ 是以聖人抱一爲天 下式

시이是以는 '그러므로, 이 때문에, 이런 까닭에'로 옮길 수 있다. 포抱는 '품을 포, 안을 포'인데 '가슴에 품어 지키다'는 뜻이며 일一을 꾸미는 관형어로 쓴 것이다. 일一은 '하나'라는 뜻이지만 여기에서는 '오직 하나'라는 말이다. 따라서 성인포일聖人抱一은 '성인이 가슴에 품어 지키는 오직 하나'라고 옮길 수 있다. 제도와 규칙을 번잡하게 만들어 놓으면 사람들을 헷갈리게 만들기〔多則惑〕 때문이다. 위爲는 '~이다'로 옮길 수 있는 계사繫辭다. 천天은 '하늘 법도'를 가리킨다. 그러므로 성인포일위천聖人抱一爲天은 '성인이 가슴에 품어 지키는 오직 하나는 하늘 법도다'라는 뜻이다.

하下는 '낮출 하', 식式은 '삼갈 식'이니 하식下式은 '낮추고 삼가라'는 명령문이다.

그렇다면 무엇이 하늘 법도인가? 제 자랑을 늘어놓지 않는 것, 곧 '체'하지 않는 것이다. 아는 척, 유능한 척, 아름다운 척, 고귀한 척하다가 죽거나 다칠 수 있다. 그러니 굽은 것은 굽은 그대로, 팬 것은 우묵한 모습 그대로 두라는 말이다. 굽고 우묵하게 팼다는 것은 못났다는 뜻이다. 못난 대로 둘 뿐 고치거나 바로잡으려 하지 않는다. 바로 무위無爲다. 못난 것이라야 시샘 받지 않을 것이니 참으로 온전하게 본성을 지킬 수 있지 않겠는가.

○ 不自見故明

본디 부자이현고명不自而見故明에서 접속사 이而가 줄어든 꼴이다. 뒤에 나오는 세 글귀도 마찬가지다. 자自는 '좇을 자'이니 부자不自는 '좇지 않다'는 뜻이다. 성인이 품어 지키는 천하법도[天下式]를 따르지 않는다는 말이다.

현見은 '나타낼 현'이다. 드러낸다는 말이다. 고故는 '옛날에 고'다. 명明은 '밝을 명'인데 '어질다, 현명하다'는 뜻이다. 따라서 고명故明은 '옛날에는 어질었다'는 말이다.

不自	而	見	故明
(천하법도를) 따르지 않다	~이면서, ~하면서	드러내다	옛날에 현명했다

따라서 이 글귀는 "(천하법도를) 따르지는 않으면서 옛날에는 (제가) 어진 사람이었다고 드러내다"로 옮길 수 있다. 현명하다, 어질다는 말은 곧 내가 이러저러한 높은 벼슬을 지낸 사람이라고 드러내고 자랑한

다는 말이다. 화려했던 지난날에 붙들려 오늘을 갉아먹는 이들이 그리 한다. 비웃음을 사게 되고 저를 비웃는 이들과 세상을 향해 화를 내다가 마침내 다투게 될 것이다.

○ 不自是故彰

시是는 '옳게 여길 시'다. 창彰은 '밝을 창'인데 환하다는 뜻이다. 그러므로 이 글귀는 "(천하법도를) 따르지는 않으면서 옛날에 (세상일을 뚜렷이 알고) 환했던 것을 옳게 여긴다"로 풀이된다. 제가 한때는 세상살이에 환하고 처세에 능수능란했음을 옳다고 여긴다는 말이다. 세상살이에 환했다는 것은 위爲가 가득한 삶을 살아왔다는 뜻이다. 자신을 꾸미고 드러내는 일에 재주가 있는 이는 성인이 품어 지킨 하늘 법도, 무위無爲와는 거리가 먼 사람이다.

○ 不自伐故有功

벌伐은 '자랑할 벌'로 '공적을 자랑한다'는 뜻이다. 따라서 이 글귀는 "(천하법도를) 따르지는 않으면서 옛날에 공이 있었다고 자랑한다"로 새긴다. 옛날에 세웠던 공이 제아무리 크다고 해도 그걸 알아줄 사람은 없다. 그런데도 지난날 공적을 자랑하며 우쭐거리고 산다면 참으로 딱한 일이 아닐 수 없다.

○ 不自矜故長夫

긍矜은 '자랑할 긍', 장長은 '나을 장'이다. 따라서 이 글귀는 "(천하법도를) 따르지는 않으면서 옛날에 (남보다) 뛰어났다고 자랑한다"는 뜻이다. 부夫는 감탄사다.

○ 唯不爭 故天下莫能與之爭

흔히 '오로지 다투지 않으니〔唯不爭〕 천하가 그와 더불어 다툴 수가 없다〔天下莫能與之爭〕'고 옮긴다. 그럴듯하다. 하지만 그럴듯하다고 하여 제대로 된 번역인 것은 아니다.

唯는 '비록 수'로서, 수雖와 같다. 따라서 수부쟁唯不爭은 '비록 다투지 않더라도'라는 뜻이다. 고故는 '옛부터 고'다. 막능莫能은 '~할 수 없다'는 뜻인데 영어 can not과 비슷하다. 그 뒤에는 반드시 동사가 와야 한다. 따라서 여與는 '셀 여'로 보아야 한다. 지之는 관형격을 만드는 어기조사다. 막능여莫能與(셀 수 없다)라는 동사구를 쟁爭을 꾸미는 관형어구로 만들어 준다. 그러므로 이 글귀는 다음과 같이 옮겨야 마땅하다. "비록 (그 따위 일로) 다투지 않더라도 옛날부터 천하는 셀 수 없는 다툼이었느니라."

주어	부정사	능원동사	동사	관형격 어기조사	보어
天下	莫	能	與	之	爭
천하	셀 수 없다			~하는/는	다툼

이 세상에 셀 수 없는 많은 다툼이 벌어지고 있는데 지나간 옛날을 자랑하며 다툼을 보태지 말라는 이야기다. 화려했던 옛날을 자랑해서 무엇에 쓰겠는가. 흘러간 물이요 쏘아놓은 화살일 뿐 되돌릴 수 없는 일이다. 쓸데없는 제 자랑과 공치사로 다투기나 하며 세월을 보내는 사람들, 젊은 시절 품었던 의기를 다 버리고 현실 앞에 무릎 꿇은 이들이 옛 명성을 팔아 먹고사는 것을 볼 때 참으로 누추한 인생이라는 생각이 든다.

○ 古之所謂 曲則全者豈虛言哉

고古는 '선조 고'다. 조상 또는 옛사람이란 뜻이다. 지之는 주격조사다. 소위所謂는 '~라고 이른 바'이니 고지소위古之所謂는 '옛사람들이 이른 바'라는 뜻이다.

곡즉전자曲則全者에서 자者는 앞에 나온 말을 명사구로 만들어 주는 특수대사다. '~하는 사람' 또는 '~하는 것' 등으로 옮기니 曲則全者는 '굽은즉 온전하다는 것'이라는 말이다. 기豈는 '어찌 기'다. 재哉는 의문을 나타내는 어기조사인데 기豈와 어울려 반문하는 어기를 나타낸다. 따라서 기허언재豈虛言哉는 '어찌 헛된 말이겠는가'라는 뜻이다.

굽어야 온전하다는 것이 어찌 헛된 말이겠는가. 제 자랑에 침이 마르고, 잘난 척하며 뻣뻣이 굴다가 다툼이 일어나고 마침내 죽거나 다치게 된다. 본성을 해치는 것이다. 굽었다는 것은 못났다는 말이다. 굽은 나무는 목수가 거들떠보지 않는다. 도끼와 톱을 피하게 되니 본성을 지킬 수 있다. 그런데 사람들은 굽었다고(못났다고) 해서 곧게(아름답고 미끈하게) 펴려 한다. 도끼질을 불러들이는 일이 아니겠는가. 굽은(못난) 것은 그대로 두어야 한다. 우묵하게 팬 것은 낡은 것이 아니라 쓸모가 생기는 일이다. 있는 그대로 두라. 그것이 본성을 지키는 길이다.

○ 誠全而歸之

성誠은 '참되게 하다'는 동사이지만 '진실로 성'이라는 부사이기도 하다. '참으로'라는 뜻이다. 전全은 '온전히 할 전'이다. 이而는 조건을 나타낸다. 귀歸는 '붙좇을 귀'다. '따르다'는 뜻이다. 지之는 '이 지'다. 천하 법도를 가리키는 말이다. 따라서 이 글귀는 "참으로 온전히 하려면 이를 따르라"로 해석된다. 무엇을 따르라는 말인가. 굽은 것은 굽은 대로 낡고 패인 것은 낡고 패인 대로, 있는 그대로 두어 늙어가게 하라는 말이다. 이리하는 것이 바로 무위無爲요, 하늘 법도다. 본성을 온전히 지키려면 하늘 이법을 따를 일이지 옛 명성에 기대 잘난 척하여 다툼을 일으키지 말아야 할 것이다.

제23장 도자道者를 따를 것이 아니라 도道를 따를지니라

자신 드러내기를 드물게 할지니라. 본디 회오리 바람은 아침 내내 가지 않고

희언자연 고표풍부종조
希言自然 故飄風不終朝

소나기도 하루 내내 가지 않느니라. 누가 이것을 주관하는고? 천지天地니라.

취우부종일 숙위차자 천지
驟雨不終日 孰爲此者 天地

천지天地도 오히려 (그침을) 막지 못하는데 하물며 사람을 따르겠느냐.

천지상불능구 이황어인호
天地尚不能久 而況於人乎

그러므로 도 닦는 이를 따라 일을 한다는 것은 도 닦는 이가 도道와 같고,

고종사어도자 도자동어도
故從事於道者 道者同於道

덕 있는 이가 덕德과 같으며, 허물 있는 이가 허물과 같다고 함이니라.

덕자동어덕 실자동어실
德者同於德 失者同於失

(만약 도道 닦는 이가) 도道와 같다면 (도 닦는 이가 도를 얻음을 기뻐하는 것처럼) 도道 또한 도 닦는 이 얻기를 기뻐할 것이요,

동어도자 도역락득지
同於道者 道亦樂得之

덕德과 같다면 덕德 또한 덕德 있는 이 얻기를 기뻐할 것이니라.

동어덕자 덕역락득지
同於德者 德亦樂得之

(허물 있는 이가) 허물과 같다면 허물 또한 허물 있는 이 얻기를 기뻐한다는 말이 될 것이로다.

동어실자실 역락득지
同於失者失 亦樂得之

(이게 말이 되겠느냐.) (도道와 도 닦는 이, 덕德과 덕 있는 이를 혼동하니) 참으로 마음에 들지 않도다. 또한 미쁘지 아니하도다.

신부족언유불신언
信不足焉 有不信焉

○ 希言自然

다들 '말이 드문 것이 스스로 그러함[自然]이다'라고 풀이하는데 옳지 않다. 희希는 '드물 희'다. 형용사지만 여기에서는 동사 언言을 꾸미는 부사로 전성하여 썼으므로 '드물게'가 된다. 언言은 '표현하다, 나타내다'는 뜻이다. 자自는 '몸 자'다. 자기 자신을 가리킨다. 따라서 이 글귀는 "드물게 자신을 드러내라"는 말이다. 제 존재를 드러내는 일을 삼가라는 뜻이다. 연然은 언焉과 같은 종결사로 쓴 것이다.

○ 故飄風不終朝 驟雨不終日

고故는 '본디 고'다. 종終은 '마칠 종'이니 부종조不終朝와 부종일不終日은 제가끔 '아침을 마치지 않다', '하루를 마치지 않다'가 된다. 회오리바람[飄風]이 거세게 분다 해도 아침 내내 불지 않고, 소나기[驟雨]가 쏟아진다 해도 온종일 가지는 않는다는 것이다. 자신이 있다는 것을 드러내는 것도 어쩌다 한 번[希言自然]이고 그것도 잠깐이라는 뜻이다. 천지자연이 이러하니 성인 또한 자연 이법을 따른다. 스스로 제 존재를 드러내는 일이 드물다.

○ 孰爲此者 天地

여기에서 위爲는 '다스릴 위'다. 주재主宰하다, 주관主官하다는 말이니 맡아 처리한다는 뜻이다. 자者는 '것 자'다. 따라서 이 글귀는 "누가 이것을 맡아 하는가? 천지다"로 풀이된다. 자연 이법을 따라 이런 일이 벌어진다는 말이다.

○ 天地尙不能久 而況於人乎

흔히 상尙을 '숭상할 상, 높일 상'으로 새겨서 "천지天地도 오래 가지 않음을 높이 산다"고 보지만 옳지 않다. 상尙은 '오히려 상'이며 구久는 '막을 구'다. 따라서 이 글귀는 '천지도 오히려 막을 수 없다'는 말이다. 자연 현상도 제 존재를 드러내는 일이 드물며 드러낸다 해도 오래 가지 못하는 것은 그 누구도 막을 수 없다.

이而는 전환을 나타내는 접속사다. 황況은 '하물며 황'이고 어於는 '따르다, 의지하다'는 동사다. 따라서 황어인호況於人乎는 '하물며 사람을 따르겠느냐'라는 뜻이다. 회오리바람이나 소나기 같은 현상이 오래 가지 않고 그치는 것은 천지라 할지라도 막을 수 없는데 하물며 사람은 어떻겠느냐, 자신을 드러내어 부귀영화를 누리는 일이 오래 갈 수 있겠느냐는 것이다.

그러므로 사람은 자연 이법, 하늘 법도를 본받아 따라야 하는 것이지 사람을 따를 수는 없는 일인 것이다.

○ 故從事於道者

어於는 이以와 마찬가지로 동작의 근거를 나타내는 전치사다. '~로써, ~에 근거하여'로 옮길 수 있다. 도자道者는 도를 닦는 사람이니 선비[士]나 도사道士와 비슷한 뜻이겠다. 여기에서는 '도 닦는 이'라고 옮긴다. 따라서 이 글귀는 "그러므로 도 닦는 이를 따라 일을 한다는 것"이라는 뜻이다. 도 닦는 이를 본보기로 삼아 일을 한다는 말이다.

하지만 회오리바람이나 소나기도 오래 가지 않고 그친다. 천지도 그러한데 사람 일은 말할 것도 없다. 어찌 사람을 따라 일을 하겠는가.

○ 道者同於道 德者同於德 失者同於失

도道를 따라 일을 해야지 도자道者(도 닦는 이)를 따라 일을 해서는
안 된다. 도자道者가 도道인 것은 아니기 때문이다. 그러므로 도자道者
를 따라 일을 한다는 것은 도자道者와 도道를 같다고 하는 것이고, 이
는 덕자德者(덕 있는 이)와 덕德이 같으며 실자失者(허물 있는 이)와
실失(허물)이 같다는 말과 다를 바가 없다.

목사[道者]를 따를 것인가, 예수의 가르침[道]을 따를 것인가? 마땅
히 예수의 가르침을 따라야 할 것이다. 임제(臨濟 : ? - 866) 선사는
"부처를 만나면 부처를 죽이라[봉불살불逢佛殺佛]"고 했다. 권위에 맹종
하지 말고 주인으로 서라는 것이다. 구원을 얻는 길, 또는 해탈하여 성
불하는 길이 도道에 이르는 길이지, 부처라는 도자道者를 맹목으로 섬
기고 따라서는 안 된다는 말이다.

그럼 노자도 죽일 것인가. 이제껏 수많은 오해를 받으며 죽기를 되
풀이한 노자다. 노자는 죽일 것이 아니라 되살려야 한다. 노자의 본디
뜻을 비틀고 마침내 노자를 죽이고야 마는 수많은 오역들을 바로잡아
야 하는 것이다.

○ 同於道者 道亦樂得之

동어도자同於道者 앞에는 도자道者가 생략돼 있으므로 본디꼴은 도자
동어도자道者同於道者다. 끝에 붙은 자者는 조건이나 가정을 나타내는
어기조사다. 어於는 '~와(과)'라는 뜻으로 쓴 전치사다. 따라서 同於道
者는 '(도道 닦는 이가) 도道와 같다면'이 된다.

도역락득지道亦樂得之에서 역亦은 '또한'이며 락樂은 '즐길 락'이다.
기뻐한다는 뜻이다. 득得은 '얻을 득'인데 여기에서는 '알다, 깨닫다'는
뜻이다. 그래서 도道를 깨닫는 것을 가리켜 '도道를 얻다'고 말하는 것
이다. 지之는 도자道者를 가리키는 인칭대사다. 따라서 이 글귀는 '도道

또한 그[道者]를 얻음을 기뻐하다'로 해석된다.

무슨 뜻일까? 도역락득지道亦樂得之 앞에는 여(약)도자락득도如(若)道者樂得道란 글귀가 생략되어 있다. '도道 닦는 이가 도道를 얻음(깨달음)을 기뻐함과 같이'라는 뜻이다. 그러므로 생략된 글귀를 넣어서 읽어보면 '(도道 닦는 이가 도道를 깨달음을 기뻐함과 같이) 도道 또한 도道 닦는 이를 얻음을 기뻐하다'가 된다. 그러니 이게 말이 되겠느냐, 도道와 도道 닦는 이가 같을 수 있겠느냐는 말인 것이다.

○ 同於德者 德亦樂得之

동어덕자同於德者 앞에는 덕자德者가 생략되어 있으므로 본디꼴은 덕자동어덕자德者同於德者다. '덕德 있는 이가 덕德과 같다면'이라는 뜻이다.

덕역락득지德亦樂得之도 앞 글귀와 마찬가지로 여(약)덕자락득덕如(若)德者樂得德이 생략된 것이다. 그러므로 이 글귀는 '(덕 있는 이가 덕 얻음을 기뻐함과 같이) 덕 또한 덕 있는 이 얻음을 기뻐하다'고 옮길 수 있다. 이 또한 말이 되지 않으니 덕德과 덕자德者가 같을 수 없다는 말이겠다.

○ 同於失者 失亦樂得之

이 또한 동어실자同於失者 앞에는 실자失者가, 실역락득지失亦樂得之 앞에는 여(약)실자락득실如(若)失者樂得失이 생략되어 있다. 실자失者는 '허물 있는 이'이니 이 글귀는 "허물 있는 이가 허물과 같다면 (허물 있는 이가 제 허물 깨닫기를 기뻐함과 같이) 허물 또한 허물 있는 이 얻기를 기뻐하다"는 뜻이다. 그러니 이것이야말로 말이 되지 않는 소리가 아닌가! 도道와 도자道者, 덕德과 덕자德者를 혼동하는 이들에게 격정나늘 날리는 글월이다.

○ 信不足焉 有不信焉

제17장에도 나오는 글귀이다. "참으로 마음에 들지 아니하다. 또한 미쁘지도 아니하다."는 뜻인데 설명은 앞서 나왔으니 줄인다.

제24장 도道를 구한다면 군더더기를 치우라

까치발 서는 이는 (벼슬아치로) 세우지 말고 양다리 걸친 이는 (벼슬을 주어) 보내지 말라.	기 자 불 립 고 자 불 행 企者不立 跨者不行
스스로 드러내는 이는 현명하지 않고,	자 현 자 불 명 自見者不明
스스로 옳다고 여기는 이는 세상물정에 훤하지 않으며,	자 시 자 불 창 自是者不彰
스스로 자랑하는 이는 공적이 없고,	자 벌 자 무 공 自伐者無功
스스로 뻐기는 이는 뛰어나지 않도다.	자 긍 자 부 장 自矜者不長
장차 도道를 찾는다면, 이르노니 나머지는 지우고 군더더기는 치우라.	기 재 도 야 왈 여 식 췌 행 其在道也 曰餘食贅行
(그리 말했더니) 무리(제후, 벼슬아치)가 괴이쩍어하며 그(道者)를 미워하고 헐뜯었느니라.	물 혹 오 지 物或惡之
그러므로 도를 지닌 이는 벼슬하지 못하느니라.	고 유 도 자 불 처 故有道者不處

○ 企者不立 跨者不行

기企는 '발돋움할 기'다. 발돋움하여 키를 높이는 것을 '까치발을 선다'고 하니 기자企者는 '까치발을 서는 이'다. 립立은 '세울 립'이다. 벼슬자리에 세운다는 말이다. 따라서 이 글귀는 '까치발을 서는 이는 (벼슬아치로) 세우지 말라'는 뜻이다. 드러나 보이려고 하니 '체'하기 좋아하는 사람이다. 남보다 높아지려고 까치발을 서며 애쓰지만 몸과 마음이 흔들거리고 있으니 들어 쓸 수 없는 사람이다.

고跨는 '걸칠 고'다. 이쪽에서 저쪽까지 뻗어 있음을 말하는 것이니 내게 이익이 되는 쪽에 가서 붙으려고 눈치를 보며 양다리를 걸치는 사람이다. 제 이익을 따라 간에 붙었다 쓸개에 붙었다 하니 믿을 수 없는 사람이다. 행行은 '가게 할 행, 보낼 행'이다. 또는 '행할 행'으로 새기기도 하는데 '베풀다, 주다'는 뜻이기도 하다. 따라서 불행不行은 '(어떤 임무를 맡겨) 보내지 말라'는 말이니 외방外方에 벼슬자리를 주어 파견하지 말라는 뜻이다. 양다리 걸치기를 좋아하는 사람이니 신의를 저버리기도 쉬운 사람이기 때문이다. 그러므로 고자불행跨者不行은 '(제 이익을 따라) 양다리를 걸치는 이는 (벼슬을 주어 외방에) 파견하지 말라'는 말이다.

○ 自見者不明

자自는 '스스로 자'다. 자者는 앞 글귀를 명사구로 만들어 주는 특수대사다. '~하는 것, ~하는 이'라고 옮기면 된다. 그러므로 자현자불명自見者不明은 "스스로 드러내는 이는 현명하지 않다"는 뜻이다. 참으로 어진 이는 저절로 드러나게 되어 있다. 잘난 척 나서고 드러내 보이기를 좋아하는 이는 어리석다. 그렇게 해서 높은 자리에 오른다 한들 시샘을 사거나 헐뜯기기 쉬우니, 마침내 죽거나 다치게 될 것이다. 결코 현명하다고 할 수 없다.

○ 自是者不彰

시是는 '옳게 여길 시'다. 창彰은 '밝을 창'인데 환하다는 뜻이다. 세상 돌아가는 이치와 물정을 잘 안다는 말이다. 따라서 이 글귀는 "스스로 (제 생각이) 옳다고 여기는 이는 (세상물정에) 환하지 않다"는 뜻이다. 저만 옳다고 하는 사람은 세상물정을 모르는 이다. 나를 따르라며 전횡을 일삼다가 죽거나 다친다. 본성을 지키지 못하게 되니 어찌 세상물정에 환하다고 할 수 있겠는가.

○ 自伐者無功

벌伐은 '자랑할 벌'이니 이 글귀는 "스스로 자랑하는 이는 공이 없다"는 뜻이다. 무슨 말인가? 제가 이러저러한 공을 세웠다고 떠벌리기 좋아하는 사람일수록 별다른 공적이 없는 이다. 큰 공을 세웠다면 제가 떠들지 않아도 저절로 알려진다. 공을 세운 사람은 스스로 말과 행동을 삼가는 법이다.

○ 自矜者不長

긍矜은 벌伐과 마찬가지로 '자랑한다'는 뜻인데 스스로 뽐내고 뻐기는 일, 곧 자만自慢한다는 말이다. 장長은 '나을 장'이다. 따라서 이 글귀는 "스스로 (제가 남보다 낫다고) 뻐기는 이는 (남보다) 낫지 않다"는 뜻이다. 내세울 것이 없거나 남보다 나은 것이 없기 때문에 거짓을 지어내서라도 뽐내고 뻐기기를 좋아한다.

○ 其在道也 曰餘食贅行

기其는 '장차(~하려고 하다)'라는 뜻을 지닌 부사[54]이며 야也는 가

정55)을 나타내는 어기조사다. 재在는 '찾을 재'다. 따라서 기재도야其在
道也는 '장차 (그대가) 도道를 찾으려 한다면'이라는 뜻이다. 왈曰은 '가
로되 왈, 이를 왈'이다. 여餘는 '나머지 여'다. '남음' 곧 필요치 않은
잉여를 말한다. 식食은 '지울 식'이다. 췌贅는 '군더더기 췌', 행行은 '보
낼 행'이다. 따라서 왈여식췌행曰餘食贅行은 '(그대에게) 이르노니 나머
지는 지우고 군더더기는 보내라(치우라)'는 말이다.

　도道를 찾아 얻으려 한다면 까치발 서기[企], 양다리 걸치기[跨], 스
스로 자신을 드러내기[自見], 스스로 옳다고 여기기[自是], 스스로 제
공을 자랑하기[自伐], 스스로 뻐기기[自矜] 따위는 모두 지우고 치워야
할 나머지요 군더더기라는 것이다.

○ 物或惡之 故有道者不處

　물物은 '무리 물'이다. 스스로 자신을 드러내려[自見] 하고, 스스로 저
만 옳다고 여기며[自是], 스스로 제 공을 자랑하고[自伐], 스스로 뻐기는
[自矜] 사람들인데 정치를 하는 무리, 곧 제후나 관료들을 가리킨다.

　혹或은 '괴이쩍어할 혹', 오惡는 '미워할 오, 헐뜯을 오'다. 따라서 물혹
오지物或惡之는 '사람들이 (그 말을) 괴이쩍어 하며 그[道者]를 미워하고
헐뜯는다'는 뜻이다. 나머지는 지우고 군더더기는 치우라고 일렀더니[曰
餘食贅行] 사람들이 그 말을 괴이쩍게 생각하고 그[之]를 미워하고 헐뜯
었다는 말이다. 지之가 가리키는 것은 도자道者다.

　자신을 드러내고 잘난 척하는 사람들에게 그러지 말라고 하니, 세상
명리를 탐하는 사람들은 그 말을 이해할 수 없다. 그 말을 괴이쩍어
하고 그런 말을 하는 사람을 미워하고 헐뜯을 수밖에 없다. 그러니 도

---

54) 《論語》〈爲政〉篇, 其何以行之哉 : 장차 무엇으로써 그것을 운행할 수 있겠
　　는가?
55) 《論語》〈公冶長〉篇, 我不欲人之加諸我也 : 다른 사람이 내게 더하기를 바라
　　지 않는다면

를 지닌 이〔有道者〕가 그런 사람들 속에서 벼슬하며 살 수는 없는〔不處〕일이다. 이때 처處는 '머물 처'인데 '관직에 있음'을 말한다.

이 장면은 마치 늙으신 선생님이 제 경험을 살려 윤희에게 당부하는 것처럼 보인다. 여러 차례 제후나 관료들 앞에서 도道를 말한 적이 있는데 듣는 무리가 선생님의 말을 괴이쩍어 했다. 아마도 가슴이 찔렸기 때문일 것이다. 그러다 선생님을 헐뜯기 시작했고 마침내 벼슬을 버리고 몸을 피할 수밖에 없게 된 것은 아닐까? 그래서 잘난 척 나서지도 말고 내가 옳다고 주장하지도 말라는 것이다. 그대가 지금 변방 수비대장으로 영락했지만 재기를 노리면서 자신을 드러내려 애쓰지 말라는 뜻이다. 그것이 모두 '체'함, 곧 위爲이며 그렇게 해서 벼슬을 얻어 봐야 본성을 해치기 쉬우니까 말이다.

제25장 도道는 천하를 다스릴 만한 근본이니라

또한 물物이 뒤섞여 시초를 이루었는데 하늘은 단지 (우주만물을) 낳을 뿐이니라.

유물혼성선 천지생
有物混成先 天地生

고요하고 휑하도다. 홀로 세울 뿐 바로잡지 않으며,

적혜료혜 독립이불개
寂兮寥兮 獨立而不改

두루 베풀 뿐 본성을 해치지 않으니 천하를 다스릴 수 있는 근본이니라.

주행이불태 가이위천하모
周行而不殆 可以爲天下母

나는 그 이름을 알지 못하나 (사람들은) 그것을 사랑하여 가로되 '도道'라고 하였느니라.

오부지기명 자지왈도
吾不知其名 字之曰道

억지로 지은 이름이니 일컬음이 과장되었도다.

강위지명왈대
强爲之名曰大

과장하여 일컬으니 떠나갔고, 떠나가니 이르기를 삶과는 멀다 하며, 멀어지니 이르기를 거스른다고 하는구나.

대왈서 서왈원 원왈반
大曰逝 逝曰遠 遠曰反

무릇 도道라는 이름이 과장된 까닭에 천자天子라는 이름도 과장되었고 지위도 과장되었으며, 왕노릇함 또한 과장되었으니라.

고도대 천대 지대 왕역대
故道大 天大 地大 王亦大

나라가 바르고 또한 사방이 넓다 한들 왕 노릇하며 사는 것이 어찌 전부이리오.

역중유사대이왕거기일언
域中有四大而王居其一焉

사람들은 지위를 본받지만 단지 하늘을 본받으라.

인법지 지법천
人法地 地法天

하늘 이법이 도道라. 도道는 저절로 그러함을 본받느니라.

천법도 도법자연
天法道 道法自然

○ 有物混成先 天地生

유有는 '또 유'다. 화제를 바꾸려고 쓴 말이다. 혼混은 '섞일 혼, 덩어리질 혼', 성成은 '이룰 성'이다. 선先은 '시초'라는 뜻이다. 따라서 유물혼성선有物混成先은 '또한 물物이 뒤섞여 처음(시초)을 이루다'는 말이다.

천지天地는 '우주宇宙'를 뜻하는 낱말이 아니다. 여기에서 천天은 '만물을 주재하는 자연이법'을 가리킨다. 바로 우리가 '도道'라고 부르는 것인데 물物을 섞어 시초를 이루어낸 주체다. 지地는 '다만 지'다. 단但과 같다. 그러므로 천지생天地生은 '하늘(자연이법)은 단지 낳을 뿐'이란 뜻이다. 생겨나게만 할 뿐이지 끼어들어 간섭하지 않는다는 것이다.

○ 寂兮寥兮

그 이법은 떠들썩하게 자신을 알리지 않고 고요하며[寂] 휑하다[寥]. 휑하다는 것은 텅 비어 허전하다는 뜻이다. 도道는 텅 비어 있다(道沖, 제4장)는 말과 같다.

○ 獨立而不改

립立은 '세울 립'이고, 이而는 '뿐 이'라는 한정부사다. 개改는 여기에서는 '바로잡다'이다. 따라서 이 글귀는 "홀로 세울 뿐 바로잡지 않는다"는 말이다. 자연이법, 곧 천天은 만물이 나고 자라났다가 쇠하여 없어지는 원리만 세울 뿐이지 그 과정에 끼어들어 고치거나 바로잡지 않는다.

○ 周行而不殆

주周는 '두루 주'다. 행行은 '행할 행'이며 '베풀다'는 뜻이 있다. 이而

는 한정부사다. 태殆는 '위태할 태'가 아니라 '해칠 태'다. 따라서 이 글귀는 "두루 베풀 뿐 해치지 않는다"는 뜻이다. 두루 베푼다는 것은 차별하지 않는다는 말이다. 선악미추善惡美醜를 따지지 않고 누구에게나 무엇에나 적용될 뿐 본성을 해치지 않는다.

자연이법은 우주만물에 두루 적용될 뿐이지 본성을 해치거나 위태롭게 하지 않는다. 친한 척 돌보는 것도 아니며 끼어들거나 간섭하지도 않는다. 되어가는 대로 두고 볼 뿐이니 곧 무위無爲다.

○ 可以爲天下母

이 글귀를 '천하의 어미를 삼을 만하다'거나 '천하의 어미가 될 만하다'로 옮기는 일이 많은데 말이 안 되는 번역이다. 자식을 낳았기 때문에 어미인 것이지, 자식이 그를 '어미'로 삼을 수는 없지 않겠는가.

가이可以는 '~을 할 수 있다, ~할 만하다'는 뜻이다. 위爲는 '다스릴 위'다. 가이위천하可以爲天下는 모母를 꾸미는 관형구다. '천하를 다스릴 수 있는', '천하를 다스릴 만한'이란 뜻이다. 모母는 '어미 모'이며 '근본, 근원'이라는 뜻이다. 따라서 이 글귀는 "천하를 다스릴 만한 근본"이라는 말이다.

○ 吾不知其名 字之曰道

그런데 늙으신 선생님도 우주만물을 주재하는 이법의 이름을 알지 못한다[吾不知其名]. 그런데 다른 이들이 이미 이름을 붙여 이르기를 도道라고 하더라는 말이다. 자字는 흔히 '글자 자'로 새기지만 여기에서는 '사랑할 자'다. '사랑할 애愛'를 쓰지 않고 굳이 자字로 쓴 것은 '사랑하여 이르는데 글자를 써서 했다'는 뜻일 것이다. 따라서 자지왈도字之曰道는 '그것을 사랑하여 (글자로 써서) 가로되 도道라고 한다'는 말이다.

이경숙은 도道라고 붙인 이름은 진짜 이름이 아니고 '(본디 이름 대신 부르는 이름인) 자字로 써서 도道라고 한다[56]'고 풀이하고 있는데 옳지 않다. 자字는 사람에게나 붙이는 것이기 때문이다.

○ 强爲之名曰大

'강强'은 '억지로'라는 뜻이고 위爲는 '지을 위'다. 지之는 관형격을 만들어주는 조사다. 따라서 강위지명强爲之名은 '억지로 지은 이름'이 된다. 大는 '클 대'인데 '과장되었다'는 뜻이다. 따라서 왈대曰大는 일컬음이 과장되었다는 말이다. 천하를 다스릴 만한 근본이 되는 그것을 도道라고 하기는 하지만, 그것은 억지로 지은 이름이며 그 이름은 지나친 데가 있다는 것이다.

○ 大曰逝 逝曰遠 遠曰反

과장되게 일컬으니〔大曰〕 우리 곁에서 떠나갔다〔逝〕. 우주 곳곳에 두루 적용되고〔周行〕 내 삶과도 떼려야 뗄 수 없는 자연이법이지만, 이름이 과장되다 보니 우리 인식으로부터 떠나갔다는 말이다. 우리 곁에서 떠나갔으니〔逝〕 가로되 멀다고 한다〔曰遠〕. 저 먼 데 있는 순결하고 고상한 무엇이라고 생각하게 되었다는 것이다. 이렇게 멀다〔遠〕 보니 사람들이 그 실체를 잘 알지 못하고, 도道라고 일컬음〔曰〕 자체가 사람들 생각을 거스르게 되었다〔反〕.

도道라고 부르는 자연이법은 거창한 것이 아닌데도 유식쟁이들이나 입에 올릴 말인 것 같아 섣불리 말하기 어렵다. '도道'라는 이름이 부풀린 이름, 과장된 이름이기 때문이다. 그러다 보니 본디 뜻과는 달리 그 참된 뜻이 왜곡〔反〕되었다.

참으로 놀랍지 않은가. 당대에도 그랬겠지만 후대後代 사람들도 '도'를 제대로 알지 못하고 온갖 잡설雜說로 '도'가 지닌 본디 뜻을 왜곡할

---

56) 이경숙, 《완역 이경숙 도덕경, 도경》, 300쪽.

것임을 꿰뚫어보고 있는 것이다.

○ 故道大 天大 地大 王亦大

고故는 여기에서는 '무릇 ~하는 까닭에'로 옮겨야 한다. 다음에 이어지는 글월이 앞 글월과 인과 관계로 이어지지 않기 때문이다. 그래서 고도대故道大는 '무릇 도道가(도라는 이름이) 과장된 까닭에'라는 뜻이다.

천天은 '임금 천'인데 천자天子를 가리킨다. 따라서 천대天大는 '천자(라는 이름)는 과장되었다'는 말이다. 천자도 사람인데 그가 어찌 하늘의 아들일 수 있겠는가. 지地는 '지위 지'다. 따라서 지대地大는 '지위가 과장되었다'는 뜻이다. 천자天子가 과장된 이름이니 그가 왕 노릇하는 것 또한 과장된 것이다〔王亦大〕. 이때 왕王은 '왕 노릇할 왕'이다.

○ 域中有四大而王居其一焉

역域은 '나라 역', 중中은 '곧을 중, 바를 중'이니 역중域中은 '나라가 바르다'가 된다. 사四는 '사방 사'다. 대大는 넓다는 뜻이니 사대四大는 '사방이 넓다' 곧 '영토가 넓다'는 말이다. 유有는 '또 유'다. 따라서 역중유사대域中有四大는 '나라가 바르고 또한 영토가 넓다'로 옮길 수 있다.

왕王은 '왕 노릇할 왕'이니 왕거王居는 '왕 노릇하며 살다'는 뜻이다. 기其는 '어찌'라는 의문대사이며 일一은 '모두 일'이다. 언焉은 흔히 종결사로 쓰지만 여기에서는 其와 어울려 반문하는 어기를 나타낸다. 따라서 왕거기일언王居其一焉은 '왕 노릇하며 사는 것이 어찌 전부이겠는가'라는 뜻이다. 왕이라는 것도 과장된 이름이요 그 지위도 과장된 것이니 왕 노릇함도 과장된 것이다. 백성들이 그가 있다는 것만 알면 되는 것이지, 백성 위에 군림하고 권력을 휘두르는 일이 어찌 왕으로서 해야 할 모든 일이겠는가. 이而는 역접을 뜻하는 접속사다. 여기에서는 '~하더라도, ~한들'이라는 뜻이다. 그러므로 이 글귀는 "나라가 바르

고 또한 영토가 넓다 하더라도 왕 노릇하며 사는 것이 어찌 전부이겠
는가"로 옮길 수 있다.

○ 人法地 地法天

첫 번째 지地는 '지위 지', 두 번째 지地는 '다만 지'다. 법法은 '본받
을 법'이다. 따라서 이 글귀는 "사람은 지위를 본받는데(지위에 따라
행동하는데 그런 것이 중요한 것이 아니니) 다만 하늘(자연이법)을 본
받으라"는 뜻이다.

○ 天法道 道法自然

천법도天法道의 법法은 명사다. 제도, 준칙, 가르침이란 뜻이다. 따라
서 천법도天法道는 '하늘 법이 도道'라는 말이다. 하늘의 이법이 바로
도道라는 것이다. 도법자연道法自然에서 法은 '본받다'는 뜻이다. 도道는
'저절로 그러함'을 본받는다. 저절로 그러하다는 것은 위為가 없다는
말이다. 꾸미고 지어내어 '체'하지 않는 무위無為를 본받는 것, 그것이
바로 도이다.

제26장 빈 수레가 요란하니 짐을 덜고자 하지 말라

무거움은 가벼움을 다스리는 뿌리요 고요함은
시끄러움을 제압하는 임금이니라.

> 중위경근 정위조군
> 重爲輕根 靜爲躁君

성인은 마침내 이를 닮아 날마다 행하니

> 시이성인종 일행
> 是以聖人終 日行

수레에서 짐을 내리지 않으며 비록 영화를 보게
되더라도

> 불리치중 수유영
> 不離輜重 雖有榮

편안히 초야에 묻힐 것을 밝히고 초연하느니라.

> 관연처 초연
> 觀燕處 超然

어찌할꼬. 만승萬乘을 짊어진 임금이 (짐을 덜
어) 몸을 가볍게 하다니!

> 내 하만승지주이이신경
> 奈 何萬乘之主而以身輕

천하가 가벼운 즉 뿌리를 잃음이요,

> 천하경즉실본
> 天下輕則失本

시끄러운즉 임금을 잃음이라.

> 조즉실군
> 躁則失君

○ 重爲輕根 靜爲躁君

'무거움이 가벼움의 뿌리가 되고 고요함이 소란스러움의 임금이 된다'고 보는 것들이 많다. 그렇다면 무거운 것에서 가벼움이 나오고 고요함이 소란스러움 가운데 임금 노릇한다는 말이 된다. 무슨 뜻인지 알아들을 수 있겠는가? 알아들을 수 없는 말이 고매한 사상이며 철학인 것은 아니다. 노자는 매우 쉬운 말로 글을 썼는데 뒷사람들은 그 속에 무슨 엄청난 비밀이라도 들어 있는 것으로 오해해 왔던 것이다. 그 탓에 우리가 만나는 노자는 점점 신비스런 존재가 되고, 우리가 읽는 《도덕경》은 알아들을 수 없는 글이 되고 말았다.

위爲는 '다스릴 위'다. 따라서 중위경근重爲輕根은 '무거움이 가벼움을 다스리는 뿌리'이고 정위조군靜爲躁君은 '고요함이 시끄러움을 다스리는 임금'이라는 말이다. 무거움이 가벼움을, 조용함이 시끄러움을 다스려 제압한다는 뜻이다. 무거운 것은 조용하며, 가벼운 것은 덜렁거리고 시끄럽다(重 − 靜, 輕 − 躁). 따라서 두 글귀는 같은 말을 되풀이한 것에 지나지 않는다.

큰 배에는 균형을 잡기 위해 평형수(Ballast Water)라는 것을 담아 놓는 큰 통이 있는데 이것을 밸러스트 탱크(Ballast Tank)라고 한다. 배를 무겁게 해서 균형을 잡고 흔들리지 않게 하려는 것인데, 이걸 채워놓지 않으면 배의 무게 중심이 위쪽에 있게 되어 배가 흔들리고 심하면 엎어질 수도 있다. 중위경근重爲輕根이 바로 이와 같은 것이다. 무거워야 무게 중심이 아래로 내려가서 가벼워 흔들리는 것을 잡아주는 든든한 뿌리가 된다.

말이 많고 시끄러이 떠들며 조급해하는 이에게 조용히 하라고 다그친다고 해서 그 입을 다물게 할 수는 없다. 오히려 아무런 대꾸도 하지 않고 듣기만 하면 스스로 말을 그치고 조용해진다. 조용함이 시끄러움을 제압하는 권위를 지니는 법이다. 빈 수레에 짐을 실어 무겁게 하면 그 무거운 짐이 빈 수레가 덜렁거리지 않도록 묵직하고 조용하게 붙들어 주는 뿌리가 되고 시끄러움을 억누르는 임금이 될 것이다.

○ 是以聖人終 日行

이 글귀도 그동안 끊어 읽기를 잘못한 탓에 제대로 옮길 수 없었던 곳이다. 왕필의 주석을 들어 이 풀이가 잘못되었다고 하려는가? 왕필이 그리했으니 그것만이 옳다고 하려는가? 끝없이 의심하지 않으면 진리에 이를 수 없는 법이다.

시이是以를 '이로써'나 '그러므로'라고 옮기는 일이 흔하지만 여기서는 그렇지 않다. 이 글귀는 본디 성인종이시聖人終以是였는데 이시以是를 강조하려고 앞으로 빼면서 시是와 이以가 자리를 바꾼 것이다.

이때 종終은 '마침내 종'이다. 이以는 '닮을 이'다. 따라서 이 글귀는 '성인은 마침내 이를 닮다(본받다)'는 뜻이다. 가벼움을 다스리는 뿌리인 무거움(重)과 시끄러움을 다스리는 임금인 고요함(靜)을 닮는다는 말이다.

일日은 '나날 일'이다. '매일'이란 뜻이므로 일행日行은 '날마다 행하다'는 말이다. 무엇을 행하는가? 마침내 닮게 된 무거움과 고요함을 행한다. 이어서 읽으면 "성인은 마침내 이를 본받아 날마다 행한다"가 된다.

○ 不離輜重

리離는 '가를 리'다. 치輜는 '짐수레 치', 중重은 '무게 중'인데 치중輜重이라고 하니 날이나 수레에 실은 짐을 가리킨다. 군수품을 말하기도 한다. 따라서 이 글귀는 "치중輜重을 가르지 않는다"는 말이니 짐을 덜어내지 않는다는 뜻이다. 무겁고 고요함을 날마다 행하려 하니 어찌 짐을 덜어내어 가볍게 할 수 있겠는가.

○ 雖有榮 觀燕處 超然

유有는 '일어나다, 생기다'는 뜻이다. 따라서 수유영雖有榮은 '비록 영화가 일어난다 하더라도'가 된다. 관觀은 '명백하게 하다', 연燕은 '편안할 연'이다. 처處는 '벼슬하지 않고 야野57)에 머물러 있다'는 뜻을 지니고 있다. 따라서 관연처觀燕處는 '편안히 야野에 머물 것을 밝히다'는 뜻이다. 벼슬을 거절하겠다는 말이다. 초연超然은 '세속을 초월함'이니 부귀영화와 명리를 마음에 두지 않는다는 말이겠다. 그러므로 이 글귀는 "비록 영화를 누릴 수 있게 된다 하더라도 (벼슬에 나가지 않고) 편안히 초야에 묻힐 것을 밝히고 (영화 따위는 마음에 두지 않고) 초연하다"가 된다.

○ 奈 何萬乘之主而以身輕

내奈58)는 여기에서는 '어찌 할꼬, 어쩌랴'는 뜻으로 쓴 말이다. 하何는 '멜 하'다. '짊어지다, 책임지다, 부담하다'는 뜻인데 하荷와 같다. 지之는 관형어를 만드는 구조조사다. '㉮ 之 ㉯'와 같이 쓰며 '㉮하는 ㉯'라고 옮길 수 있다. 따라서 하만승지주何萬乘之主는 '만승萬乘을 짊어진 주인'이라는 뜻이니 곧 천자天子다.59)

---

57) 조정에서 벼슬살이 하는 것을 재조在朝라 하며, 공직에 나아가지 아니하고 초야草野에 머물러 있음을 재야在野라고 한다.
58) 흔히 내하奈何와 같이 연용하여 '어떤가, 어찌하여'라는 뜻으로도 쓴다.
59) 乘은 본디 兵車에 탄 戰士를 가리키는 말이다. 그러므로 萬乘之主란 병거 1만 대를 갖춘 임금을 말하는데 전차병이 1만이라면 보병이나 기병은 그 수가 엄청날 것이다. 그러므로 萬乘之主는 드넓은 영토와 크나큰 무력을 지닌 임금을 말하며, 그런 강대한 나라를 萬乘之國이라 하였다. 이는 周나라의 제도에서 비롯된 것인데 天子는 자기 직할영토에 1만 대의 병거를

이而는 구조조사 지之와 마찬가지로 주어와 술어 사이에서 주술구조로 하여금 독립성을 잃은 명사구名詞句나 명사절名詞節이 되게 하는 구조조사다. 여기에서는 '만승을 짊어진 주인[何萬乘之主]'이 주어이며 술어는 경輕이다. '가벼이 할 경'이다. 따라서 이 글귀에서 이신以身을 빼고 생각하면 '어찌할꼬. 만승을 짊어진 주인이 가벼이 하다니!'라는 뜻이다.

그렇다면 '만승을 짊어진 주인', 곧 천자가 가벼이 하는 것은 무엇일까? 바로 몸[身]이다. 여기에서 이以는 직접목적어를 나타내는 전치사로 쓴 것이기 때문이다. 따라서 이 글귀는 "어찌할꼬. 만승을 짊어진 주인[天子]이 몸을 가벼이 하(려 하)다니!"라는 뜻이다. 만승을 짊어졌다는 것은 곧 천하를 짊어지고 주재한다는 뜻이니, 천자가 몸을 가벼이 한다는 것은 천하를 내려놓거나 천하를 나누어 책임을 던다는 말이다. 천자가 치중輜重을 던다, 곧 천하를 나누어 책임을 덜게 되면 몸은 가벼워지나 천하가 시끄럽게 될 것이다.

이런 말로 미루어 볼 때 늙으신 선생님은 춘추전국春秋戰國의 혼란상이 당시 봉건제 때문이라고 생각한 것 같다. 천자와 제후가 서로 보호와 충성 의무를 지는 관계가 주나라의 봉건제다. 계약 관계인 서양 중세 봉건제와 달리 혈연에 기초했다고는 하지만 이것도 점차 희미해져 갔다. 천자는 제후들의 우두머리로서 수도 일대 직할지만 다스리고, 지방은 제후들이 다스리는 영지로 되어 있던 것은 서양과 마찬가지다. 천하는 천자라는 수레가 짊어져야 할 치중輜重이다. 그런데 천하를 제후들이 나누어 짊어지고 있으니 천자天子라는 수레가 가볍고 덜렁거리게 된다. 권위가 흔들리는 것이다. 그래서 유력한 제후들이 제가끔 세력을 키워 천하를 차지하려는 쟁투가 일어나게 된 것이라고 생각한 것

갖추어야 했기 때문에 만승이 천자를 가리키는 말이 된 것이다. 천승은 병거 1,000대를 갖출 수 있는 제후라는 뜻이며, 그 영지를 천승지국이라 한다. 백승지가는 병거 100대를 갖출 수 있는 가문이라는 뜻이고, 卿·大夫의 지위를 가리킨다.

은 아닐까.

○ 天下輕則失本 躁則失君

천하가 가볍다[天下輕]는 것은 근본을 잃었기[失本] 때문이다. 천하가 시끄럽다[躁]는 것은 임금(주재자)을 잃었기[失君] 때문이다. 무거움은 가벼움을 다스리는 뿌리요[重爲輕根], 고요함이 시끄러움을 다스리는 임금[靜爲躁君]이라는 첫 글귀를 생각하면 바로 뜻을 알 수 있을 것이다.

제27장 죽게 될 사람 구하기를 옳게 여기라

바르게 행동하고 전철(前轍)이 없는데도 꼬투리 잡을 게 없나 살피고, 바르게 여쭈어 허물이 없는데도 꾸짖으며,

선행무철 적 선언무하 적
善行無轍 迹 善言無瑕 讁

올바른 계책은 쓰지 않고 채찍질할 궁리나 하는구나.

선 수 불 용 주 책
善數不用 籌策

잘 닫되 빗장은 꿰지 말라. 그대는 (벼슬아치이니) 열 수 없도다.

선 폐 무 관 건 이 불 가 개
善閉 無關楗 而不可開

잘 묶되 오라를 바로잡지 말라. 그대가 풀어주는 것은 옳지 않도다.

선 결 무 승 약 이 불 가 해
善結 無繩約 而不可解

성인은 이를 닮았도다. 늘 사람 구하기를 옳게 여기라.

시 이 성 인 상 선 구 인
是以聖人 常善救人

일부러 사람을 버리지 말라. 늘 희생소 구하기를 옳게 여기고,

고 무 기 인 상 선 구 물
故無棄人 常善救物

일부러 희생소를 버리지 말라. 이를 일컬어 현명함에 들어맞는다고 하느니라.

고 무 기 물 시 위 습 명
故無棄物 是謂襲明

착한 이를 죽인다면 착한 이를 본받지 않게 될 것이요,

고 선 인 자 불 선 인 지 사
故善人者 不善人之師

착하지 않은 이가 착한 이를 밑천으로 삼게 되리라.

불 선 인 자 선 인 지 자
不善人者 善人之資

그 스승[善人]을 귀하게 여기지 않고 그 밑천[善人]을 사랑하지 않게 될 터이니…

불 귀 기 사 불 애 기 자
不貴其師 不愛其資

비록 슬기로웠다 해도 나이가 드니 헷갈리는구나. 이 때문에 젊음을 구하는 것이니라.

수 지 대 미 시 위 요 묘
雖智大迷 是謂要妙

늙으신 선생님은 쫓기는 몸이다. 지명수배자가 관문을 지나 나라 밖으로 나가려는 일이 어디 뜻대로 되겠는가. 이미 그를 잡으라는 명령이 내려왔을 것이니 마침내 붙들려 갇히게 되었을 것이다. 윤희가 늙으신 선생님을 알아보았다는 것은 조정에서 내려온 화상畵像 때문이기도 하겠지만, 늙으신 선생님의 명성이 널리 알려졌기 때문이기도 할 것이다. 이런 분이 쫓기는 몸이 되었으니 벼슬을 사는 사람으로서 잡아둘 수밖에 없었겠지만, 선생님을 흠모하던 윤희에게는 그야말로 천재일우千載一遇, 엄청난 기회였을 것이다. 선생님을 놓아 드리고 싶지만 벼슬아치로서 그럴 수는 없다. 글 몇 줄이라도 얻고 무언가 보답을 해야 할 터인데 그것은 분명 관문을 지나갈 수 있게 하는 것이라는 생각이 들었을 것이다.

늙으신 선생님도 갑갑하기는 했을 것이다. 여기까지 잘 도망쳐 왔고 이곳만 지나면 되는데 신분이 들통나 붙들리게 되었다. 마침내 윤희와 늙으신 선생님은 타협했을 것이다. 몇 줄 글을 남겨 주되 윤희가 선생님을 그냥 놓아드릴 수는 없는 일이니 몰래 몸을 빼칠 수 있도록 감시를 소홀히 해달라는 것이지 않았을까? 끌려가면 마침내 죽게 될 터이니 본성이 상할 것을 두려워했기 때문일 것이다.

○ 善行無轍 迹

여기에서 선善은 '옳게 할 선'이다. 바르게 한다는 뜻이다. 따라서 선행善行은 '행실을 바르게 하다, 바르게 행하다'가 된다. 철轍은 여기에서는 전철前轍, 곧 '옛 사람이 저지른 그릇된 행적'을 말한다. 따라서 무철無轍은 '전철이 없다'는 뜻이다. 오늘날까지 바르게 살아왔고[善行] 그릇된 일은 한 적이 없다는 말이다. 적迹은 '상고할 적'이다. 상고詳考란 꼼꼼하게 따져서 검토하거나 참고하는 것이니 여기에서는 무슨 꼬투리를 잡으려고 요모조모 파헤쳐 살펴본다는 뜻이겠다.

그러므로 이 글귀는 "바르게 행해 왔고 전철이 없는데도 (꼬투리를 잡으려) 요모조모 따지고 살펴본다"는 말이다. 올바른 행동을 하는 사람이 그렇지 못한 사람들에게 미움과 견제를 받는 것은 예나 지금이나 마찬가지다.

○ 善言無瑕 譴

언諶은 '여쭐 언'이다. 임금에게 말씀을 올리는 것이다. 따라서 선언善言은 윗사람에게 바른 소리를 했다, 옳지 못하거나 잘못된 일을 고치도록 간諫했다는 것이다. 그랬더니 그 말에 허물이 없는데도〔無瑕〕 꾸짖는다〔譴〕. 옳은 말로 여쭙는데도 임금이 잘못을 반성하고 고치기보다는 무엄하다며 꾸짖어 물리쳤다는 것이다.

○ 善數不用 籌策

수數는 '꾀 수'다. 과제나 문제를 해결할 꾀, 아이디어, 대책 등을 말하는 것이니 '정책'이라고 옮기는 것이 좋겠다. 용用은 '쓰일 용'이다. 따라서 선수불용善數不用은 '좋은 꾀는 쓰이지 않는다'는 뜻이다. 훌륭한 정책이나 아이디어를 내어도 받아들이지 않더라는 말이다.

주책籌策을 주판籌板으로 보고 수數를 셈, 계산으로 풀이하여 '좋은 셈은 주책籌策(주판籌板)을 쓰지 않는다'로 흔히 옮겨 왔지만, 이런 풀이는 늙으신 선생님께서 하고자 하신 말씀과는 거리가 멀다. 아래 사진에서 보다시피 주책籌策과 주판籌板은 다른 것이다. 주책籌策은 점을 칠 때 쓰는 산가지, 점대를 말하는 것이며, 주판籌板은 셈을 놓는 도구, 곧 계산기다. 주판珠板 또는 수판數板이라고도 한다. 따라서 주책籌策을 ~~주판籌板~~이라고 옮길 수는 없는 일이다.

〈자료 5-1〉주책籌策 　　　　　〈자료 5-2〉주판籌板

그렇다고 해서 주책籌策을 '산가지와 점대'라고 옮길 수도 없다. 글 월을 만들지 못하기 때문이다. 주籌는 '꾀할 주'다. 계책을 세운다는 말 이다. 책策은 '채찍 책' 또는 '채찍질할 책'이다. 따라서 주책籌策은 '채 찍질하기를 꾀하다'는 뜻이다. 그러므로 이 글귀는 "좋은(올바른) 정책 은 쓰이지 않고 채찍질(같은 형벌)이나 하려고 꾀한다(계책을 세운다)" 가 된다.

올바른 언행은 그러지 못하는 사람들을 불편하게 만든다. 늙으신 선 생님께서 하신 바른 말과 행동 또한 그러했을 것이다. 다른 신하들의 미움과 의심을 사게 된다. 옛 행적을 샅샅이 살펴 잘못한 일은 없는가 따지고, 하는 말에 허물이 없는데도 꾸짖는다. 올바른 정책을 내놓아도 받아들이지 않고, 공연한 짓을 한다고 채찍질로 다스릴 궁리만 하고 있 다. 본성을 지키려면 달아나지 않을 수 없었을 것이다.

○ 善閉 無關楗 而不可開

여러 풀이가 있으나 모두 크게 다르지 않다. 흔히 '잘 닫으면 빗장 을 걸지 않아도 열리지 않는다'고 옮기는데, 앞 글귀와 전혀 이을 수도 없을뿐더러 말이 되지도 않는다. 빗장을 걸지 않았는데 어찌 열리지 않는단 말인가.

이 글귀는 늙으신 선생님께서 윤희에게 스스로 몸을 빼낼 수 있도록 도와 달라고 하는 말이다. 폐閉는 '닫을 폐'니 선폐善閉는 '잘 닫으라'이다. 문을 열어 둔다면 범죄자더러 도망가라고 부추기는 꼴이 될 터이니, 늙으신 선생님을 가둬 놓은 방문, 또는 옥문을 잘 닫아 놓아서 남들이 보기에 가둬둔 것처럼 보이게 하라는 것이다.

무無는 '말 무'다. 무毋와 같다. 관關은 '꿸 관'이다. 건楗[60]은 '문빗장 건'이다. 따라서 무관건無關楗은 '문빗장을 꿰지 말라'가 된다. 문은 잘 닫아두되 문에 빗장을 걸지는 말라는 말이다. 직책이 낮기는 하지만 국가 관리인 윤희가 지명 수배자를 놓아줄 수는 없으니, 슬며시 빗장을 빼 놓아서 달아날 수 있게 도와달라는 의미다. 이而는 '너 이'다. 윤희를 가리켜 '그대'라고 부르는 말이다. 불가不可는 '~할 수 없다' 또는 '~함은 옳지 않다'는 뜻이다. 개開는 '열 개'다. 따라서 이불가개而不可開는 '그대가 열어 줄 수는 없다' 또는 '그대가 (문을) 여는 것은 옳지 않다'고 옮길 수 있다. 관리 신분이기 때문이다.

○ 善結 無繩約而不可解

결結은 '맺을 결'이다. 끈을 얽어 매듭짓는 것을 말한다. 따라서 선결善結은 '잘 묶으라'인데 여기에서는 풀리지 않도록 묶는 것이 아니라 느슨하게 잘 묶으라는 말이다. 그래야 늙으신 선생님께서 스스로 결박을 풀고 도망갈 수 있기 때문이다.

승繩은 '바로잡을 승'이다. 약約은 '묶을 약'으로 새기기도 하지만 여기에서는 '노 약'이다. '노'는 실, 삼, 종이 등을 가늘게 비비거나 꼬아 만든 줄이다. 노끈이라고도 한다. 새끼나 새끼줄이라고 옮겨도 되겠고 그냥 끈이라고 해도 본디 뜻이 달라지지는 않을 것이다. 죄인을 묶은 끈이니 우리 식으로 '오라[61]'라고 옮겨도 좋겠다. 따라서 선결 무승약善結 無繩約은 '(내가 풀 수 있도록 느슨하게) 잘 묶되 오라를 바로잡

---

60) 일부 책 가운데 건鍵(열쇠)으로 된 것도 있으나 중국 쪽 출판물에는 건楗(빗장, 방죽)으로 나와 있다.
61) 죄인을 묶을 때에 쓰던 붉고 굵은 줄이다.

(아 든든히 묶)지 말라'는 말이다.

한편 해解는 '보낼 해'로서 해범解犯이라 하여 범죄자를 호송한다는 뜻을 지니고도 있다. 따라서 이불가해而不可解는 '그대가 나를 풀어줄 수는 없다', '그대가 나를 풀어주는 것은 옳지 않다'는 뜻도 되겠지만 '그대가 나를 압송하는 것은 옳지 않다'는 말도 될 수 있다.

○ 是以聖人

시이是以는 흔히 '이(그) 때문에, 이로써' 등으로 옮기지만 여기에서는 그렇지 않다. 시이是以를 사이에 둔 앞뒤 글귀를 원인과 결과로 볼 수 없기 때문이다. 다음을 보라.

● 잘 가는 자는 자취를 남기지 아니하고 …… 잘 맺는 자는 끈으로 매지 않는데도 풀 수가 없다. **그러므로(是以)** 성인은 늘 사람을 잘 구제하며 그렇기 때문에 사람을 버리지 않는다.

● 잘 가는 것은 바퀴 자국이 남지 않으며 …… 잘 묶은 것은 밧줄이 없으나 풀지 못하느니라. **그러므로(是以)** 성인은 항상 사람을 잘 구하는 고로 사람을 버리지 않으며

흔한 번역인데 앞뒤 글월 사이에 아무런 인과관계를 찾을 수 없다. 그러므로 앞뒤 글월을 잘못 옮긴 것이든지 시이是以가 인과관계를 나타내는 말이 아니든지 둘 가운데 하나일 것이다. 그런데 아무도 의심하지 않고, 한문이란 본디 그런 것이려니 하면서 고개만 끄덕거리고 있다.

시是는 '이, 그'라는 뜻을 지닌 지시대사이지만 여기에서는 목적격 인칭대명사로 쓴 것이다. 이以는 '닮을 이'다. 비슷하다는 뜻이다. 본디 성인이시聖人以是였는데, 이시以是가 앞으로 나가면서 이以와 시是가 자리를 바꾼 것이다. 따라서 이 글귀는 "성인은 이를 닮았다"는 뜻이다.

그렇다면 시是가 가리키는 것은 무엇일까? '문을 잘 닫되 빗장을 걸

지 않음'과 '잘 묶되 묶은 것을 든든히 바로잡지 않음'이다. 늙으신 선생님이 도망갈 수 있도록 슬며시 길을 열어주는 일은 성인을 닮은 일이라는 것이다. 잘못한 것이 없는데도 미움을 사서 죽게 될지도 모르는 사람, 곧 늙으신 선생님을 슬며시 놓아주는 일은 한 사람의 본성을 지키게 하는 것이다. 이 어찌 성인을 닮은 행동이 아니겠는가.

○ 常善救[62]人

이 글귀를 다들 성인聖人을 주어로 하여 옮기고 있으나 명령문으로 보아야 옳다. 구救는 '구원할 구'다. 죽음이나 고통 같은 어려움에서 건진다는 뜻이다. 상常은 '항상 상'이니 '늘, 언제나'라는 뜻이고 선善은 '옳게 여길 선'이다. 따라서 이 글귀는 "늘 (어려움에서) 사람 건지기를 옳게 여기라"는 뜻이다. 어떤 사람이 본성을 지킬 수 있도록 돕는 일을 꺼리지 말라는 말이다.

○ 故無棄人

고故는 '짐짓 고'다. '일부러'라는 뜻이니 알면서도 속마음을 숨기고 무언가 하려 함을 말한다. 무無는 '말 무'다. 무毋와 같다. 기棄는 '버릴 기'다. 따라서 이 글귀는 "(그 일이 옳지 않다는 것을 알면서도 나로서는 어쩔 수 없다고 핑계를 대며) 일부러 사람을 버리지 말라"가 된다.

벼슬아치인 윤희로서는 늙으신 선생님은 이럴 수도 저럴 수도 없는 존재다. 놓아주자니 명령을 어기는 것이 되고 붙잡아 압송하자니 죄인도 아닌 사람이 본성을 해치게 된다. 부당한 명령을 따르는 게 옳은가, 한 사람의 본성을 구하는 게 옳은가. 본성을 구하는 것이 옳은 일이 아닐까?

---

62) 우리나라에서 나온 책 가운데는 구救를 구求로 써놓은 것들이 더러 있는데 잘못된 것이다.

○ 常善救物 故無棄物

흔히 物물을 '사물'이나 '물건'으로 옮긴다. 그렇다면 구물救物은 '사물(물건)을 건지다(구제하다, 구원하다)'는 뜻이 될 터인데 참으로 이상하다. 사물 또는 물건이 무슨 어려움에 빠졌는가? 사물을 구원하다니 누가 그럴 만한 권능이 있단 말인가? 또는 도술이라도 부린단 말인가?

物물은 하늘에 올리는 제사인 교사郊祀[63] 때 바치는 소를 말한다. 희생양犧牲羊과 같은 것인데 이를 희생우犧牲牛라 하지 않고 '物물'이라고 불렀던 것이다. 이런데도 '物물'을 물건 또는 만물이라고 옮겨 왔으니 늙으신 선생님께서 하고자 한 말씀을 어찌 제대로 알아들을 수 있겠는가.

여기에서 말하는 物물, 곧 희생으로 바치는 소는 바로 늙으신 선생님을 가리키는 말이다. 벼슬아치들과 천자에게 오로지 무위無爲하라, 곧 '체'하지 말라고 하는 선생님은 세상 사람들의 야망과 욕심을 가로막는 사람이다. 그래서 야망과 욕심을 채우는 데 쓴소리를 아끼지 않는 늙으신 선생님을 희생물로 삼아 죽이려고 한다는 것이다. 따라서 이 글귀는 "늘 (나와 같은) 희생 소를 (죽음에서) 건져냄을 옳게 여기라"는 뜻이다.

어려움에 빠진 사람을 버려두지 않는 것[故無棄人]이 옳은 일인 것처럼 희생 소, 곧 늙으신 선생님을 죽음에 이르도록 놓아두지 말라는 말이다.

---

63) 天子가 거행하는 가장 크고 중요한 제천의례다. 화려하고 성대한 문식文飾보다는 소박한 정성과 공경을 나타내므로, 교외로 나가 땅을 쓸고 정결한 소 한 마리를 희생으로 바치며 질그릇과 표주박 따위 질박한 제기를 사용했다.
또 다른 제천의식으로 봉선封禪이란 것도 있다. 산꼭대기에 단을 세우고 하늘을 섬기는 것을 봉封, 산기슭에 땅을 고르게 하여 땅을 섬기는 것을 선禪이라 불렀다. 고대 중국에서 제천의식의 거행은 천자의 특권이자 의무였다.

○ 是謂襲明

습襲은 '맞을 습'이다. 합치한다는 뜻이다. 따라서 습명襲明은 '명明에 합치한다'는 말이다. 명明은 '밝을 명'이다. '사리에 밝다' 또는 '현명하다'는 뜻이다. 죄 없이 쫓기고 죽음에 이르게 된 사람, 재물과 벼슬과 권력을 탐하는 이들에게 희생될 사람을 도와 살리는 것은 사리에 맞는 현명한 일이라는 뜻이다.

○ 故善人者 不善人之師

선인자善人者가 '좋은(착한) 사람'이라면 '나쁜(착하지 않은) 사람'은 불선인자不善人者라고 써야 한다. 불선인不善人이 '나쁜(착하지 않은) 사람'이라면 '좋은(착한) 사람'은 선인善人이라고 써야 한다. 뭔가 좀 이상하지 않은가?

고故는 '죽을 고'이지만 본디 '두들겨 패서 죽이다'는 뜻이었다고 한다. 자者는 조건이나 가정을 나타내는 어기조사다. 따라서 고선인자故善人者는 '착한 이를 두들겨 패서 죽인다면'이 된다. 언행이 올바르고 착한 마음씨를 지닌 이를 죽이는 일이 벌어진다면 착한 이를 스승으로 삼지 않게 될 것이다[不善人之師]. 불선인지사不善人之師는 본디 불사선인不師善人인데 사師(스승으로 삼다)의 목적어인 선인善人을 강조하려고 앞으로 보낸 것이다. 지之는 선인善人이 목적어임을 알려주는 구조조사다.

不	善人	之	師	←	不	師	善人
부정사	목적어	구조 조사	동사		부정사	동사	목적어
					~ 않다	스승으로 삼다(본받다)	착한 이

따라서 불선인지사不善人之師는 '착한 이를 본받지(스승으로 삼지) 않다'는 뜻이다. 착한 이들이 올바른 언행 때문에 죽게 되니 누가 착한

이를 본받으려 하겠는가.

○ 不善人者 善人之資

자者는 주격主格으로 풀이하는 후치사後置詞다.[64] 따라서 불선인자不善人者는 '착하지 않은 이가'라는 뜻이다. 선인지자善人之資는 본디 자선인資善人인데 자資의 목적어인 선인善人이 앞으로 나가면서 구조조사 지之가 붙은 것이다. 자資는 '밑천으로 삼을 자'다. 따라서 선인지자善人之資는 '착한 이를 밑천으로 삼다'는 말이다. 착한 이를 희생 소로 찍어 제 야망을 이루는 발판과 밑천으로 삼는 것이다. 그러므로 이 글귀는 "착하지 않은 이가 착한 이를 (제물로 하여 제 야망을 이룰) 밑천으로 삼는다"로 옮긴다.

○ 不貴其師 不愛其資

귀貴는 '귀히 여길 귀'이니 불귀기사不貴其師는 '그 스승을 귀히 여기지 않다'는 말이다. 착한 이를 스승으로 삼아 본받는 것이 마땅한데 그러지 않게 되니 스승을 귀히 여기지 않는다. 불애기자不愛其資는 '그 밑천을 사랑하지 않다'는 말이다. 제 욕심을 이루려고 착한 이를 희생 소로 삼아 죽이니 어찌 밑천을 사랑할 수 있겠는가?

여기까지 쓰고 난 늙으신 선생님은 문득 헷갈리기 시작한다. 구술을 마무리할 마땅한 말이 생각나지 않는다. 총기가 옛날만 하지 못하다는 것을 뼈저리게 느낀다. 그래서 늙으신 선생님은 자신이 늙어서 총기가 떨어졌음을 고백하고 한탄한다.

---

64) 《列子》〈湯問〉篇, 북산우공자년차구십北山愚公者年且九十 : 북쪽 산의 우공은 나이가 머지않아 아흔이 된다.

○ 雖智大迷 是謂要妙

지智는 '슬기로울 지'다. 따라서 수지雖智는 '비록 (예전에는) 슬기로 왔을지라도'라는 뜻이다. 대大는 여기에서는 '나이를 먹었다'는 뜻이다. '미迷는 '헤맬 미'다. 길을 잃고 헤맨다는 뜻이다. 따라서 대미大迷는 '나 이를 먹어 (무슨 말을 해서 마무리 지을지) 헷갈린다'는 말이다.

시위是謂는 흔히 '이를 일러'라고 옮기지만 여기에서는 '이런 까닭에, 그렇기 때문에'라고 옮겨야 한다. 이때 謂는 '까닭 위'다. 요要는 '구할 요', '妙'는 '젊을 묘'다. 따라서 요묘要妙는 '젊음을 구하다'는 뜻이다.그 렇다면 시위요묘是謂要妙는 '이런 까닭에 젊음을 구하는 것이다'라는 말 이 된다. 이제는 나이가 들어 총기가 떨어지고 헷갈려 글을 이어가기도 어려우니 '내가 조금 더 젊었더라면'하고 탄식하고 있는 것이다.

제28장 하늘을 배워 겸손할 뿐 잘난 척 나서지 말라

나를 알림이 어찌 뛰어난 일이겠느뇨. 본성을 지킴이 어찌 못난 일이겠느뇨.

지 기 웅 수 기 자
知其雄 守其雌

하늘 법도를 배워 낮추라. 시내인가? (그렇구나.) 하늘 법도는 내려가는 시내로다.

위 천 하 계 위 천 하 계
爲天下 谿爲 天下谿

일찍이 덕은 크게 흩어졌도다. (그 늙은이는 달아나서) 아이들에게 돌아갔다고 보고하라.

상 덕 비 리 복 귀 어 영 아
常德不離 復歸於嬰兒

나를 알림이 어찌 옳은 일이겠느뇨. 본성을 지킴이 어찌 그릇된 일이겠느뇨.

지 기 백 수 기 흑
知其白 守其黑

하늘 법도를 배워 낮추라. 삼감인가? (그렇구나.) 하늘 법도는 낮추어 삼감이로다.

위 천 하 식 위 천 하 식
爲天下 式爲 天下式

일찍이 덕은 크게 변하였도다. (그 늙은이는 달아나서) 임금 없는 곳으로 돌아갔다고 아뢰라.

상 덕 비 특 복 귀 어 무 극
常德不忒 復歸於無極

나를 알림이 어찌 영화로운 일이겠느뇨. 본성을 지킴이 어찌 욕된 일이겠느뇨.

지 기 영 수 기 욕
知其榮 守其辱

하늘 법도를 배워 겸손하라. 골짜기인가? (그렇구나.) 하늘 법도는 내려가는 골짜기라.

위 천 하 곡 위 천 하 곡
爲天下 谷爲 天下谷

일찍이 덕은… 아끼는 말이 지나쳤구나. (그 늙은이는 달아나서) 통나무로 돌아갔다고 아뢰라.

상 덕 내 주 복 귀 어 박
常德 乃足 復歸於樸

통나무는 내쳐 두면 그릇이나 만들고 성인일지라도 임용해 보아야 관청 우두머리나 되더구나.

박산즉위기 성인용지즉위관장
樸散則爲器 聖人用之則爲官長

그러므로 (나를 잡아들이라는 것은) 지나친 분부요 큰 재앙이니라.

고 대 제 비 할
故大制不割

○ 知其雄 守其雌

자웅雌雄[65]이란 말이 남성과 여성을 뜻하기는 하지만, 여기에서 자웅雌雄을 암수로 보게 되면 김용옥의 풀이[66]처럼 무슨 소리인지 알아들을 수 없는 번역이 나오게 된다.

지知는 '알릴 지, 알림 지'다. 기其는 '어찌, 어떻게'라는 뜻의 의문대사다. 웅雄은 '수컷 웅'이기도 하지만 '뛰어날 웅'이기도 하다. 따라서 지기웅知其雄은 '(나를) 알림이 어찌 뛰어나겠는가'라는 뜻이다. 나를 알려 드러내는 것은 잘하는 일이 아니라는 것이다. 천하 패권을 두고 전쟁이 끊이지 않던 춘추전국시대뿐만 아니라 치열한 생존 경쟁이 벌어지는 오늘날도 다를 바 없다. 누구나 내가 잘나고 많이 알고 잘할 수 있다고 자신을 드러내려 애쓴다. 그렇게 하여 벼슬과 돈과 명예를 얻을 수 있을지는 모르지만, 자칫하면 뭇사람들의 표적이 되어 본성을 해치기 쉽다.

수守는 '지킬 수'다. 본성을 지킨다는 말이다. 기其는 지기웅知其雄의 기其와 마찬가지로 '어찌'라는 뜻을 지닌 의문대사다. 자雌는 본디 '암컷 자'이지만 '약한 것, 둔한 것, 못난 것' 등을 가리키기도 한다. 따라서 수기자守其雌는 "(자신을 드러내지 않음으로써 본성을) 지킴이 어찌 못난 일이겠는가"라는 뜻이다.

본성을 지킨다는 것은 얼마나 소중한 일인가. 돈, 지위, 명예 그 어느 것과도 바꿀 수 없는 것이 내 몸이고 목숨이다. 나를 드러내기 보다는 나를 감추고 내 한 몸과 목숨을 보전함이 먼저 할 일이다.

○ 爲天下 谿爲

다들 이 글귀를 위천하계爲天下谿라고 끊어 '천하의 시내(시냇물, 계

---

65) 제10장에는 '자雌'만 나오며 이는 패배, 퇴각을 뜻하는 말이었다.
66) 《노자와 21 세기》[3], 117쪽 : 그 숫컷 됨을 알면서도 그 암컷 됨을 지키면

186

곡)가 되다'라고 옮긴다. 그런데 누가 '천하의 시내'가 된다는 것인가? '천하의 시내'는 무엇을 가리키는 것인가?

위爲는 '배울 위'다. 천天은 '하늘 천'이지만 우리 머리 위에 있는 허공이 아니라 '하늘 법도' 곧 천리天理, 천도天道를 가리키는 말이다. 하下는 '낮출 하'다. 겸손하다는 뜻이다. 따라서 위천하爲天下는 '하늘 법도를 배워 (자신을) 낮추(어 겸손하)라'가 된다. 자신을 알리고 드러내는 일이 뛰어나 보이기는 하지만 이는 하늘 법도를 거스르는 일이다. 하늘 법도는 본성을 지키는 것이고 내 본성을 지키려면 나를 낮추고 숨겨야 한다. 세상 어느 생명체가 죽거나 다치기를 바라겠는가. 내 한 몸과 목숨을 보전하여 본성을 지키는 것이 하늘 법도임은 자명하다.

그래서 하늘 법도를 따라 자신을 낮추어 겸손할 줄 아는 사물을 찾아보니 졸졸 흐르는 시내[谿]가 그런 것 같더라는 것이다. 위爲는 의문을 나타내는 어기조사다.67) 따라서 계위谿爲는 '(낮추어 겸손한 것이) 시내인가?'라는 뜻이다.

O 天下谿 常德不離

천天은 하늘 법도를 가리킨다. 하下는 '내릴 하'다. 낮은 곳으로 옮겨 간다는 뜻이다. 따라서 천하계天下谿는 '하늘 법도[天]는 (자신을 겸손히 낮추어) 내려가는 시내'가 된다. 낮은 곳을 찾아 흘러가는 시내야말로 하늘 법도를 잘 드러내고 있다는 것이다.

상常은 '일찍 상'이니 상嘗과 같다. '일찍이'라는 뜻이다. 시내[谿]는 높은 곳으로 흘러 오르는 법이 없다. 늘 낮은 곳을 찾아 흐르니 겸손히 행하는 하늘 법도[天]를 잘 배워 실천하고 있는 것이다. 이것이 바로 덕德이다.

不는 '클 비'로서 비조와 같다. 리離는 '떠날 리, 흩어질 리'다. 나라

---

67) 《論語》, 〈顔淵〉篇, 君子質而已矣 何以文爲 : 군자는 질박할 따름인데 무엇 때문에 (겉치레인) 문식을 하는가?

서 비리不離는 '크게 흩어졌다'는 말이다. 무엇이 흩어졌는가? 바로 시내와 같이 낮은 데로 흘러 겸손히 행하는 덕이다.

○ 復歸於嬰兒

늙으신 선생님께서 보기에 주나라는 이미 끝났다. 나를 낮추고 겸손히 행하는 덕이 크게 흩어졌기 때문이다. '체'하지 말라, 자신을 드러내어 나서지 말고 오히려 자신을 숨겨야 한 몸을 지킬 수 있다는 말도 먹히지 않는다. 다른 맘을 품고 있는 것이 아니냐는 오해, 질서를 어지럽히려는 것이 아니냐는 의심, 뭐가 잘났기에 그 따위 소리를 하느냐는 따돌림도 받았을 것이다. 죽이려는 음모도 있었을 것이니 목숨, 곧 본성을 지키려면 달아나는 길밖에는 없었을 것이다.

그래서 떠난 머나먼 길, 임금도 없고 계급도 없으며, 있다고 해도 그 누구도 거리껴 하지 않는 세상을 찾아가는 길. 하지만 마지막 관문에서 정체가 드러나 억류되고 만다. 관령 윤희는 늙으신 선생님을 억류한 사실을 중앙에 보고했을 것이다. 스스로 달아날 수 있도록 문에 빗장도 걸지 말고 나를 묶은 줄도 느슨하게 해 놓으라고는 했지만, 머지않아 그를 압송하라는 명령이 내려올 터이다. 늙으신 선생님을 놓아준 윤희는 무어라고 보고해야 할까? 참으로 난감한 일일 것이다. 그래서 늙으신 선생님은 이렇게 말하라고 윤희에게 일러주고 있는 것이다.

복復은 '복명할 복'이다. 분부 받은 일을 어떻게 처리했는지 그 결과를 위에 알리는 것을 복명復命이라고 한다. '사뢸 복'으로 보아도 될 것이다. 따라서 이 글귀는 "귀어영아歸於嬰兒했다고 복명하라(사뢰라)"이다. 잡아두기는 했으나 빗장과 오라를 풀고 달아나 어린아이들〔嬰兒〕에게 돌아갔다고 보고하라는 말이다.

그런데 왜 '어린아이〔嬰兒〕'에게 돌아갔다'고 하라는 것일까? 짐작이지만 늙으신 선생님이 혼자서 길을 떠나지는 않은 것 같다. 피붙이들을 모두 데리고 관문을 넘어가려 했을 수도 있고, 가르침을 따르는 무리를 이끌고 갔을 수도 있다. 무리 속에는 어른들 등에 업히거나 이끌려 온 아이들도 있었을 것이다. 그렇다면 어린아이들에게 돌아갔다는 말은 곧 함께 온 무리와 함께 탈출하여 관문을 넘어갔다는 말이 될 것이다.

여기서 사족蛇足 하나. 늙으신 선생님을 가두고 묶어 놓았는데 어느 날 오라와 빗장을 감쪽같이 풀고 달아났다는 보고가 올라갔고 그 소문이 퍼져 나갔다. 마침내 늙으신 선생님은 신비한 도술道術을 부릴 줄 알며 그가 남긴 글도 도술 비급祕笈일 것이라는 오해가 생긴 건 아닐까?

○ 知其白 守其黑 爲天下

'흑백黑白을 가린다'는 말이 있다. 바둑에서 검은 돌을 쥔 사람이 먼저 두게 되어 있으므로 흑백을 가린다는 말은 순서를 정한다는 뜻이다.[68] 이것이 뜻이 변하여 참과 거짓, 옳고 그름을 가린다는 말로 쓰이게 된 것이다.

백白은 '밝음, 참, 옳음', 흑黑은 '어두움, 거짓, 허물'이라는 뜻이다. 지知와 기其는 앞서 나온 바와 같다. 따라서 지기백知其白은 '(나를) 알림이 어찌 옳겠는가'하는 말이다. 수守는 흔히 알고 있듯 '지킬 수'인데 여기에서는 본성을 지킨다는 뜻이다. 잘난 척 나서서 공을 세우고 벼슬과 명예를 얻는다 할지라도 나라가 무너진다면 죽을 수도 있는 시대였다. 그러니 (본성을) 지키(려고 자신을 숨기)는 일이 어찌 그릇된 일이겠는가[守其黑].

위천하爲天下는 앞서 나온 바와 같이 '하늘 법도를 배워 겸손하라'는 말이다.

---

68) '雌雄을 겨루다'는 말도 본디 순서를 정한다는 말이었다.

○ 式爲 天下式 常德不忒

식式은 '삼갈 식'이다. 꺼리는 마음으로 지나치지 않도록 함을 말한다. 위爲는 의문을 나타내는 어기조사다. 따라서 식위式爲는 '삼감인가?'라는 뜻이다. 내가 이런 지식과 능력이 있다며 떠벌이며 나서지 않고 자신을 드러내기를 삼가며 조용히 뒤로 물러나 숨기는 것이 하늘의 법도냐고 자문自問하는 말이다.

그래서 생각해 보니 하늘 법도는 자신을 낮추고 드러내기를 삼감〔天下式〕이다.

그런데 '자신을 알리고 드러내기를 삼가는 덕'은 크게 변하고야 말았으니〔常德不忒〕, 몸을 숨겨 제 본성을 지키려 하는 이들은 모자라고 어리숙한 사람이라고 비웃음을 받는 세상이 된 것이다. 不는 앞에 나온 것과 마찬가지로 '클 비'이고 특忒은 '변할 특'이다.

○ 復歸於無極

다들 이 글귀를 '무극無極으로 돌아가라'고 옮긴다. 그리고는 무극無極과 태극太極, 또는 허虛에 대한 온갖 해설을 장황하게 늘어놓는다. 여느 사람들은 무슨 소리인지 알아듣기조차 어렵다.

짐작컨대 무극無極이란 '존재'라는 개념조차 없는 텅 빈 세계다. 우주만물이 태어나기 전이었다고 생각되는 시원始原이다. 그렇다면 이 말은 존재를 소멸시켜 무無가 극진한 상태로 돌아가라는 말이 될 것이다. 될 법도 않은 소리다. 세상 모든 생명체들은 제 목숨을 지키려하는 것이 본성本性인데, 스스로 제 존재를 소멸시키다니 이게 말이 되겠는가? 이렇게 늙으신 선생님께서 품은 뜻을 제멋대로 비틀어 놓고는 알아들을 수 없는 말을 갖다 붙인다. 듣는 사람들은 무언가 크게 깨달은 척 그저 감탄사만 잇달아 내뱉고 있다. 그게 바로 늙으신 선생님께서 경계하신 위爲, 곧 '체'하는 일이다.

극極은 '임금 자리 극'이니 무극無極은 '임금이 없다'이다. 복復은 '돌아갈 복'이 아니라 '사뢸 복'이다. 따라서 이 글귀는 "임금이 없는 곳으로 돌아갔다고 사뢰라"는 뜻이다. 천하를 차지하려는 제후들은 저마다 왕을 칭하며 피비린내 나는 전쟁을 벌이고 백성을 착취하여 전쟁 비용을 충당하고 백성들을 전쟁터로 끌어내어 군사로 쓴다. 죽어나가는 것은 백성들이다. 그래서 노자는 생각한다. 이런 임금이라면 없는 게 낫지 않겠는가. 임금이란 자리(지위, 존재)가 없어야 억압도 착취도 당하지 않고 본성을 지키며 살아갈 수 있지 않겠는가. 노자는 임금이 없는 세상을 꿈꾸었던 것이다. 지배계급이 볼 때는 매우 위험한 혁명가다.

○ 知其榮 守其辱 爲天下 谷爲

지知는 '알릴 지, 알림 지'이며 기其는 '어찌, 어떻게'라는 뜻을 지닌 의문대사다. 영榮은 '영화 영'이다. 욕辱은 '욕 욕'으로 '치욕, 수치'를 말한다. 따라서 지기영知其榮 수기욕守其辱은 '(나를) 알림이 어찌 영화일 수 있으며, (나를 숨겨 본성을) 지킴이 어찌 치욕이겠는가'라는 뜻이다.

위천하爲天下는 앞서 나온 바와 같이 '하늘 법도를 배워 (자신을) 낮추라'는 말이다. 곡위谷爲의 위爲는 의문을 나타내는 어기조사이니 이는 '골짜기인가?'라는 물음이다. 하늘 법도를 따라 겸손히 자신을 낮추는 것 가운데 하나가 골짜기가 아니냐는 것이다.

○ 天下谷 常德 乃足 復歸於樸

하늘 법도는 내려가는 골짜기다〔天下谷〕. 골짜기는 시내가 흐르는 물길이니 물이 낮은 데로 흐르려면 마땅히 낮은 곳을 향해 패어 있어야 한다. 상常은 '일찍 상', 덕德은 '덕 덕'이다. 그러므로 상덕常德은 '일찍이 (자신을 낮추는) 덕은'이라는 말이다.

여기까지 말한 노자는 다음 말을 하려다가 아까 했던 말이 지나쳤다고 생각한다. 지나칠 뿐만 아니라 위험하기까지 한 말이었던 것이다. 乃는 '접때 내'다. '이전에'라는 뜻이다. 足는 '지나칠 주'다. 따라서 내 주乃足는 '아까는 지나쳤다'는 말이다. 아까 했던 말이란, 곧 임금이 없는 곳으로 돌아갔다고 아뢰라[復歸於無極]고 했던 것이다. 천하를 지배하는 최고 권력자인 임금, 천자天子라고도 부르는 임금의 존재를 부정하다니 그야말로 큰일 날 소리였던 것이다. 비록 윤희가 자신을 사모하여 편의를 봐주고는 있지만, 그 또한 주나라의 신하가 아닌가. 그래서 늙으신 선생님은 뱉은 말을 허겁지겁 주워 담고 있는 것이다. 늙으신 선생님 또한 여느 사람과 다를 바 없었던 것이다. 어떻게 하든 목숨을 건져 본성을 지키려는, 참으로 인간다운 모습이다.

그래서 늙으신 선생님은 '통나무로 돌아갔다고 아뢰라[復歸於樸]'고 바꾸어 말한다. 나는 이미 베여 쓰러진 통나무 같이 되었으니 내 뜻대로, 내가 힘써 할 수 있는 일은 아무 것도 없다는 뜻이다. 아까 했던 임금 자리 어쩌고 한 말은 잊어버리라는 말이다. 그리 보고했다가 자칫하면 윤희마저 화를 입을지도 모르는 일이 아니겠는가.

○ 樸散則爲器 聖人 用之則爲官長

박樸은 켜거나 다듬지 않은 통나무다. 산散은 '내칠 산'이다. 통나무는 내쳐 버려두면 겨우 그릇이나 만드는 데 쓰인다[樸 散則爲器]. 용用은 '쓸 용'인데, 인물을 끌어 쓰는 것, 곧 임용任用한다는 뜻이다. 지之는 통나무[樸]가 아니라 성인을 가리킨다. 위爲는 '삼을 위'다. 따라서 이 글귀는 성인이라 할지라도 내쳐 버린다면 그 또한 통나무와 다를 바 없고 그를 들어 쓴다고 해 봐야 관청 우두머리[官長]를 삼는 데에 지나지 않게 된다는 것이다.

이 대목은 늙으신 선생님께서 제 처지를 탄식하는 장면으로 보인다. 늙으신 선생님은 주나라 왕실 도서관 책임자였다고 한다. 벼슬 품계는 알 수 없으나 그리 높은 벼슬은 아니었을 것이다. 그 당시 수많은 선비들이 그랬던 것처럼 철학과 포부를 펼치겠노라고 벼슬자리에 나아갔지만, 아무도 그의 생각에 동의하지 않는다. 오히려 그를 비웃고 모함하며 죽이려고까지 한다. 높은 학식과 경륜을 지녔지만 기껏 도서관 우두머리로 서책이나 정리하면서 얼마 안 되는 녹봉에 목을 매고 살다가 이렇게 쫓기는 몸이 되었다. 참으로 허망하다고 생각했을 것이다. 늙으신 선생님도 사람인데 어찌 울분이 없었겠는가. 내쳐버린 통나무처럼 쓸모없게 되어 욕을 보고 있노라고 탄식한다. 참으로 가슴이 아리다.

◯ 故大制不割

대大는 '지날 대'다. 한도를 넘는다는 뜻이니 지나치다는 말이다. 제制는 '분부 제'다. 따라서 대제大制는 '지나친 분부(명령)'라는 말이다. 여기에서도 不는 '아닐 불'이 아니라 '클 비'다. 할割은 '가를 할'이 아니라 '재앙 할'이다. 따라서 비할不割은 '큰 재앙'이 되고 이 글귀는 "그러므로 지나친 분부는 큰 재앙이다"라는 뜻이다. 본성을 지키려고 모든 걸 다 버리고 머나먼 곳으로 떠나는 자신을 잡아들일 필요가 있겠는가, 쓸모없이 버려진 나를 잡아들이라는 분부는 지나친 것이 아니냐고 푸념하고 있는 것이다.

제29장 사치와 교만을 버릴지니라

장차 천하를 이어받고자 한다면 이를 배우라.

내가 보기에 장차 그것은 얻을 수 없으리라.

이미 천하는 신기神器로도 다스릴 수 없게 되었으니

다스리는 것 같아도 권위가 무너짐이 이를 것이요
권위를 두려워하는 것 같아도 허물이 이르리라.

본디 재물이란 어떤 이는 베풀고 어떤 이는 좇으며,

어떤 이는 두려워하고 어떤 이는 찬양하며, 어떤
이는 힘쓰고 어떤 이는 괴로워하며,

어떤 이는 재물에 꺾이고 어떤 이는 본성이 무너
지느니라. 이 때문에 성인이 떠나가나니

심하구나. 사치를 제거하고 교만함도 제거하라.

장욕취천하이위지
將欲取天下而爲之

오견기부득
吾見其不得

이천하신기불가위야
已天下神器不可爲也

위자패지 집자실지
爲者敗之 執者失之

고물 혹행혹수
故物 或行或隨

혹허혹취 혹강혹리
或歔或吹 或强或羸

혹좌혹휴 시이성인거
或挫或隳 是以聖人去

심 거사 거태
甚 去奢 去泰

○ 將欲取天下而爲之

장將은 '청컨대 장'이다. 욕欲은 '바랄 욕'이니 욕취천하欲取天下는 취천하取天下하기를 바란다는 말이다. 취取는 '취할 취'인데, 본디 전쟁에서 적을 죽이고 그 표로서 귀를 자르는 것을 일컫지만 여기에서는 '받다'는 뜻이다. 천하 패권을 이어받는 것, 곧 선왕으로부터 임금 자리를 물려받는 것을 말한다. 따라서 욕취천하欲取天下는 '천하를 받기 바라다', '천하를 이어받고자 하다'로 풀이된다.

이而는 조건에 따른 결과를 나타내는 접속사다. '~하면 곧'이란 뜻이니 즉則과 같다. 위爲는 '배울 위'다. 따라서 이 글귀는 "청컨대 천하를 물려받고자 한다면 이[之]를 배우라"가 된다. 지之는 천하가 순리에 따라 움직인다는 사실이다. 천하 패권을 쥐고자 한다면 순리를 거슬러서는 안 된다는 것을 먼저 배우라는 말이다.

○ 吾見其不得

오吾는 '나 오' 견見은 '볼 견'이니 오견吾見은 '내가 보기에'라는 뜻이다. 기其는 '장차'라는 뜻을 지닌 부사다. 따라서 이 글귀는 "내가 보기에 장차 얻을 수 없을 것"이라는 말이다. 천하 패권은 이제 물려받는 것이 아니라 쟁취하는 것이 되었으니, 물려받고자 해도 그럴 수는 없을 것이다.

○ 已天下神器不可爲也

이已는 종결사가 아니라 '이미, 벌써'라는 부사다. 위爲는 '다스릴 위'다. 따라서 이 글귀는 "이미 천하는 신기神器가 다스릴 수 없게 되었다"는 말이다. 신기神器는 새 왕이 즉위하면서 물려받는 기물器物이다. 따라서 신기神器를 지녔다는 것은 왕권 계승의 정통성을 인정받는다는 뜻이다.

그런데 그 신기神器로도 다스릴 수 없게 되었다는 말은 왕권이 무너졌다는 것이다. 왕권이 땅에 떨어졌으니 힘 있는 제후들은 천하 패권을 잡고자 스스로 왕을 칭하며 사방에서 인재를 구한다. 군비를 늘리고 전쟁을 마다하지 않는다. 선비들은 제가끔 제 학설을 내세워 제후들 눈에 들려 하고, 발탁되면 벼슬과 명예가 뒤따른다. 죽어나는 것은 백성들이다. 세금을 내야하고 군사가 되어 전장에 나가야 하며, 늙은이와 아낙과 아이들은 전란 속에서 고통을 겪는다. 왕권을 상징하는 신기神器를 지녔다 해도 주나라 왕은 이미 천하를 다스리는 이로서 권위를 잃어버린 것이다.

○ 爲者敗之

여기에서 자者는 추측이나 불확실성을 나타내는 어기조사다. 흔히 似와 함께 쓰는데 '~같다'는 어기語氣를 나타낸다.[69] 따라서 위자爲者는 '다스리는 것 같다'가 된다. 신기神器를 물려받았으니 권위를 세워 천하를 다스리는 것처럼 보인다는 말이다. 패敗는 '지다, 부패하다'는 뜻으로 쓰지만 여기에서는 '무너질 패, 부서질 패'다. 지之는 인칭대사가 아니라 동사 '이를 지'다. 따라서 위자패지爲者敗之는 "(신기神器를 앞세워) 다스리는 것 같지만 (그 권위에) 무너짐이 이르렀다"는 뜻이다. 신기神器를 물려받아 정통성은 있는지 몰라도 그 권위는 이미 무너지기 시작했다는 말이다.

○ 執者失之

집執은 '두려워할 집'이다. 집慹과 같으니 집자執者는 '두려워하는 것 같다'는 뜻이다. 신기神器를 앞세운 권위를 두려워하는 듯 보인다는 말이다. 실失은 '허물 실'인데 잘못 저지른 실수를 가리킨다. 잘못 저지른

---

69)《論語》〈鄕黨〉篇, 其言似不足者 : 그 말은 마치 부족하신 것 같았다.

실수이니 남들이 비웃을만한 거리가 된다. 다른 말로는 '흉'이라고 한다. 따라서 집자실지執者失之는 "(권위를) 두려워하는 것 같으나 허물이 이르다"는 뜻이니, 겉으로는 왕을 두려워하는 것 같아도 뒤돌아서는 흉보고 비웃는다는 말이다. 이 또한 왕권이 땅에 떨어졌음을 나타낸다.

○ 故物 或行或隨 或噓或吹 或强或羸 或挫或隳

물物은 '재물 물'이다. 그런데 왕권이 땅에 떨어졌다고 하다가 왜 갑자기 재물 이야기를 들고 나오는 것일까?

왕권이 땅에 떨어지고 왕과 벼슬아치들이 비웃음을 사는 처지가 되었다. 그렇다면 통치 질서를 바로잡고 인재를 등용하며 백성을 구휼하는 데 힘써야 할 것이다. 그런데도 주나라 왕실과 벼슬아치들은 현실을 파악하지 못하여 사치를 일삼고 거대하고 화려한 행사를 열어 먹고 마시고 놀기에 바쁘다. 허례허식에 백성들이 바치는 세금과 공물을 물 쓰듯 쓰니 백성들이 느끼는 박탈감은 또 얼마나 클 것인가. 왕권을 지켜야 할 조정과 왕실이 왕권 추락을 부채질하고 있었던 것이다. 비웃음을 받아도 싸다.

글귀	한자 뜻	풀이
或行	行 : 행할 행(베풀다)	어떤 이는 (재물을) 베푼다.
或隨	隨 : 따를 수	어떤 이는 (재물을) 따른다.
或噓	噓 : 두려워할 허	어떤 이는 (재물을) 두려워한다.
或吹	吹 : 불 취(칭찬하다)	어떤 이는 (재물을) 칭찬한다.(드높인다. 찬양한다)
或强	强 : 힘쓸 강	어떤 이는 (재물을 모으느라) 힘쓴다.
或羸	羸 : 고달플 리	어떤 이는 (재물을 버느라) 괴로워한다.
或挫	挫 : 꺾일 좌	어떤 이는 (재물 때문에 기세가) 꺾인다.
或隳	隳 : 무너질 휴	어떤 이는 (재물 때문에) 무너진다.

고故는 '본디 고'다. 물物은 '재물 물'이다. 따라서 고물故物은 '본디 재

물이란'이 된다. 혹或은 '혹이 혹'이다. '어떤 사람이'라는 뜻이다. 같은 얼
개로 된 글귀가 되풀이되니 이를 표로 그려 보면 위와 같다.

재물을 두고 보이는 태도나 형편은 사람마다 다르다. 재물을 베풀기
좋아하는 이가 있는가 하면 재물이 따르는 일이라면 양심과 신념마저
버리는 사람도 있다. 재물을 꺼리는 사람이 있는가 하면 재물을 찬양
하는 사람도 있다. 누구는 재물을 불리는 데 힘을 쓰지만 이는 가진
사람의 이야기다. 처음부터 가진 것이 없는 이들은 하루 벌어 하루를
살아야 한다. 그런가 하면 재물이 없어서 주눅 들거나 좌절하는 이도
있고 재물 때문에 본성을 해치는 이들도 있다.

○ 是以聖人去

시이성인거是以聖人去는 "이 때문에 성인이 떠나간다"는 말이다. 여기
에서 말하는 성인은 분명 늙으신 선생님을 가리킬 것이다. 물질을 우
러르는 세상이 되어 없는 이들은 본성을 해치면서까지 먹고 살기 위해
발버둥 친다. 이 얼마나 참혹한가. 더는 어찌할 수가 없게 되니 성인이
떠나간다는 것이다. 늙으신 선생님께서 달아나려는 까닭이다.

○ 甚 去奢 去泰

심甚은 '심하다'는 뜻이다. 나라는 날로 기울고 백성들은 한끼 밥을
얻으려 하다가 본성을 해치기까지 하는데, 왕실과 조정은 사치를 좋아
하고 벼슬아치들은 교만하니 이보다 심한 것이 어디에 있겠는가. 그래
서 늙으신 선생님은 사치를 버리고[去奢] 교만함도 버리라[去泰]고 말
하고 있는 것이다. 태泰는 '교만할 태'다.

제30장 순리順理가 아니라면 서둘러 그칠지니라

도道를 따라 백성을 다스리는 임금이라면 무력을 써서 천자를 내려가라고 강요하지 마옵소서.

이도좌인주자 불이병강천하
以道佐人主者 不以兵强天下

어찌 (그런 일을) 일삼으시오이까? 늘 돌이켜 보소서. 군대가 머무른 곳은 가시나무가 자라나고

기사 호환 사지소처 형극생언
其事 好還 師之所處 荊棘生焉

대군이 지나간 뒤에는 반드시 흉년이 드옵니다.

대군지후 필유흉년
大軍之後 必有凶年

옳게 여긴다면 해낼 뿐이지 감히 구하여 벌이기를 힘쓰지 마소서.

선자과이이 불감이취강
善者果而已 不敢以取强

해낼 뿐이지 (백성을) 불쌍히 여기지 마소서. 해낼 뿐이지 자랑하지 마소서.

과이물긍 과이물벌
果而勿矜 果而勿伐

해낼 뿐이지 교만해 하지 마소서. 해낼 뿐이지 덕으로 여기지 마소서.

과이물교 과이부덕
果而勿驕 果而不得

이미 해냈다면 더는 힘쓰지 마소서.

이과이물강
已果而勿强

물건이 웅장하면 곧 쇠퇴하게 되리니 이는 순리順理하지 않기 때문이옵니다.

물장즉로 시위부도
物壯則老 是謂不道

자연이법에 순하지 않는다면 서둘러 그치소서.

부도조이
不道早已

○ 以道佐人主者

이도좌인以道佐人은 주主를 꾸미는 관형어구다. 자者는 조건이나 가정을 나타내는 어기조사다. 따라서 이 글귀는 "이도좌인以道佐人하는 주主라면"이라는 뜻이다. 이以는 행동의 기준이나 근거[70]를 표시하는 전치사, 또는 '의거하다, 근거하다'는 뜻이므로 이도以道는 '도에 의지하여, 도에 따라'가 된다. 좌佐는 '도울 좌'인데 '다스리다'는 뜻을 지니고 있다. 주主는 '임금 주'다. 늙으신 선생님 당시에는 황제라는 말이 없었고 주나라 임금만이 왕王 칭호를 썼다. 《도덕경》에서는 주나라 임금을 가리켜 천天(임금 천)이라고 했다. 천자天子라는 뜻이다.

하지만 주나라가 쇠미해지고 이곳저곳에서 군웅들이 천하 패권을 차지하려고 일어나면서 너도나도 왕 칭호를 쓰기 시작했으니, 주나라 왕인 천자의 권위도 땅에 떨어지게 되었다. 그래서 주나라 임금을 천天(임금 천)이라 했고 천하 패권을 두고 다투던 여러 제후국 군주君主를 가리켜 주主라고 한 것이다. 그러므로 이 글귀는 "도에 따라 사람들을 다스리는 임금(제후)이라면"이라는 뜻이다.

○ 不以兵強天下

이以는 '쓸 이'이므로 이병以兵은 '병사(군사력, 무력)를 쓰다'는 말이다. 불강천하不強天下에 삽입구로 들어간 것이다. 불不은 금지사다. 강強은 '강요할 강'이다. 천하天下는 강強의 목적절인 명사절이다. '임금이 (임금자리에서) 내려가기'라는 말이다. 이때 천天은 제후국 임금이 아니라 주나라 임금, 곧 천자天子를 가리킨다. 따라서 이 글귀는 "병사(군사력, 무력)를 써서 천자가 물러나기를 강요하지 말라"고 옮긴다. 무력을 앞세워 주나라 임금[天子]은 자리에서 물러나라고 겁박하지 말

---

70) 《論語》〈學而〉篇, 使民以時 : 때에 맞게 백성을 부리다.

라는 것이다. 패권을 차지하고 신기神器를 물려받으려면 순리를 따라 백성들의 마음을 얻을 일이지 힘을 앞세워 억지로 할 것은 아니다.

○ 其事 好還

기사其事를 '그 일', 곧 군사력을 앞세우는 일이라고 보고 기사호환其事好還이라고 붙여 읽어 '그 (군사력을 앞세우는) 일은 돌아오기를 좋아한다'고 옮기지만 그렇지 않다.

기其는 '어찌'라는 뜻이다. 사事는 '일삼을 사'다. 따라서 기사其事는 '어찌 일삼겠는가?'는 뜻이다. 무력을 앞세워 전쟁이나 벌이는 일을 일삼아 해서는 안 된다는 말이다.

호환好還은 '돌아옴을 좋아한다'가 아니다. 호好는 '잘 호'다. '늘, 자주'라는 말이다. 환還은 '돌아볼 환'이다. 되돌려 생각하고 반성한다는 말이다. 따라서 호환好還은 '자주(늘) 되돌아보(고 반성하)라'는 뜻이다. 지난날 군사력을 앞세워 전쟁 벌이기를 일삼았는데 그 일들이 모두 어떻게 되었는지 돌아보라, 그리고 전쟁을 일으키는 일을 다시 생각해 보라는 충고다.

○ 師之所處 荊棘生焉

사師는 '스승'이 아니라 '군대[71]'라는 뜻이고, 지之는 주격으로 쓰인 것이니 사지소처師之所處는 '군대가 머무른 곳'이다. 군대가 머무른 곳에는 가시나무가 자라난다[荊棘生焉]. 땅이 황폐해진다는 말이다. 많은 군사를 동원하니 보급품과 전쟁 장비를 나르는 수레는 얼마나 될 것이며, 군인을 태우고 수레를 끄는 말과 소는 또 얼마나 많을 것인가. 장비를 운반할 때는 백성들을 부렸을 것이므로 전장에 끌려가 일을 하는 사람

---

71) 주나라 때 군부대 단위다. 려旅가 다섯인 부대이니 2,500명이다. 현대 군부대 편제 가운데도 사단師團이라는 것이 있다.

도 엄청나게 많았을 것이다. 이렇게 수많은 인마人馬가 적어도 몇 달을 머무르면서 밟고 다닌 땅이니 풀조차 나지 않는다. 영채를 세우고 땔감을 얻으려 나무를 베어 내니 숲도 온전하지 않다. 그래서 대군이 지나간 뒤에는 황폐한 땅에서나 자라는 가시나무가 나는 것이다.

○ 大軍之後 必有凶年

지之는 '갈 지'다. 따라서 대군지후大軍之後는 '대군이 지나간 뒤'이다. 유有는 '있을 유'인데 '생기다, 일어나다'는 뜻이다. 따라서 이 글귀는 "대군이 지나간 뒤에는 반드시 흉년이 든다"는 말이다. 대군이 지나갔다는 것은 행군 대열이 지나갔다는 말일 수도 있지만, 큰 전투가 벌어졌다는 것일 수도 있다. 밭과 숲도 불타버리고 수많은 사람들이 죽고 다쳤을 것이니 농사지을 사람도 없다. 마땅히 흉년이 들 것이다.

○ 善者果而已

선善은 '옳게 여길 선'이다. 자者는 조건이나 가정을 나타내는 어기조사다. 따라서 선자善者는 '옳게 여긴다면'이다. 과果는 '해낼 과'다. 이이而已는 한정하는 뜻으로 쓰는 종결사終結詞다. 따라서 과이이果而已는 '해낼 뿐이다, ~할 뿐이다'로 옮기면 된다. 그렇다면 이 글귀는 "옳게 여긴다면 해낼 뿐이다"라는 뜻이 된다. 무엇을 옳게 여기는 것일까? 임금, 또는 제후로서 해야 할 일이다. 천자를 무력으로 겁박하는 일이 아니라, 백성을 다스리는 임금으로서 해야 할 일을 옳게 여긴다면 그 일을 해낼 뿐이라는 것이다. 그것은 하늘 이법, 곧 도로써 백성을 다스리는 일이다.

○ 不敢以取强

불감不敢은 '감히 ～하지 않다'로 옮기는 일이 많지만, 여기에서 불不은 금지사로 보아야 하므로 '감히 ～하지 말라'고 옮겨야 한다. 이때 이以는 취取가 강强(힘쓰다)의 목적어임을 알려 주는 전치사다. 따라서 이 글귀는 "감히 취取를 힘쓰지 말라"는 말이다.

취取는 흔히 '취할 취'로 새기지만 '취하다'는 이 말도 여러 가지 뜻72)을 지니고 있다. 어떤 뜻을 골라 써야 하는 것일까? 앞에서 해야 할 일을 옳게 여긴다면 해낼 뿐이라고 했다. 해야 할 일을 할 따름이지 일을 만들지 않는다는 것이니 취取는 마땅히 '(일을) 구하다'는 뜻이어야 한다. 따라서 이 글귀는 "감히 (일을) 구하(여 벌이)기를 힘쓰지 말라"고 옮길 수 있다. 없는 일까지 찾아내어 쓸데없이 일을 벌이면 그것이 바로 위爲다. 제 몸도 고달프고 백성도 고달프다.

○ 果而勿矜 果而勿伐 果而勿驕

이而는 '뿐 이'다. 이已와 같다. 물勿은 금지사다. '～하지 말라'는 뜻이다. 긍矜은 '불쌍히 여길 긍'이다. 제5장의 天地不仁에 나온 仁(불쌍히 여길 인)과 같다. 따라서 과이물긍果而勿矜은 '(임금으로서 해야 할 일을) 해낼 뿐 (백성을) 불쌍히 여기지 말라'는 말이다. 해야 할 일을 해낼 따름이지 백성을 불쌍히 여긴답시고 그들의 삶에 끼어들지 말라는 것이다.

벌伐은 '칠 벌'이 아니라 '자랑할 벌'이다. 임금으로서 해야 할 일을 해냈을 뿐인데 자랑할 것이 어디 있겠는가. 따라서 과이물벌果而勿伐은 '(임금으로서 해야 할 일을) 해낼 뿐이지 (제 공적이라고) 자랑하지 말라'는 말이다.

---

72) 빼앗다, 돕다, 손에 쥐다, 받다, 거두다, 구하다, 쓰다

해야 할 일을 해낸 것에 지나지 않지만 일을 이루게 되면 교만한 마음이 들기 마련이다. 이를 경계하는 말씀이 과이물교果而勿驕다. 임금으로서 할 일을 해낸 것이니 교만하게 굴지 말라는 뜻이다.

○ 果而不得

여기에서 늙으신 선생님은 잇달아 쓰던 금지사 물勿을 쓰지 않고 불不을 쓴다. 이는 득得이 흔히 쓰는 뜻과는 다른 뜻임을 말한다. 따라서 得은 '얻을 득'이 아니라 '덕으로 여길 덕'이라고 새겨야 한다. 따라서 이 글귀는 "(임금으로서 해야 할 일을) 해낼 뿐 덕으로 여기지 말라"는 뜻이다. 잘나서 한 것도 아니고 덕을 베푼 것도 아니니 앞서 말한 것처럼 자랑하지도 말고 교만하지도 말라는 것이다.

○ 己果而勿強

이르는 앞 글귀에 붙은 한정 종결사가 아니라 '이미'라는 부사다. 이而는 앞 글귀에서 쓴 것과는 달리 가정이나 조건을 표시하는 접속사다. 강強은 '힘쓸 강'이다. 그러므로 이 글귀는 "이미 임금으로서 해야 할 일을 해냈다면 힘쓰지 말라"는 뜻이다. 천하를 제패한 임금이라 해도 만족하지 못하는 것이 인지상정이기는 하다. 그러나 만족하지 못하고 더 훌륭하고 더 아름답고 더 위대한 일을 이루려고 힘쓴다면 그것이 바로 순리를 거스르는 일, 곧 위爲이기 때문이다.

○ 物壯則老 是謂不道

흔히 '물物이 성盛하면 곧 늙으니[物壯則老] 이를 일컬어 도가 아니라고 한다[是謂不道]'고 옮기지만 앞 글귀와 전혀 이어지지 않는다. 더구나 물物이 성盛하다가 늙는 것은 하늘 이법이다. 그런데 이를 가리켜

도道가 아니라고 한다면 말이 되겠는가. 물物은 '물건 물'이다. 장壯은 '장할 장'이다. 웅장하다는 뜻이다. 따라서 물장즉로物壯則老는 '물物이 웅장하면 곧 늙으리라(쇠퇴하리라)'는 말이다.

임금으로서 마땅히 해야 할 일을 했을 뿐인데 제 업적을 드러내어 뻐기고 우쭐댄다. 웅장하고 화려한 궁궐이나 기념물을 짓는가 하면 나날이 쓰는 생활 도구마저도 호화롭고 사치스럽다. 이렇게 물건을 웅장하고 화려하게 만들기를 좋아하게 되면 곧 쇠퇴가 다가온다는 것이다.

시是는 '이 시', 위謂는 '까닭 위'이니 시위是謂는 '이는 ~하는 까닭이다', 또는 '이 까닭은 ~하기 때문이다'가 된다. 따라서 시위부도是謂不道는 '이 까닭은 부도不道하기 때문이다'라고 옮겨야 한다. 부도不道는 '도道가 아니'라는 뜻이 아니다. 한문에서 명사나 대명사를 부정하는 것은 비非다. 동사나 형용사를 부정하는 것이 불不이므로 도道는 마땅히 동사이거나 형용사여야 하는 것이다. 도道는 '순할 도'다. '순하다'는 것은 '자연에 따르다'는 뜻이니 곧 순리順理하는 것이다. 그러므로 부도不道는 '자연을 거스르다, 하늘 이법理法에 어긋나다'는 뜻이다. 물物이 웅장하면 나라가 쇠퇴하게 되는데 그 까닭은 순리하지 않고 자연 이법을 거스르기 때문이다.

○ 不道早已

조早는 '일찍 조'다. '먼저, 서둘러, 급히'라는 뜻이다. 이已는 '그칠 이'다. 따라서 조이부른早已不는 '서둘러 그치라'이다. 무슨 말인가? 어떤 일이 자연을 거슬러 순리에 어긋난다면[不道] 그 일을 어서 그만두라[早已]는 것이다. 겉보기에 화려하고 웅장한 것을 좋아하고 우러르지만, 순리에 어긋나고 나라 살림을 좀먹는 일이다. 그만두어야 마땅하다.

제31장 전승戰勝을 기리는 것은 살인을 즐기는 바라

무릇 병장기를 좋아하는 이는 재앙을 중히 여기지 않느니라. (하고 말하자)

부가병자불상지기
夫佳兵者不祥之器

무리가 괴이쩍어 하며 그를 미워하고 헐뜯었느니라. 그러므로 길이 있다면 관직에 나가지 말지니라.

물혹오지 고유도자불처
物或惡之 故有道者不處

벼슬아치들이 (천자 앞에) 앉는 법도는 왼쪽을 귀히 여기고, 군사를 부리는 법도는 오른쪽을 귀히 여기느니라.

군자거칙귀좌 용병칙귀우
君子居則貴左 用兵則貴右

병장기라고 하는 것은 큰 재앙이니 이 기물은 벼슬아치들이 쓸 도구가 아니라.

병자비상 지기비군자지기
兵者不祥 之器非君子之器

(병장기를) 탐내지 않고 버려둔다면 씀씀이가 고요하리니 담박함이 조정을 위하는 것이니라.

부득이 이용지염 담위상
不得已而用之恬 淡爲上

이긴다 하여도 기리지 말라. 네가 그것을 기린다면 사람 죽이기를 좋아하는 것이니라.

승이불미 이미지자 시요살인
勝而不美 而美之者是樂殺人

무릇 사람 죽이기를 좋아한다면

부요살인자
夫樂殺人者

천하에서 뜻을 이룰 수 없으리라.

즉불가득지어천하의
則不可得志於天下矣

길한 일은 왼쪽을 높이며 흉한 일은 오른쪽을 높이느니라.

길사상좌 흉사상우
吉事尚左 凶事尚右

편장군은 왼쪽에 서고 상장군은 오른쪽에 서는데,

편장군거좌 상장군거우
偏將軍居左 上將軍居右

말하자면 상례로써 그것을 정하는 것이니라.

언이상례처지
言以喪禮處之

살인을 저지른 무리는 슬피 울 것이며

살인지중 이비애읍지
殺人之衆 以悲哀泣之

전쟁에 이겼다면 상례로써 종전예식終戰禮式을
정할지니라.

전승이상례처지
戰勝以喪禮處之

○ 夫佳兵者不祥之器

부夫는 발어사發語詞로서 '무릇'이라고 옮긴다. 가佳는 '좋아할 가', 병兵은 '병장기 병'이다. 자者는 앞 말의 수식을 받아 앞말 전체를 명사구로 만들어주는 특수대사다. '~하는 사람, ~하는 것, ~라는 것'이라는 뜻이다. 따라서 부가병자夫佳兵者는 '무릇 병장기를 좋아하는 것은'이라는 뜻이다.

불상지기不祥之器는 흔히 '상서롭지 않은 기물'이라고 옮기지만 그렇지 않다. 상祥은 '조짐 상, 재앙 상'이지 '상서롭다'는 뜻은 없기 때문이다. 따라서 불상지기不祥之器는 부정문에서 기器의 목적어인 상祥이 앞으로 나오면서 구조조사 지之가 붙은 것으로 보아야 한다.

기器는 '그릇으로 여길 기'다. 중히 생각한다는 말이다. 상祥은 '재앙 상'이다. 따라서 불상지기不祥之器는 '재앙을 중히 여기지 않는다'는 뜻이다. 그러므로 이 글귀는 "무릇 병장기를 좋아한다는 이는 (전쟁 뒤에 올) 재앙을 중히 여기지 않는다"고 옮겨야 한다. 병장기를 좋아한다는 말은 무력을 키우려 한다는 말이다. 군사력을 키워 천하를 제패하려 했던 제후국들이 그러했다.

그러나 이는 많은 돈이 들어가는 일이다. 백성을 착취하는 길 밖에는 다른 수가 없다. 게다가 전쟁까지 치른다면 그 참상과 뒤이어 벌어질 재앙은 말할 것도 없다. 전쟁이 일어나 대군이 지나간 뒤에는 반드시 흉년이 든다(大軍之後 必有凶年, 제30장). 문명이 아무리 발달해도 먹을거리를 짓는 일이 가장 큰일일진대 고대 농업사회에 흉년이 든다면 이보다 큰 재앙이 어디 있겠는가. 그런데도 전쟁 뒤에 벌어질 재앙은 생각지도 않고 날카롭고 훌륭한 병장기를 찬양하며 전쟁 벌이기를 좋아한다. 그 재앙은 힘없고 가진 것 없는 백성들이 겪게 될 터인데도 병장기를 마련하고 전쟁을 벌여 패권을 잡을 생각이나 하니 이보다 더 어리석은 일이 없다.

○ 物或惡之 故有道者不處

물物은 '무리 물'이다. 늙으신 선생님께서 하는 말을 듣고 있는 무리를 가리킨다. 혹或은 '괴이쩍어할 혹'이다. 혹惑과 같다. 따라서 물혹物或은 '무리가 괴이쩍어하다'는 말이다. 오惡는 '헐뜯을 오'다. 지之는 늙으신 선생님을 가리키는 인칭대사다. 따라서 오지惡之는 "병장기와 전쟁 벌이기를 좋아하는 것은 뒤에 올 재앙을 중히 여기지 않는 것"이라고 말했더니 여러 사람들이 그(노자)를 미워하고 헐뜯었다는 뜻이다. 아마도 늙으신 선생님께서 강의를 했을 것이고 임금을 비롯하여 여러 선비와 벼슬아치들이 모여 강의를 들었을 것이다. 노자의 이런 생각과 말이 무수한 공격을 당했을 것임은 불 보듯 뻔한 일이다.

고故는 '고로 고'이니 '그러므로'라는 뜻이다. 여기에서 도道는 '길, 방법'이라는 뜻이다. 자者는 가정이나 조건을 나타내는 어기조사다. 처處는 '머무를 처'인데 '관직에 있다'는 뜻이다. 따라서 고유도자불처故有道者不處는 '그러므로 길(방법)이 있다면 관직에 나가지 말라'는 말이다. 될 수 있으면 관직에 나가지 않는 것이 좋다는 뜻이겠다. 관직에 나가 제 생각을 드러내 펴려 했지만 온갖 비난을 받았고, 마침내 이렇게 목숨을 구하여 달아나야만 하는 신세가 되었다. 그 울분이 오죽했을까. 경험에서 우러난 가슴 절절한 충고다.

○ 君子居則貴左

흔히 '군자君子가 머무를 땐 왼쪽을 귀하게 여긴다'고 옮긴다. 그런데 여기 나오는 군자가 우리가 흔히 생각하듯 '심성이 어질고 덕행이 높은 사람'을 가리키는 것일까? 그렇다면 군자가 왼쪽을 귀히 여겨야 할 까닭은 무엇인가? 왼쪽이든 오른쪽이든 똑같이 대해야 군자가 아닐까?

여기에서 '군자'는 덕행이 뛰어난 이를 가리키는 말이 아니라 공경公卿73)이라 불리는 고위관료를 가리키는 말이다. 거居는 '앉을 거'다. 則

212

은 '곧 즉'이 아니라 '법 칙'이다. 법도, 제도, 규범이란 말이다. 귀貴는 '귀히 여길 귀'다. 존숭尊崇한다는 말이다. 따라서 군자거칙귀좌君子居則貴左는 "벼슬아치들이 앉는 법도는 왼쪽을 귀히 여긴다"는 뜻이다. 제후나 고위관료가 천자 앞에 줄지어 앉는데 임금이 바라볼 때 왼쪽에는 조정 신료, 곧 공경이라 불리는 벼슬아치들이 앉고 오른쪽에는 제후들이 앉는다는 법도74)가 있었는데 바로 이것을 가리킨다.

○ 用兵則貴右

"병사를 부리는 법도는 오른쪽을 귀히 여긴다"는 말이다. 조정 관료들이 임금 앞에 설 때는 왼쪽이 오른쪽 보다 높다. 그러나 군대에서는 다르다. 우장군右將軍이 좌장군左將軍보다 높다. 아마도 오른손으로 병기를 쓰는 이가 많아서 그리 된 것이 아닐까 한다.

○ 兵者不祥 之器非君子之器

이 글귀를 병자불상지기兵者不祥之器로 끊어 읽는다면 이는 앞에서 나온 말을 되풀이하는 것에 지나지 않는다. 이 글귀는 兵者不祥에서 끊어야 한다. 병자兵者는 '병장기라고 하는 것'이라는 뜻이며 不는 '클 비'다. 비丕와 같다. 상祥은 '재앙 상'이다. 따라서 병자비상兵者不祥은 '병

---

73) 주周의 관제官制에서 비롯된 말이다. 총리급인 태사太師, 태부太傅, 태보太保를 삼공三公, 부총리급인 소사少師, 소부少傅, 소보少保와 총재冢宰, 사도司徒, 종백宗伯, 사마司馬, 사구司寇, 사공司空을 구경九卿이라고 했다. 이들을 아울러 공경公卿이라고 불렀는데 대신大臣을 가리키는 말이 되었다. 대부大夫는 경卿과 사士 사이에 드는 귀족 신분을 가리킨다.

74) 주나라 제도 가운데 삼괴구극三槐九棘이라는 것이 있다. 외조外朝에 회화나무〔槐〕세 그루를 심어 삼공三公의 자리를 두고, 오른편과 왼편에 제가끔 가시나무〔棘〕 아홉 그루를 심어 왼쪽에 제후, 오른쪽에 공경대부公卿大夫가 앉는 제도다. 이는 왕과 삼공 쪽에서 보면 왼쪽에 앉는 중앙 관료를 높이 친 것이다. 좌승상左丞相이 우승상右丞相보다 서열이 높았던 것도 같은 까닭이다.

장기라고 하는 것은 큰 재앙이다'는 뜻이다.

앞의 지之는 '이 지'다. 따라서 지기之器는 '이 기물'이라는 말이다. 비군자지기非君子之器는 '군자지기君子之器가 아니다'는 말이다. 군자지기君子之器는 '벼슬아치의 기물'이라고 옮길 수도 있겠지만, 지之를 '쓸 지'로 보아 '벼슬아치가 쓸 기물'이라고 옮길 수도 있을 것이다. 무어라고 옮겨도 이 글귀가 지닌 뜻이 크게 달라지지는 않지만, 여기에서는 '벼슬아치가 쓸 기물'이라고 옮기려고 한다. 따라서 이 글귀는 '이 기물(병장기)은 벼슬아치가 쓸 기물이 아니다'라는 말이다.

○ 不得已而用之恬 淡爲上

여기 나오는 부득이不得已는 '마지못해, 할 수 없이'라는 뜻이 아니다. 앞에서 병장기는 벼슬아치가 쓸 기물이 아니라고 했으므로 그 다음에 이어지는 부득이不得已는 병장기를 쓰지 말라는 말이어야 마땅할 것이기 때문이다. 득得은 '탐낼 득'이다. 이已는 '버릴 이'다. 쓰지 않고 버려둔다는 말이다. 이而는 조건이나 가정을 나타내는 접속사다. 따라서 부득이不得已而는 '(병장기를) 탐내지 않고 버려둔다면'이라는 말이다.

용用은 '씀씀이 용'이다. 어떤 일을 하는 데 드는 비용을 말한다. 지之는 주격조사로 쓴 것이다. 염恬은 '편안할 염' 또는 '고요할 염'이다. 따라서 용지염用之恬은 '씀씀이가 고요하다'는 말이다. 날카롭고 훌륭한 병장기를 탐내지 않고 그냥 버려두니 그것을 마련하려고 재물을 쓸 일이 없다. 군비를 확장하려 하지 않으니 경비를 마련하려고 골머리를 썩거나 백성을 괴롭히지 않아도 된다. 국가 재정 지출(씀씀이)이 참으로 고요하고 편안할 것이다.

담淡은 '담박할 담'이다. 욕심이나 집착이 없다는 말이다. 위爲는 흔히 쓰는 바와 같이 '위할 위'다. 상上은 '조정朝廷'이란 뜻이다. 따라서 담위상淡爲上은 '담박함이 조정을 위하는 일이다'는 말이다. 강대한 무력을 갖추어 천하를 제패하려는 욕심이 없는 담박한 마음을 먹어야 국가 재정을 운용하는 데 어려움이 없을 것이니 이런 담박함이야말로 조정을 위하는 일이라는 것이다.

○ 勝而不美 而美之者是樂殺人

미美는 '아름다울 미'가 아니라 '기릴 미'다. 이而는 역접을 나타내는 접속사다. 따라서 승이불미勝而不美는 '이겼다 하더라도 (승리를) 기리지 말라'는 말이다.

이미지자而美之者에서 이而는 접속사가 아니라 '너 이'다. 지之는 '승리', 곧 전쟁에서 이기는 일을 가리킨다. 자者는 가정이나 조건을 나타내는 어기조사다. 따라서 이미지자而美之者는 '네가 그것(전승戰勝)을 기린다면'이라는 말이다.

시요살인是樂殺人은 '사람 죽이기를 좋아함이다'는 말이다. 이때 시是는 '~이다'로 옮길 수 있는 계사繫辭이고 요樂는 '좋아할 요'이다. 그러므로 이 글귀는 "(전쟁에서) 이겼다 하더라도 (승리를) 기리지 말라. 네가 그것[戰勝]을 기린다면 사람 죽이기를 좋아함이다"라는 말이 된다.

○ 夫樂殺人者 則不可得志於天下矣

부요살인자夫樂殺人者는 '무릇 사람 죽이기를 좋아한다면'이라는 뜻이다. 이를 '사람 죽이기를 좋아하는 이'라고 옮길 수도 있겠으나, 조건에 따른 결과를 나타내는 즉則과 어울리려면 자者를 가정이나 조건을 나타내는 어기조사로 보는 것이 옳을 것이다. 득得은 '만족할 득'인데, 바라던 일이 이루어진다, 또는 뜻대로 되어 만족해 한다는 뜻이다. 어於는 장소를 나타내는 전치사이며 의矣는 반드시 일어날 결과를 나타내는 어기조사다. 따라서 불가득지어천하不可得志[75]於天下矣는 '세상에서 뜻을 이눌 수 없을 것이다'는 말이다.

---

75) 得意와 같다.

○ 吉事尙左 凶事尙右

앞에 나온 군자거칙귀자君子居則貴左 용병칙귀우用兵則貴右와 같은 맥락이다. 결혼, 회갑과 같은 길한 일은 왼쪽을 높이 여기지만, 상례와 같은 흉한 일은 오른쪽을 높이 여긴다는 말이다.

우리나라의 전통 혼인 예식을 보기로 들어보자. 신랑과 신부가 서는 자리는 남좌여우男左女右 또는 남동여서男東女西에 따라야 한다. 이때 동서東西는 해 뜨는 곳을 기준으로 하는 것이 아니다. 주례 곧 상좌上座가 있는 곳에 병풍을 쳤고 그곳이 북쪽이다. 이를 기준으로 보면 주례의 왼쪽이 동쪽이고 오른쪽이 서쪽이다. 임금이 남쪽을 향하여 앉으니 임금의 왼쪽이 동쪽이 되는 것과 같다. 그러므로 길한 일에는 왼쪽, 곧 동쪽을 높인다는 말이 되어 좌의정이 우의정보다 높은 직위가 되는 것이고, 동쪽은 양陽이니 신랑이 주례의 왼편, 곧 동쪽에 서는 것이다. 남존여비男尊女卑와는 아무런 상관이 없다.

그러나 사람이 죽었을 때나 제사를 모실 때는 남녀 자리가 바뀐다. 돌아가신 부모님을 합장할 때는 서쪽에 아버지, 동쪽에 어머니를 모시게 되고 제사를 지낼 때도 서쪽에 남자, 동쪽에 여자 조상의 신위를 모신다. 여기에서도 동서東西는 해 뜨는 곳과는 상관없다. 병풍이 있는 곳이 북쪽이다. 상喪을 당했을 때도 상주喪主는 병풍 또는 고인의 영정을 기준으로 오른편에 서고 조객은 왼편에 서서 예를 올리는 것이 맞다.

○ 偏將軍居左 上將軍居右 言以喪禮處之

편장군偏將軍은 장수 가운데는 지위가 낮다. 상장군上將軍은 말 그대로 지위가 높다. 길한 일에는 왼쪽을 높이지만, 전쟁과 같이 죽고 죽이는 흉한 일은 상례와 같이 오른쪽을 높인다. 그래서 지위가 낮은 편장군이 왼쪽에〔偏將軍居左〕, 지위가 높은 상장군이 오른쪽에〔上將軍居右〕 서게 되는 것이다. 좌장군左將軍, 우장군右將軍이라 해도 마찬가지다.

언이상례처지言以喪禮處之는 '言 以喪禮 處之'로 띄어 읽고 처處를 '정할 처'로 읽으면 쉽게 풀이할 수 있다. '말하자면 상례로써(상례에 맞추어) 그것(之, 장수들의 자리)을 정한다'는 뜻이다. 전쟁은 적군과 아군을 가리지 않고 수많은 사람들을 죽게 하니, 전쟁은 상례의 제도와 법식을 따른다는 말이다.

○ 殺人之衆 以哀悲泣之

김용옥과 이경숙은 살인지중殺人之衆을 '사람의 무리[人之衆]를 죽이다[殺]'로 보아 '많은 사람을 죽이다'로 풀이했는데, 그럴듯해 보이지만 뒷 글귀 이비애읍지以悲哀泣之와 이어보면 좀 어색하다.

읍泣(울다)의 주어는 '살인을 저지른 무리'지 '많은 사람을 죽인 살인 행위[殺 人之衆]'가 아니다. 따라서 살인지중殺人之衆은 '살인의 무리, 살인을 저지른 무리'로 풀이해야 뒷 글귀와 자연스레 이어지게 된다.

이비애읍지以悲哀泣之는 '비애로써 그에 대해 울라'는 말이다. 수많은 사람이 죽어갔으니 그 엄청난 살육殺戮을 반성하고 사죄하며 죽은 사람들에게 조의를 표하라는 말이다. 읍泣의 목적어 지之는 '살인 행위'와 '죽임을 당한 사람들'을 가리킨다.

○ 戰勝以喪禮處之

앞의 言以喪禮處之와 같은 얼개다. 따라서 이 글귀도 戰勝 以喪禮 處之로 띄어 읽으면 된다. "전쟁에 이겼다면 상례로써 그(의식)를 정하라"는 말이다.

인류 역사에서 인의仁義를 빙자한 살인, 신앙을 빙자한 이른바 성전 聖戰이 얼마나 많았으며, 전쟁에 나가는 군인들 앞에서 신의 가호와 축복을 비는 성직자들은 또 얼마나 많은가. 어쩔 수 없는 전쟁이었다 할지라도, 그리고 그 전쟁에서 이겼다 하더라도 수많은 사람을 죽이고 얻은 것이다. 상례喪禮를 따라 슬퍼하고 눈물을 흘릴 일이지 승리를 기리고 기뻐할 일은 결코 아닌 것이다.

제32장 족함을 알고 그친다면 위태롭지 않으리라

다스림이란 것은 일찍이 없었는데 작호爵號
가 붙게 되었느니라.

도 상 무 명 복
道常無 名樸

비록 천자를 얕잡아 본다 할지라도 아랫사람
이 (그를 끌어내려) 신하로 삼을 수는 없느
니라.

수 소 천 하 막 능 신 야
雖小天 下莫能臣也

제후들이 왕 노릇하는구나. 만약 이를 지킬
수 있다면,

후 왕 약 능 수 지
侯王 若能守之

만백성이 장차 저절로 좋게 될 것이요,

만 물 장 자 빈
萬物將自賓

천지가 서로 합하여 감로를 내리고,

천 지 상 합 이 강 감 로
天地相合以降甘露

백성은 명령하지 않아도 스스로 따르게 될
것이니라.

민 막 지 령 이 자 연
民莫之令而自均

비로소 벼슬을 맡았으니 명예는 지녔느니라.
명예가 크니 지니기도 다하였도다.

시 제 유 명 명 혁 기 유 부
始制有名 名亦既有夫

크게 바라노니 족함을 알지니라. 족함을 알
면 본성을 해치지 아니할 수 있으니

혁 장 지 지 지 지 가 이 불 태
亦將知止 知止可以不殆

비유컨대 도道가 천하에 있음은, 마치 시냇물
과 골짜기가 강과 바다에 이름과 같으니라.

비 도 지 재 천 하 유 천 곡 지 어 강 해
譬道之在天下 猶川谷之於江海

○ 道常無 名樸

도道는 '다스릴 도'다. 명사로 전성된 것이므로 '다스림', 곧 '정치'라는 뜻이다. 상常은 '늘 상'이 아니라 '일찍 상'이다. '일찍이'라는 뜻이다. 따라서 이 글귀는 '다스림(정치)이라고 하는 것은 일찍이 없었다'는 말이다. 옛날에는 어떤 이가 다른 이들을 통제하고 억압하는 일은 없었다는 것이다.

명名은 '이름 명'인데 작호爵號라는 뜻으로 쓴 것이다. 공公이니 후侯니 하는 작위爵位를 가리키는 말이다. 樸은 '통나무 박'이 아니라 '달라붙을 복'이다.

따라서 명복名樸은 '작호가 붙었다'는 말이다. 본디 정치, 다스림, 통제라는 것은 없었고 계급이란 것도 없었는데, 지배층이 생겨나고 그들에게 작위라는 것이 따라붙게 되었다는 것이다.

○ 雖小天 下莫能臣也

소小는 '적게 여길 소'다. '경시한다'는 뜻이다. 천天은 '임금 천'이다. 전국시대에 들어오면서 제후들도 왕을 칭하기 시작했지만, 본디 왕王이라는 칭호는 주나라 임금만 쓰는 것이었고 그를 가리켜 천자天子라고 했다. 따라서 천天은 주나라 임금을 가리키는 말이다. 따라서 수소천雖小天은 '비록 천자를 얕본다 하더라도'라는 뜻이다. 주나라 임금의 권위가 땅에 떨어져 이제는 모든 제후들이 그를 얕보게 되었다는 것이다.

하下는 '아래 하'인데 아랫사람을 가리킨다. 막능신莫能臣은 '莫(부정사)+能(조동사)+臣(동사)'로 된 얼개다. '신臣할 수 없다'는 뜻이다. 신臣은 '신하로 삼을 신'이다. 따라서 막능신莫能臣은 '신하로 삼을 수 없다'는 말이고, 하막능신야下莫能臣也는 '아랫사람이 (그를) 신하로 삼을 수는 없다'는 뜻이다. 제아무리 강대한 제후국 임금이라 할지라도 천자天子라 불리는 주나라 임금을 끌어내려 신하로 삼아서야 되겠느냐는 것이다.

이를 두고 노자 또한 주나라 임금을 중심으로 한 지배질서를 인정한 것이라고 오해해서는 안 된다. 임금을 끌어내려 신하로 삼는다는 것은 무력을 앞세워 제가 임금 자리에 오른다는 것이다. 피를 흘리지 않으면 안 되는 일이다. 수많은 사람을 죽여 그 본성을 해치면서까지 임금 자리에 오르려는 것이 하늘 이법에 맞는 일이겠는가. 하늘 이법을 거스르면서까지 제가 임금이 되려고 전쟁을 벌이는 일은 차마 할 일이 못 된다는 뜻이지 지배질서를 인정한 것은 결코 아니다.

○ 侯王 若能守之

후侯는 노자 당시 여러 제후국의 임금들을 가리킨다. 왕王은 '왕 노릇할 왕'이다. 따라서 후왕侯王은 '제후들이 왕王 노릇한다'는 말이다. 노자 당시 곧 춘추전국시대에는 주나라 임금만 왕이라고 불렀고 분봉왕, 곧 제후들은 그 지위에 따라 공公이나 후侯라고 불렀는데 이것이 바로 작위爵位다. 그런데 주나라 임금, 곧 천자天子의 권위가 땅에 떨어지면서 힘센 제후들이 왕을 칭하기 시작했으니, 이를 가리켜 '제후들이 왕 노릇한다'고 한 것이다.

약若은 '만일 약'이다. 따라서 약능수지若能守之는 '만일 이를 지킬 수 있다면'이라는 뜻이다. 지之가 가리키는 것은 하막능신야下莫能臣也, 곧 '아랫사람이 (왕을 끌어내려) 신하로 삼을 수 없다'는 명제다.

○ 萬物將自賓

물物은 '무리 물'이므로 만물萬物은 '만백성'이라는 뜻이다. 장將은 '장차 장'이다. 자自는 '스스로, 저절로'라는 부사다. 따라서 빈賓은 동사나 형용사와 같은 술어여야 하므로, 빈賓은 '손님'이 아니라 '좇다'는 뜻이다. 그러므로 이 글귀는 "만백성이 장차 (왕 노릇하는 제후를) 스스로 따른다"로 옮길 수 있다.

○ 天地相合以降甘露

이以는 순접을 나타내는 접속사인데 잇달아 일어나는 두 일을 연결해 준다. 이而와 같다. 강降은 '내릴 강'인데 자동사로도 쓰고 타동사로도 쓴다. 따라서 이 글귀는 "천지天地가 상합相合하여 감로甘露[76]를 내린다"는 말이다. 이때 천天은 양陽, 지地는 음陰이므로 천지가 서로 합한다[相合]는 것은 음양이 조화를 이룬다는 뜻이다. 음양이 조화를 이루니 아무런 막힘이 없고, 세상만물이 자연 이법인 도道에 따라 생장하고 사멸하니 감로가 내릴 정도로 천하가 태평할 것이라는 말이다.

○ 民莫之令而自均

막지령莫之令은 부정어인 막莫 때문에 목적어인 지之가 술어인 령令 앞으로 도치된 것이다. 이而는 역접을 나타내는 접속사다. 따라서 막지령이莫之令而는 '그것을 명령하지 않지만(않아도)'이라는 뜻이다. 자自는 '스스로, 저절로'라는 부사다. 균均은 '고를 균'이 아니라 '따를 연'이다. 따라서 이 글귀는 "백성은 명령하지 않아도 스스로 따른다"는 뜻이 된다. 임금이 하늘 이법을 따르니[順理] 자연도 평온하고, 명령하지 않아도 백성들이 스스로 따른다. 주나라 임금을 끌어내리고 천자 자리에 오르려 하지 않는다면 군사력을 키울 일도 없고 무력으로 다른 제후국을 복종하게 만들 일도 없다. 전쟁이 사라지고 태평천하가 온다.

○ 始制有名

시始는 '비로소 시'다. '처음으로'라는 뜻이다. 제制는 '맡을 제'다. 어

---

76) 달콤한 이슬. 천하가 태평할 조짐이라고 한다.

떤 일을 맡아 주관한다는 뜻을 담고 있다. 유有는 '가질 유'다. 명名은 다들 알다시피 '이름 명'인데 여기에서는 '명예'라는 뜻이다. 따라서 이 글귀는 "처음으로 (관직을) 맡으니 명예는 지니게 되었다"는 뜻이다. 이 말은 윤희를 보고 하는 말일 것이다. 큰 꿈을 품은 한 사내가 맡은 관직이란 것이 변방 수비대장, 미관말직이다. 그 누가 분해하지 않겠는 가. 그러나 노자는 그를 향해 말한다. 관직을 얻었으니 명예는 지니게 되지 않았느냐고.

○ 名亦旣有夫

亦은 '또한 역'이 아니라 혁奕(크다)의 옛 글자다. 따라서 명혁名亦은 '명예가 크다'는 말이다. 기旣는 '이미 기'가 아니라 '다할 기', 유有는 '있을 유'가 아니라 '가질 유'다. 부夫는 감탄사로 쓴 것이다. 따라서 이 글귀는 "명예가 크니 지니기를 다했도다"로 볼 수 있다. 명예를 지녔으 면 되었지 더 바랄 것이 무엇이냐는 말이다.

○ 亦將知止 知止可以不殆

장將은 흔히 '장차 장'으로 새기지만, 여기에서는 '청컨대 장'이다. '청 컨대, 바라건대' 따위로 옮기면 된다. 지지知止는 열이면 열 모두 '알기 를 그치다', 또는 '그침을 알다'로 옮기고 있다. 그러나 윤희의 청에 따 라 경을 남기면서 '알기를 그치라'고 한다는 게 말이 될까? '알기를 그 치라'고 옮기려면 지지知止가 아니라 지지止知가 되어야 한다. '그침을 알다'고 옮긴다면 무엇을 그친다는 것인지 알 수 없게 된다.

다시 한 번 말하지만 노자는 결코 자신의 지식을 자랑하지 않았거니 와, 알 수 없는 말을 늘어놓지도 않았다. 춘추전국시대의 혼란 속에서 죽어나가는 백성들을 불쌍히 여기고, 무력과 권력을 지닌 사람들에게 제발 위爲하지 말라고 외쳤을 뿐이다. 《도덕경》에는 선문답 같은 알쏭

달쏳한 말은 결코 없다.

지止는 흔히 '그칠 지'로 새기지만 여기에서는 '족할 지'다. 그러므로 지지知止는 '족함을 알라, 족함을 알고 그치라'는 뜻이다. 넉넉함을 알았으면 그만하라는 말이다. 벼슬을 받았으니 명예는 지니게 되었는데〔始制有名〕 그 명예는 결코 작은 것이 아니다. 그렇다면 그쯤에서 족함을 알고 그치는 것이 옳다는 것이다. 더 바라고 더 지으려 하는 것은 위爲일 뿐이며 그리하다가는 본성을 해치기 쉽기 때문이다.

족함을 알면〔知止〕 위爲를 저지르지 않게 되니 위태롭지 않을 수 있는〔可以77)不殆〕 것이다.

○ 譬道之在天下 猶川谷之於江海

이 글귀는 '비譬 ㉮ + 유猶 + ㉯'로 되어 있다. '비유컨대 ㉮는 ㉯와 같다'고 옮긴다.

譬 + 道之在天下 + **猶** + 川谷之於江海

도지재천하道之在天下에서 지之는 주술구조를 명사절로 만들어 주는 구조조사다. 따라서 도지재천하道之在天下는 '도道가 천하에 있음'이란 말이다. 천곡지어강해川谷之於江海의 지之는 '가다'는 동사로 쓴 것이다. '시냇물과 골짜기가 강과 바다로 가다'는 뜻이다. 따라서 이 글귀는 "도道가 천하에 있음은 시냇물과 골짜기가 강과 바다로 가는 것과 같다"는 뜻이다.

도道가 천하에 있으면 세상만물은 순리대로 움직인다. 천지가 상합하여 감로가 내리는〔天地相合 以降甘露〕 태평성대가 오고, 백성들은 시키지 않아도 스스로 따르게 된다〔民莫之令而自均〕. 아무런 꾸밈도, 지어

---

77) '可以~'는 '足以~'와 마찬가지로 '~할 수 있다'로 풀이하면 된다.

냄도, 억지로 시킴도 없는 것이다. 마치 물 흐르듯 순리에 따르는 것이다. 천하에 도道가 있어서 순리대로 움직이는 모습을 시냇물이 낮은 곳으로 흘러 강과 바다로 흘러감에 비유하였다.

제33장 넉넉한데도 더 얻으려 하니 허물이 크도다

가르쳐 알게 하는 것은 (이데올로기를 주입하려는) 계략이니라. 스스로 알게 하는 것이 현명한 일이니라.

지 인 자 지 자 지 자 명
知人者智 自知者明

남을 이기는 이는 힘을 지녔겠지만, 스스로 그런 마음을 억누르는 이가 참으로 강하도다.

승 인 자 유 력 자 승 자 강
勝人者有力 自勝者强

족함을 안다면 그것으로 넉넉한데 힘써 행한다면 이는 사심을 지닌 것이 아닌가.

지 족 자 부 강 행 자 유 지 부
知足者富 强行者有志不

(그리하다가 저지르는) 허물이 그 얼마인고.

실 기 소 자
失其所者

(윤희가 묻기를 '그렇다면 선생님도 그쯤에서 그쳤다면 이렇게 달아나지 않아도 되지 않았겠나이까' 하자 노자가 대답하기를) (잠깐) 죽음을 막을 뿐이 아닌가. 달아난다면 내 명을 다할 수 있으리라.

구 사 이 부 망 자 수
久死而不 亡者壽

○ 知人者智

여기에서 지知는 '알 지'가 아니라 '알릴 지'다. '알게 하다'는 뜻이다. 인人은 '남 인'이다. 다른 사람을 가리킨다. 자者는 '~하는 것'이라는 뜻이다. 지智는 '슬기 지'인데 여기에서는 지혜라는 말이 아니라 '모략謀略, 계략計略'이다. 따라서 이 글귀는 "남을 (가르쳐) 알게 하는 것은 계략"이라는 말이다. 교육이라고 하는 것은 좋지 않은 목적이 있다는 말이다.

예나 이제나 교육이 뜻하는 바는 명확하다. 바로 국가에 필요한 인재나 노동력을 기르는 것이다. 국가에 필요한 관료를 기르고 기술자를 키우는 것이다. 더구나 그 당시는 철제 무기가 발달하고 제후국 사이에 패권 다툼이 더욱 심해지던 때가 아니었는가. 교육의 목적은 바로 거기에 봉사할 인력을 양성하는 것이었다. '국가는 군주, 군주가 곧 국가'인 때였으므로 이 무렵 교육은 군주에게 충성하라는 이데올로기를 주입한다. 유가儒家가 그 대표선수다.

그러나 이렇게 주입된 충성 이데올로기를 구현하려던 사람들은 어찌 되었는가? 끊임없는 전란 속에서 의리, 또는 충성을 맹세한 이들은 제한 몸조차 지키지 못하고 스러져갔다. 남을 밟고 높은 벼슬에 올라 권세를 누리는 것 같아도 그것은 한순간 누리는 영화였을 뿐이다. 본성을 지키지 못했던 것이다.

○ 自知者明

누군가를 가르쳐 알게 하는 일은 이데올로기를 주입하려는 술수요, 계략이다. 따라서 스스로 알게 해야[自知] 한다. 주입된 지식, 정보, 이데올로기에 지배당하지 아니하고 스스로 깨우치는 것이 순리順理일 것이다. 그렇게 하도록 돕는 이야말로 참된 교육자다. 자지자自知者를 '자기를 아는 자'라고 옮기곤 하는데 잘못된 것이다. '자기를 아는 자'는

'지기자知己者78)'라고 써야 한다. 목적어는 타동사 뒤에 와야 하기 때문이다. 자自는 '스스로'라는 뜻이다. 지知는 앞서 나온 것처럼 '알릴 지'다. 알게 한다는 뜻이다. 따라서 자지자自知者는 '스스로 알게 하는 것'이며, 이 글귀는 "스스로 알게 하는 것이 현명하다"는 뜻이다.

○ 勝人者有力 自勝者强

글귀 첫머리에 나온 승勝은 '이길 승'이다. 적과 싸워 쳐부순다는 뜻이다. 따라서 승인자유력勝人者有力은 '남을 억누르는 이는 힘을 지녔다'는 말이다. 이때 힘(力)은 아마도 군사력을 말할 것이다.

자승자강自勝者强에 나오는 승勝은 '억제하다, 억누르다'는 뜻이다. 따라서 '스스로 억누르는 이는 강하다'는 뜻이다. 무엇을 억누르는가? 바로 힘(군사력)으로 남을 이기려는 마음이다. 무력을 앞세워 남을 이기려 하는 마음을 억누르는 이가 참으로 강한 자라는 뜻이다.

그때는 여러 제후국들이 천하 패권을 다투고 있었다. 천하 패권을 잡는다는 것은 수많은 사람이 피를 흘려야 이룰 수 있는 더러운 욕망이다. 그 더러운 욕망을 스스로 억누를 수 있다면 그야말로 강한 것이 아니겠는가. 그래서 무력을 써서 임금은 내려가라고 강요하지 말라(不以兵强天下, 제30장)고 한 것이다. 힘으로 억누르고 군사력을 앞세워 치고 빼앗는 것이 바로 위爲이며 역리逆理이기 때문이다.

○ 知足者富 强行者有志不

지족자부知足者富는 '족함을 안다면 넉넉하다'는 뜻이다. 이때 자者는 가정이나 조건을 나타내는 어기조사다.

강强은 '강할 강'이 아니라 '힘쓸 강'이다. 따라서 강행자强行者는 '힘써 행한다면'이라는 뜻이다. 지志는 다들 알다시피 '뜻 지'다. 그러나

---

78) 지피지기知彼知己에서 보다시피 '자기를 알다'는 지기知己라고 써야 한다.

여기에도 여러 가지 뜻이 들어 있으니 글 흐름에 비추어 하나를 고를 수밖에 없다. 이때는 사의私意(=사심私心)이란 뜻이다. 제 욕심을 채우려는 마음을 가리킨다. 여기에서 不는 '아닐 불'이 아니라 '아닌가 부'로 쓴 것이다. 따라서 강행자유지부强行者有志不는 '힘써 행한다면 사심을 지닌 것이 아닌가'란 말이다.

그만하면 이제 넉넉한데 그걸 깨닫지 못하고 더 얻으려 힘쓰는 것은 바로 욕심을 채우려는 마음 때문이라는 말이다. 사사로운 욕심을 채우려 하면 반드시 순리順理를 거슬러 위爲하게 될 것이다.

○ 失其所者 久死而不 亡者壽

여기에서 끊어 읽기 문제가 생긴다. 왕필주에 따른 끊어 읽기가 정설定說로 굳어진 터이지만, 그렇게 읽어서는 아무리 해도 논리가 통하지 않는다. 왕필주에 따른 마지막 글귀 사이불망자수死而不亡者壽를 보기로 들어 보자.

죽어도 없어지지 않는 자래야 수하다 할 것이다.
– 김용옥, 《노자와 21 세기》(3), 239쪽

죽어도 망하지 않는 자가 진실로 오래 사는 자이니라.
– 이경숙, 《완역 이경숙 도덕경(도경)》, 378쪽

책에 따라 조금씩 다르기는 하지만 모두 이런 식인데 말이 되지 않기도 하거니와 노자가 말하고자 했던 바와도 거리가 멀다. 죽으면 없어지는 게 인생인데 어떻게 없어지지 않을 수 있겠는가? 죽음이 곧 망함인데 어떻게 망하지 않을 수 있겠는가? 사이불망死而不亡을 '죽어도 망하지(죽지) 않는다'고 옮겨 놓았다. 죽은 것 같지만 선계仙界로 가서 영원히 살 수 있다는 말인가? 죽어서도 사람들 기억 속에서 사라지지 않는다는 말인가? 그러나 노자가 신선술이나 불로장쟁술 따위를 말한 바는 없다. 천수天壽를 거슬러 죽지 않으려 하는 것도 노자가 배격한 위爲다. 노자는 제 한 몸과 목숨을 지켜 천수를 누리라고 했지 죽은 뒤에 따를 명예나 찬양을 바라지 않았다. 죽어서 받을 제삿밥이나 추모 행사가 죽은 이에게 무슨 보탬이 되겠는가. 다 산 사람을 위한 것이다.

이런 번역은 모두 노자를 신비한 사람으로 오해했거나 끊어 읽기를 잘못한 까닭이라고 생각할 수밖에 없다. 이 글귀를 다들 불실기소자구不失其所者久 사이불망자수死而不亡者壽라고 읽지만 아무리 해도 뜻이 통하지 않기 때문이다.

실失은 '잃을 실'이 아니라 '허물 실'이다. 기其는 '그 기'이고, 소所는 '얼마 소'다. 자者는 의문을 나타내는 어기조사다. 따라서 실기소자失其所者는 '허물이 그 얼마인가?'라는 말이다. 여기에서 허물은 '힘써 행하여〔强行〕' 저지르는 잘못이다. 족함을 알면 그것으로 넉넉한데〔知足者富〕 더 얻으려고 하늘 이법에 어긋나면서까지 억지로 일을 밀어붙이니 그것이 바로 위爲요, 그 허물〔失〕이 참으로 큰 것이다.

구久는 '막을 구'다. 이而는 '뿐 이'다. 부는 '아닌가 부'다. 따라서 구사이부久死而不는 '죽음을 (임시로) 막을 뿐이 아닌가'라는 말이다.

망亡은 '달아날 망'이다. 자者는 가정이나 조건을 나타내는 어기조사다. 수壽는 '수할 수'다. 명이 길다는 말이다. 따라서 망자수亡者壽는 '달아난다면 명이 길 것이다(천수天壽를 다 누릴 수 있을 것이다)'는 뜻이다.

뜬금없는 말이다. 앞에서 했던 말과는 전혀 이어지지 않는다. 왜 갑자기 이런 말이 나온 것일까? 글을 쓴 사람은 아마도 노자가 아니고 윤희였을 것이라고 했다. 이쯤에서 윤희가 노자에게 질문을 했고 윤희는 노자가 한 대답을 그대로 받아 적었을 것이다. 제가 한 질문은 기록하지 않고 노자가 한 대답만 썼으니 앞뒤 글귀가 서로 이어지지 않는 것이다.

그렇다면 윤희가 노자에게 던진 질문은 무엇이었을까? 잘라 말하기는 어렵지만 짐작해 볼 수는 있다. 앞에서 '족함을 안다면 그것으로 넉넉하다〔知足者富〕'고 했다. 그렇다면 늙으신 선생님도 그쯤에서 멈추고 더는 말하지 않았다면 이렇게 목숨을 구해 달아날 까닭도 없지 않았겠느냐는 물음이었을 것이다. 이에 대한 답이 바로 구사이부久死而不 망자수亡者壽였을 것이다. 그리한다는 것은 잠깐 죽음을 막아 늦출 뿐이지 언제가 되든지 죽음을 당할 것이 뻔하다. 그러니 달아나야만〔亡〕 목숨을 이어갈〔壽〕 수 있지 않겠는가.

제34장 널리 이름나더라도 작은 이름에 만족하라

거친 학문이 넘치는구나. 만약 도울 수 있다면 만백성을 도우라.

대 도 범 혜 기 가 좌 우 만 물
大道氾兮 其可左 右萬物

어미로 말하자면 자식을 낳아도 그 공을 떠벌여 말하지 않는 것과 같도다.

시 지 이 생 이 불 사 공
恃之而生而不辭功

큰 이름을 이루고, 또 만백성을 입히고 기른다 할지라도 압제자가 되지는 말라.

성 비 명 유 의 양 만 물 이 불 위 주
成不名有衣養萬物而不爲主

언제나 (무언가 얻기를) 바라지 말라. 올바른 이름은 작고 낮음에 있나니

상 무 욕 가 명 어 소
常無欲 可名於小

만백성이 섬겨 따른다 하더라도 압제자가 되지는 말라.

만 물 귀 언 이 불 위 주
萬物歸焉而不爲主

올바른 이름은 과장誇張을 다스리나니 어찌 끝내 좋지 않으리오.

가 명 위 대 이 기 종 부 자
可名爲大以其終不自

과장을 다스리는 고로 능히 그 허세를 평정할 수 있느니라.

위 대 고 능 성 기 대
爲大故能成其大

○ 大道氾兮

여기에 나오는 도道는 노자가 줄기차게 말하는 도, 곧 '체하지 말라〔無爲〕'는 것이 아니라 '정치, 무술, 학문, 예악, 기술' 등을 말한다. 여기에서는 학문學文을 가리킨다. 대大는 '거칠 대'로서 '성기다'는 뜻이다. 촘촘하지 않고 사이가 넓게 벌어져 있다는 말이니 정교하지 않다는 것이다. 따라서 대도大道는 '거친 학문', 곧 정교하지도 않고 깊이도 얕은 학문이라는 뜻이다. 범氾은 '넘칠 범'이다. 그렇다면 '거친 학문', 곧 대도大道는 춘추전국시대에 일어난 여러 학자와 학문 문파, 곧 제자백가諸子百家를 가리키는 말일 것이다. 학문분파들이 넘쳐날 정도로 많았지만 그것들은 모두 정교하지 못하고 거칠기만 하더라는 것이다. 혜兮는 감탄을 나타내는 어기조사다. 따라서 대도범혜大道氾兮는 "거친 학문이 넘치는구나"로 옮길 수 있다.

○ 其可左 右萬物

이곳을 기가좌우其可左右라고 끊어 읽어 '좌로도 가고 우로도 갈 수 있다[79]', '좌우에 모두 합당하다', '좌우로 흔들린다[80]'고 옮긴 것들이 많은데 이는 제 생각에 맞춰 말을 엮은 것에 지나지 않는다. 심하게 말한다면 없는 뜻[81]까지 지어내어 갖다 붙인 것이다. 이 글귀는 기가좌其可左 우만물右萬物이라고 끊어 읽어야 한다.

기其는 조건이나 가정을 나타내는 접속사다. '만약[82]'이라는 뜻이다. 가可는 '가히 가'인데 동사와 결합하여 '~할 수 있다, ~할 만하다'는 뜻이 된다. 좌左는 '도울 좌'로, 좌佐와 같다. 우만물右萬物에서 우右 또

---

79) 김용옥, 《노자와 21 세기》[3], 259쪽.
80) 이경숙, 《완역 이경숙 도덕경, 도경》, 382쪽.
81) 좌左가 '왼쪽으로 간다'는 뜻을 지니고 있기는 하지만, 우右가 '오른쪽으로 간다'는 뜻은 없으며 좌우左右에 '흔들린다'는 뜻이 있는 것도 아니다.
82) 《論語》〈爲政〉篇, 기혹계주자其或繼周者 : 만약 어떤 이가 주를 계승한다면

한 '도울 우'다. 우佑와 같다. 따라서 이 글귀는 "만약 도울 수 있다면 만물萬物을 도우라"는 뜻이다.

그런데 '만물을 도우라'는 것이 말이 되는지 생각해 보자. 사람이 어떻게 만물을 도울 수 있겠는가. 동식물이 자라는 걸 도울 수는 있다. 하지만 눈비가 내리고 바람이 부는 걸 도울 수는 없다. 만물이 존재한다는 사실을 도울 수도 없다. 따라서 여기에 나오는 만물은 '천하 만물'이 아니다. 만萬은 '일만 만'이다. '다수多數'라는 뜻이다. 물物은 '무리 물'인데 무리를 가리킨다. 그러므로 만물은 '여러 사람, 모든 사람'이니 바로 만백성萬百姓이라는 말이다.

○ 恃之而生而不辭功

지之는 3인칭 대사로 많이 쓴다. 그러다보니 시恃를 타동사로 보고는 시지恃之를 '그것을 믿다'로 옮기고 '그것[之]'이 가리키는 것은 바로 도道라고, 참으로 그럴듯하지만 잘못된 결론에 이르게 된 것이다.

여기에서 지之는 흔히 쓰는 인칭대사가 아니라 어떤 사실을 대비對比할 때 쓰는 접속사다.[83] '~로 말하자면, ~로 말할 것 같으면'이라고 옮긴다. 시恃는 '어미 시'다. 따라서 시지恃之는 '어미로 말하자면'이라는 뜻이다. 사람이든 짐승이든 '어미'를 보기로 들어 비교해 본다는 말이다.

앞에 나오는 이而는 '같을 이'로서 여如와 같다. 따라서 이 글귀는 "어미로 말하자면 생이불사공生而不辭功함과 같다"는 말이다. 여기에서 이而는 역접 관계를 나타내는 접속사다. 따라서 생이불사공生而不辭功은 '(자식을) 낳더라도 공적을 알리지(말하지) 않다'는 뜻이다.

그러므로 이 글귀는 "어미로 말하자면 (자식을) 낳았다고 해서 공이 있다고 떠벌이지 않는다"는 말이다. 만백성을 돕는 일은 마치 어미가 자식을 낳는 것처럼 마땅한 일이며 떠벌여 자랑할 일이 못 된다. 그런

---

83) 《論語》〈陽貨〉篇, 이지사부邇之事父 원지사군遠之事君 : 가까이로는 아비를 섬기며 멀리로는 임금을 섬기다.

데 제자백가諸子百家는 나라를 부강케 하고 인민을 편안케 하겠다고 하면서 제 생각을 알리고 다닌다. 만백성을 돕겠다는 것이다. 그렇다면 조용히 그 일을 실천하면 그만인데 나서서 자신을 드러내어 세상을 소란스럽게 한다. 만백성을 돕겠다고 하지만 따지고 보면 입신양명을 바라고 하는 일이다. 전쟁통에 죽고 다치며 삶터를 잃고 떠돌며 굶주리는 인민은 마음에도 없으니 이 또한 얼마나 큰 체함〔爲〕인가? 세상을 돕겠다고 나섰으면 권력이나 명예 따위에 집착할 것이 아니라, 병화兵禍와 도탄塗炭에 빠진 만백성을 돕는 것이 훨씬 값어치 있는 일이 아니겠는가.

○ 成不名 有衣養萬物而不爲主

모든 이들이 이 글귀를 '성불명'이라고 읽지만 그렇게 읽어서는 번역이 되지 않는다. 여기에서 不는 '클 비'다. 비丕와 같다. 따라서 성비명成不名은 '큰 이름을 이루다'는 말이니 명성을 얻는다는 뜻이 되겠다.

有는 '또 유, 또한 유'다. 의衣는 '입힐 의', 양養은 '기를 양'이다. 사람 사는 데에는 먹는 것이 근본이니 '기른다'는 말은 '먹여 기르다' 곧 먹을 것을 해결해 준다는 말일 것이다. 만물萬物은 앞서 나온 것처럼 '만백성'이란 뜻이다. 따라서 의양만물衣養萬物은 '만백성을 입히고 (먹여) 기르다'는 뜻이다.

이而는 역접을 나타내는 접속사다. 주主는 '임금 주'로 보아도 좋겠으나 '주장 주'로 보는 것이 맞을 것 같다. 이때는 '지배자'라는 뜻이다. 따라서 불위주不爲主는 '지배자가 되지는 말라'는 뜻이다. 백성 위에 군림하고 권위로 호령하는 사람이 되지 말라는 것이다. 그러므로 이 글귀는 "명성을 얻어 큰 이름을 이루고 또한 만백성을 입히고 (먹여) 기른다 할지라도 지배자(=압제자)가 되지는 말라"는 뜻이다.

○ 常無欲

상常은 '항상 상'이다. '언제나'라는 말이다. 무無는 '없을 무'가 아니라 '말 무'다. 무毋와 같은 금지사다. 욕欲은 '바랄 욕, 하고자 할 욕'이니 무욕無欲은 '바라지 말라, 하고자 하지 말라'는 말이다.

하루아침에 지배자가 바뀌고 정치상황이 돌변하는 시대였다. 큰 이름, 높은 지위, 많은 재산 따위를 얻으려 나서다가는 죽거나 다칠 수 있으며, 바라는 것을 얻었다 하더라도 큰 화를 입을 수도 있었다. 그러니 세상 명리를 바라지도 말고, 얻으려 나서지도 말아야 본성을 지킬 수 있었던 것이다. 따라서 이 글귀는 "언제나 (명예, 재산, 지위 따위를 얻으려고) 바라지 말라"는 말이다.

○ 可名於小

가可만 나오면 '~할 수 있다'고 옮기려고 하는 이들이 많지만 반드시 그런 것은 아니다. 여기에서 가可는 '옳을 가'다. 명名은 직책에 따른 칭호나 작호爵號를 가리킨다. 소小는 '작을 소'인데 '지위가 낮음'을 가리킨다. 어於는 여러 가지 뜻을 지닌 조사이지만 여기에서는 '있을 어'다. 재在와 같다. 따라서 이 글귀는 "올바른 이름(칭호, 작호)은 작음(낮음)에 있다"는 말이다. 높은 벼슬이나 지위에 따르는 큰 이름은 옳지 않으니 그런 이름을 바라거나 얻으려 하지 말라는 뜻이겠다. 큰 이름은 반드시 남을 꺾고 얻어야 하는 것이며, 큰 이름을 얻었다 할지라도 물거품처럼 사라질 수 있다. 이름만 잃는 것이 아니라 본성마저 지킬 수 없게 된다. 큰 이름에는 큰 책임이 따르기 때문이다.

○ 萬物歸焉而不爲主

만물萬物은 '만백성'이라고 했다. 귀歸는 '붙좇을 귀'로, '존경하고 섬겨 따르다'는 말이다. 이而는 역접을 나타내는 접속사다. 그리고 주 主는 앞서 말한 바와 같이 지배자나 압제자를 뜻한다. 따라서 이 글귀는 "만백성이 섬겨 따른다 할지라도 지배자(압제자)가 되지 말라"는 말이다.

○ 可名爲大以其終不自

앞에 있는 위爲는 '다스릴 위'다. 대大는 '크게 할 대'다. '떠벌리다, 자랑한다'는 뜻이니 과장하거나 허세를 부림을 말한다. 따라서 가명위대可名爲大는 '올바른 이름이 과장(과 허세)을 다스린다'는 뜻이다. 올바른 이름이란 작음(낮음)에 있는 것이니 작고 낮은 이름이라야 과장과 허세를 막을 수 있다는 말이다.

이以는 순접을 나타내는 접속사로 쓴 것인데 이而와 같다. 기其는 '어찌, 어떻게'라는 뜻을 지닌 의문대사다. 종終은 '마침내 종'이다. '마지막에, 필경, 아무리 하여도, 끝내'로 옮길 수 있다. 자自는 '좇을 자'다. 따라서 이 글귀는 "올바른 이름이 과장(과 허세)을 다스리니 어찌 끝내 좇지 않겠는가"라는 말이다. 올바른 이름, 곧 낮고 작은 이름을 좇는 것이 마땅하다는 말이다.

○ 爲大故能成其大

위대爲大는 앞서 나온 바와 같이 '부풀려 떠벌리고 자랑함을 다스린다'는 뜻이다. 성成은 '이룰 성'이 아니라 '다스릴 성84)'인데 '평정平定한다'는 뜻이다. 그러므로 능성기대能成其大는 '그 과장과 허세를 평정할 수 있다'는 말이다.

---

84)《春秋左氏傳》, 이성송란以成宋亂 : 송나라 난을 평정하다.

제35장 도道가 어찌 맛이 없겠느냐

허세를 막으라. 하늘 이법을 본받아 겸손할지니라.	집대 상천 하 執大 象天 下
가끔 그대는 크게 시샘하니 어찌 평안이 크겠는가?	왕왕이불해 안평태 往往而不害 安平太
기꺼이 먹을거리를 주니 지나던 길손이 멈추었구나.	락여이 과객 지 樂與餌 過客止
도道를 내왔는데 말하기를 '맛이 없구나'하더라. 아마도 맛이 없으리라.	도지출 구담호 기무미 道之出 口淡乎 其無味
보는 것으로 말하자면 볼 수 없고, 듣는 것으로 말하자면 들을 수 없으니,	시지부족견 청지부족문 視之不足見 聽之不足聞
이로써 다할 수 없으리라(그러므로 맛이 없다고 하는 것도 당연한 일이로다).	용지부족기 用之不足旣

○ 執大 象天 下

집執은 '막을 집'이다. 대大는 '크게 할 대'이니 부풀려 허세를 부린다는 말이다. 따라서 집대執大는 '과장과 허세를 막으라'는 명령문이다. 상천象天도 명령문이다. 상象은 '본받을 상'이다. 천天은 '하늘 천'인데 '하늘의 이법', 곧 '자연 이법'이란 말이다. 따라서 상천象天은 '자연 이법을 본받으라'는 뜻이다. 물이 낮은 데로 흐르는 것이 자연 이법이고 이를 따르는 것이 순리順理다. 따라서 '자연 이법을 본받으라[象天]'는 말은 곧 순리順理하라, 물이 낮은 데로 흘러내려 가듯 자신을 낮추어 겸손하라는 말이다. 그러므로 하下는 '낮출 하'로 새겨야 한다. 겸손하라는 말이다.

○ 往往而不害

왕往은 '이따금 왕'이다. 그래서 '왕왕往往'이라고 하면 '가끔'이란 뜻이 되는데 요즘도 왕왕 쓰는 말이다. 이而는 '너 이', 해害는 '시기할 해'다. 따라서 이 글귀는 "가끔은 너도 크게 시기한다"는 말이다. 내 옆에 있던 누군가가 높이 되면 시샘하는 것이 사람 마음일 것이다. 네가 나보다 잘난 게 없을 뿐만 아니라 내가 너보다 훨씬 낫다는 교만과 허세 때문이다. 그래서 자연 이법을 거슬러서라도 반드시 남을 거꾸러뜨리고 더 높이 오르려 한다. 순리順理하기보다는 역리逆理하는 것이다. 그런 마음은 윤희 그대도 마찬가지일 터이니, 그러지 않는 것이 좋겠다는 의미인 것이다. '허세를 막으라[執大]', '자연 이법을 본받으라[象天]', '낮추어 겸손하라[下]'고 말한 까닭이다.

○ 安平太

김용옥은 안평태安平太를 '안安 평平 태太'로 끊어 읽어 '편안하고, 평

240

등하고, 안락하다[85]'로 풀이했지만 태太를 '안락하다'고 옮길 수는 없다. 태太는 '크다, 심하다, 심히'라는 뜻이다. 이경숙은 '안평安平 태太'로 끊어 읽어 '안전하고 평화로움이 크다[86]'로 보았다. 괜찮아 보이기는 하지만 '평안平安'이라면 모를까 '안평安平'은 매우 낯선 말이다.

안安은 '편안하다'는 형용사가 아니라 반어 부사 '어찌 안'이다. 따라서 이 글귀는 "어찌 평안이 크겠는가"라는 뜻이다. 시샘하는 마음을 품으면 남 잘되는 꼴을 보아 넘기지 못한다. 어떻게든 흠을 잡아 거꾸러뜨리려 하고 그 자리를 제가 차지하려 한다. 그게 잘 되지 않으면 가슴에 분노를 품고 미움을 키운다. 그 마음이 어찌 평안할 수 있겠는가?

○ 樂與餌 過客止

여與를 '및 여'로 보고 '음악 및 음식'으로 풀이하여 '음악과 음식에 과객過客이 멈춘다'고 옮기는 일이 흔하다. 안 될 것은 없다. 음악과 음식이 있으니 지나던 나그네가 발길을 멈추는 것이 마땅할 터이다. 그러나 나그네에게 음악은 어울리지 않는다. 끼니를 때우고 잠잘 곳이 필요할 뿐이기 때문이다. 락樂은 '즐거울 락, 즐길 락'인데 여기에서는 여與를 꾸미는 부사로 전성된 것이다. '즐거이, 기꺼이'라고 옮기면 된다. 여與는 '줄 여'다. 이餌는 '음식 이'다. 그러므로 락여이樂與餌는 '기꺼이 먹을거리를 준다'는 말이다. 지나던 길손[過客]이 발을 멈추게[止] 됨이 마땅하지 않겠는가.

○ 道之出 口淡乎

흔히 이 글귀를 도지출구道之出口 담호淡乎로 읽어 '도가 나오는 곳이 묽다'고 옮기는데 그렇지 않다. 생각해 보라. '도가 나오는 곳[道之

85) 김봉옥, 《노자와 21세기》 [3], 269쪽.
86) 이경숙, 《완역 이경숙 도덕경, 덕경》, 386쪽.

出口]이 묽다'는 게 도대체 무슨 뜻이란 말인가?

이 글귀는 도지출道之出 구담호口淡乎로 끊어 읽어야 한다. 도지출道之出은 목적어인 도道를 타동사인 출出 앞으로 끌어낸 글귀다. 도道가 목적어임을 나타내려고 구조조사 지之를 붙였다. 따라서 본디 글귀는 '출도出道'였으니 '도道를 내다(내놓다)'는 뜻이다. 기꺼이 먹을거리를 준다고 해서 지나던 길손이 걸음을 멈췄는데, 먹어 보라고 내온 것이 도道였다는 말이다.

구口는 '입 밖에 낼 구'다. '말하다'는 뜻이다. 따라서 구담호口淡乎는 도道를 한입 떠서 먹어 보고는 '담호淡乎'라고 말했다는 것이다. 담淡은 '싱거울 담'인데 '맛이 없다'는 뜻이다. 호乎는 감탄을 나타내는 어기조사다. 따라서 口淡乎는 '맛이 없다고 말하는구나'라는 뜻이다.

◯ 其無味

먹을거리를 준다기에 걸음을 멈춘 길손에게 도道를 맛보라고 했더니 맛이 없다고 한다. 아마도 화를 내며 말했을 것이다. 이따위 맛없는 것을 먹으라고 준단 말이냐고 화내는 이에게 맛이 없는데 당연하다고 말하는 대목이다.

기其는 '아마'라는 뜻을 지닌 추측부사이고 무미無味는 '맛이 없다'는 말이니 "아마 맛이 없으리라"로 풀이된다.

◯ 視之不足見 聽之不足聞

지之는 여러 사실의 대비관계를 표시하는 접속사로 즉則과 비슷하다. '~로 말하자면'이라는 뜻이다. 부족不足은 '~하기에 족하지 않다'는 말이니 '~하기 어렵다, ~할 수 없다'는 뜻이다. 따라서 시지부족견視之不足見은 '보는 것으로 말하자면 보기 어렵다', 청지부족문聽之不足聞은 '듣는 것으로 말하자면 듣기 어렵다'는 말이다. 도道라고 하는 것은 감각으로는 느낄 수 없기 때문에 맛이 없다고 말함도 당연하다는 것이다.

○ 用之不足旣

이 글귀는 視之不足見이나 聽之不足聞과 같은 꼴로 되어 있어서 '쓰임으로 말하자면 다할 수 없다'고 옮기기 쉽다. 그러나 이렇게 옮기면 앞에 있는 視之不足見 聽之不足聞과 맥락이 통하지 않는다. 그러므로 이 글귀는 '감각으로는 알 수 없다'는 말을 부연한 글귀로 보아야 한다.

용用은 '쓸 용'이 아니라 '써 용'이다. 이以와 같다. 지之는 '이 지'로 시是와 같다. 기旣는 '다할 기'다. 따라서 이 글귀는 이지부족기以之不足旣와 같고 "이로써 다할 수 없다"는 말이 된다. 보거나 듣는 것과 같은 감각으로써는 파악하거나 설명하기를 다할 수 없다는 뜻이다.

제36장 순리를 거스른다면 이룬다 하여도 천박하도다

이내 줄어들려 하니 이는 틀림없이 억지로 늘린 것이요,	장욕흡지필고장지 將欲歙之必固張之
이내 쇠퇴하려 하니 이는 틀림없이 억지로 강하게 해 놓은 것이요,	장욕약지필고강지 將欲弱之必固强之
이내 못쓰게 되니 이는 틀림없이 억지로 일으켜 놓은 것이요,	장욕폐지필고흥지 將欲廢之必固興之
이내 빼앗으려 하니 이는 틀림없이 억지로 준 것이니라.	장욕탈지필고여지 將欲奪之必固與之
이와 같이 억지로 하는 모든 것을 일러 천박한 현명함이라 하느니라.	시위미명 是謂微明
부드럽고 약한 것이 단단하고 강한 것보다 나으니라.	유약승강강 柔弱勝剛强
물고기는 연못을 벗어날 수 없도다. (백성도 그러하니)	어불가탈어연 魚不可脫於淵
나라의 이기利器를 사람들에게 보여 주지 말지니라.	국지리기 불가이시인 國之利器 不可以示人

○ 將欲歙之必固張之

장將은 미래를 뜻하는 부사[87])다. 욕欲은 '하고자 할 욕'이다. 따라서 장욕將欲은 '장차 ~하려고 하다'는 뜻이다. 따라서 장욕흡將欲歙은 '장차 줄어들려고 하다'는 뜻이며, 여기에서는 '장차 줄어들려고 하는 것'이라는 명사구로 쓴 것이다.

줄어들려고 한다는 것은 본디 모습이나 성질로 돌아가려 한다는 말이다. 본디 짧거나 작았는데 그것을 억지로 늘려 놓았기 때문에 줄어들려고 하는 것이다. 앞에 있는 지之는 장욕흡將欲歙(장차 줄어들려 함)을 받는 주격 조사다. 뒤에 있는 지之는 줄어들려고 하는 '그것'을 가리킨다. 필必은 '틀림없이'라는 뜻이다. 고固는 '군이 고'로, '억지로'라는 뜻이다. 장張은 '당길 장'인데 본디 '활시위를 당긴다'는 뜻이다. 활시위를 당겼다 놓으면 반드시 본디 모습으로 돌아간다. 시위를 당기는 것은 힘을 줘야만 할 수 있으니 억지로 하는 일이다. 따라서 이 글귀는 "장차 줄어들려고 함은 틀림없이 억지로 당겨 놓은 것이다"라는 뜻이다. 억지로 당겨 부풀려 놓았으니 장차 줄어들어 본디 모습으로 돌아가려 함이 마땅하다는 것이다.

이는 아마도 제후들이 영토를 넓히려고 벌이는 전쟁을 비판하는 말일 것이다. 억지로 당긴다는 것은 영토를 빼앗아 내 것으로 끌어당김을 뜻할 것이고, 이렇게 억지로 땅을 넓혔지만 그것은 이내 줄어들 것이라는 뜻이다.

---

87) 한문에서는 서술어 앞에 시간 개념을 나타내는 부사를 붙여 과거, 현재, 미래를 나타내는데 이것을 시제부사時制副詞라고 한다.
  ■과거 : 已(이미 이), 旣(이미 기), 嘗(일찍이 상), 曾(일찍 증)
  ■현재 : 方(바야흐로 방), 今(이제 금), 始(비로소 시), 遂(마침내 수)
  ■미래 : 將(장차 장), 且(장차 차)

○ 將欲弱之必固强之

약弱은 '쇠할 약'이다. 쇠퇴한다는 말이니 장욕약將欲弱은 '장차 쇠퇴하려 한다'고 옮길 수 있다. 장차 쇠퇴하려 하는데 이것은 틀림없이 억지로 강하게 해 놓은 것이다[之必固强之]. 강해지거나 쇠퇴하는 것도 다 자연 이법을 따라 순리順理하는 것이다. 그런데 백성들 형편은 생각하지도 않고 군비를 갖추고 병사를 기르는 데 힘을 쓴다. 겉으로는 강한 군대를 지닌 것 같지만 그 바탕이 될 백성들의 삶은 피폐하니 반드시 쇠퇴하게 된다.

○ 將欲廢之必固興之

장차 못쓰게 되니 이는 틀림없이 억지로 그것을 일으켜 놓은 것이라는 말이다. 순리를 거슬러 억지로 일으킨 것은 반드시 못쓰게 된다는 뜻이다.

○ 將欲奪之必固與之

탈奪은 '빼앗을 탈'인데 봉토封土[88]나 관록官祿을 박탈한다는 말이다. 작위爵位를 빼앗기거나 벼슬자리에서 쫓겨남을 이른다. 주었던 봉토나 관록을 빼앗는다는 것은 억지로 그것을 주었기 때문이란 말이니 순리順理가 아니라 역리逆理였던 것이다.

순리가 아닌 역리, 곧 자연 이법을 거스르는 것은 반드시 제자리로 돌아오게 되고 이것이 자연 이법이라는 말이다. 현대문명은 이제 생명을 조작하고 통제하는 데까지 이르렀다. 인공지능을 만들어내기까지

---

88) 제후諸侯를 봉封할 때 주는 토지를 말한다. 소유권을 주는 것이 아니라 수조권收租權, 곧 생산물에 대해 세금을 거둘 권한을 준 것이다. 노동력도 징발할 수 있기 때문에 그 지역에 대한 실질지배권을 행사할 수 있다.

한다. 유전자 조작 식품이 넘쳐나고 먹을거리 속에 온갖 화학물질을 집어넣으며 오로지 돈을 버는 데만 눈이 벌겋다. 이런 삶과 이런 자본주의가 얼마나 오래 버틸 수 있을까? 생명이 살아갈 터전인 자연을 이렇게 망가뜨리고 자연 이법을 인간이 지배하려고 하니 이런 발전이 얼마나 오래 갈 수 있을까? 자연을 거스르며 억지로 이루었던 모든 것들은 줄어들고[歇] 쇠하고[弱] 못쓰게 될 것이며[廢], 마침내 우리가 이루고 얻었다고 믿었던 모든 것을 빼앗기게[奪] 될 것이다.

○ 是謂微明

미微는 '작을 미'가 아니라 '천할 미'다. 따라서 미명微明이란 '천박한 현명함'이란 말이다. 자연 이법을 거슬러 불가능해 보이던 것을 이루어 내는 인간의 지혜가 참으로 놀랍다. 그러나 아무리 놀라운 문명을 이루어낸다 한들 자연 이법을 거스른다면 그것이 정말 현명한 것일까? 마침내 우리가 살아가는 터전을 부수고 본성을 해칠 터인데도 그럴까?

이 모든 것, 곧 억지로 당기고, 억지로 강하게 만들며, 억지로 일으키고, 억지로 준 것은 반드시 본디 모습으로 돌아가게 되니 그동안 애써 이룩한 모든 것이 헛되다. 헛된 일을 하느라고 애를 쓴 것이니 이 어찌 현명한 일이겠는가. 그래서 천박한 현명함이라 하는 것이다.

○ 柔弱勝剛强

유약柔弱은 '부드럽고 약함'이고 강강剛强은 '단단하고 강함'이다. 이때 승勝은 '이길 승'이 아니라 '나을 승'이다. 해석하기 어렵지 않은 글귀다. 부드럽고 약한 것이 단단하고 강한 것보다 낫다는 말이다. 柔弱한 것이 剛强한 것보다 나은 보기는 참으로 많다. 나무를 뿌리째 넘어뜨리는 것은 바람이다. 바위에 구멍을 뚫는 것은 떨어지는 물방울이다. 바람이나 물은 단단하고 강한 것보다 낫지만, 제 본성은 상하지 않는

248

다. 단단한 망치와 정은 바위를 깨고 다듬으면서 흠집이 나고 무뎌진다. 제 본성을 해치면서 낡아가는 것이다. 흔히 유약柔弱한 것은 둥글고 흰 것에, 강강剛强한 것은 모나고 곧은 것에 비유하곤 한다. 모난 기둥보다 둥근 기둥이 더 무거운 지붕을 받칠 수 있다. 곧게 만들어 놓은 활은 없다. 휘어 있어야 더 힘차게 튕겨, 더 멀고 더 세게 화살을 날려 보낼 수 있다. 거센 바람이 몰아칠 때 풀포기와 나무가 어떻게 되는지 보라. 풀은 땅에 누웠다가 바람이 잦아들면 일어선다. 나무나 전신주는 바람에 맞서 흔들리다가 부러지거나 쓰러진다. 유약한 것이 강강한 것보다 참으로 나은 것이다.

○ 魚不可脫於淵

이 글귀는 "물고기는 연못에서 벗어날 수 없다"는 뜻이다. "물고기를 억지로 물 밖으로 끌어내면 안 된다"고도 옮길 수 있겠다. 물고기는 물을 벗어나면 죽는다. 본성을 해치게 되는 것이다. 물고기는 본성을 지키고자 하므로 스스로 물 밖으로 나오지는 않는다. 물고기가 물 밖으로 나오는 것은 낚시꾼에게 억지로 끌려 나올 때다.

갑자기 물고기와 연못을 들이댄 까닭은 무엇일까? 물고기는 백성을 가리키고 연못은 백성들이 살고 있는 곳을 의미한다. 따라서 이 글귀는 백성들을 억지로 다른 곳으로 옮겨 가게 하지 말라는 뜻이다.

○ 國之利器 不可以示人

물고기를 연못 밖으로 끌어낼 수 있는 것은 그물과 낚시다. 그러면 백성들을 억지로 끌어내 본성을 상하게 할 수 있는 것은 무엇일까? 바로 국지리기國之利器다. 이기利器는 예리한 무기나 편리한 도구이니 이런 것에 백성들이 마음을 빼앗기게 된다. 마침내 본성을 시키고 살던 제 삶터를 떠나 이러한 이기利器를 구하려 떠돌다가 본성을 해치게 된다. 그러므로 나라의 이기利器를 사람들에게 보여주어서는 안 된다[不可以示人].

불가이不可以는 '할 수 없다', 또는 '하지 마라, 해서는 안 된다'는 뜻이다. 시示는 '보일 시'인데 '보게 하다, 알리다'는 뜻이다. 따라서 불가이시인不可以示人은 '사람들에게 보여(알려)주지 말라'고 옮긴다. '탐하는 것이 겨우 재화란 말이냐고 꾸짖으라(難得之貨, 제12장)'고 한 것과 비슷한 맥락이다.

제37장 일을 지어내지 않으니 고요하도다

정치란 일찍이 통제나 억압이 아니었는데, 요즘은 그러하지 않음이 없느니라.

도상무위이무불위
道常無爲而無不爲

제후가 왕 노릇한다 하여도 통제하고 억압하지 말라는 명제를 지킬 수 있다면

후왕약능수지
侯王若能守之

만백성이 저절로 교화되리라.

만물장자화
萬物將自化

백성들을 교화한다고 하지만 (인仁, 의義, 예禮 따위를) 일으키려 하는구나.

화이욕작
化而欲作

내가 청컨대 이를 진정하고 겉모습을 다듬지 말라.

오장진지이무명지박
吾將鎭之以無名之樸

겉모습을 다듬지 말진저.

무명지박부
無名之樸夫

다시 청하노니 무언가 이루기를 바라지 말라.

역장무욕
亦將無欲

바라지 아니하니 조용할 것이요, 천하는 저절로 안정되리라.

불욕이정 천하장자정
不欲以靜 天下將自定

○ 道常無爲 而無不爲

흔히 하는 풀이는 이런 것이다.

> 도道는 늘 함[爲]이 없으나 하지 못함[不爲]이 없다.

앞뒤의 위爲를 모두 '하다'로 보고 풀이한 것이다. '도道는 텅 빈 것이어서 퍼내 쓰려고 해도 차 있지 않아 쓸모가 없다(道沖而用之或不盈, 제4장).' 도道가 어떤 일을 나서서 하는 것은 아니지만 만물에 적용되는 원리다. 따라서 도가 특별히 하는 일이 없는 것도 같지만, 도에 따라 모든 일이 제대로 풀려나가니 못하는 일이 없다는 것이다. 아주 그럴듯하다. 그러나 하는 일이 없는데 어떻게 못하는 것도 없단 말인가? 알쏭달쏭한 말이 진리일 수는 없는 노릇이다.

여기에서 도道는 우주 만물의 궁극 원리를 가리키는 말이 아니라 '다스릴 도'이며 명사로 전성된 것이다. 다스림, 또는 정치라는 말이다. 제32장에 나온 바와 같다. 상常은 '일찍 상'으로 '일찍이, 예전에'라는 말이다. 무無는 '아닐 무', 위爲는 '다스릴 위'다. 따라서 이 글귀는 '정치라고 하는 것이 예전에는 다스림이 아니었다'는 말이다. 정치는 본디 사람들을 통제하고 억압하는 것이 아니었다는 뜻이다.

이而는 순접을 나타내는 접속사다. 어떤 일이 차례대로 일어남을 나타내는 것이니 '~하고 나서'라는 뜻이다. 예전에는 정치라고 하는 것이 통제하고 억압하는 것이 아니었는데[道常無爲], 요즘은 무불위無不爲, 곧 통제하고 억압하지 않는 것이 없게 되었다는 말이다. 이중부정으로 강한 긍정을 나타내고 있다.

○ 侯王若能守之 萬物將自化

후왕약능수지侯王若能守之는 제32장에도 나오는 글귀다. '제후들이 왕 노릇하더라도 이를 지킬 수 있다면'이라는 말이다. 지之가 가리키는 것은 '통제와 억압이 없는 정치'다. 따라서 이 글귀는 '제후들이 왕을 칭하며 나선다 할지라도 통제와 억압이 없어야 한다는 명제를 지킬 수 있다면'이라는 뜻이다.

만물萬物은 제32장에 나온 바와 같이 '만백성'이란 뜻이다. 장將은 '장차 장', 자自는 '스스로 자'다. 화化는 '화할 화' 또는 '화하게 할 화'이니 '교화教化하다'나 '교화된다'로 옮긴다. 따라서 자화自化는 '저절로 교화된다'는 말이다.

그러므로 이 대목은 통제하고 억압하여 질서를 잡으려 하지 말고 자연 이법을 따라 다스리라는 말이다. 오로지 순리順理하니 백성들은 시키지 않아도 저절로 교화되어 스스로 질서를 지키게 된다.

○ 化而欲作

이而는 역접을 나타내는 접속사다. 욕欲은 '하려할 욕', 작作은 '일으킬 작'이다. 따라서 화이욕작化而欲作은 "(저절로) 교화되는데도 (윤리와 도덕을) 일으키려 한다"는 말이다. 순리를 따라 통제와 억압이 없는 정치를 하면 사람들이 저절로 교화된다. 그런데 지배자들은 통제와 억압을 줄이거나 없애려고는 하지 않고 인仁, 의義, 예禮 따위를 진흥하여 질서를 잡으려 한다.

○ 吾將鎭之以無名之樸

이以는 순접 또는 병렬을 나타내는 접속사다. 이而와 같다. 따라서 이 글귀는 진지鎭之라는 청유문과 무명지박無名之樸이라는 금지문이 결합된 것이다.

吾將 ┳ 鎭之 ＋ 以 ＋ 無名之樸

　　　청유문　　　　　　금지문

제37장 일을 지어내지 않으니 고요하도다　253

오吾는 '나 오'다. 주격이나 소유격으로 쓰며 목적격으로는 쓰지 않는다. 장將은 '청컨대 장'이다. 진鎭은 '진정鎭定할 진'이다. 눌러서 편안케 한다는 말이다. 지之는 인仁, 의義, 예禮 따위를 일으키려는 마음이나 시도를 가리키는 인칭대사다. 그러므로 오장진지吾將鎭之는 인, 의, 예를 진흥하여 질서를 잡으려는 시도를 막겠다는 말이다. 그러한 것들이 바로 위爲이기 때문이다.

무명지박無名之樸은 도치된 글귀다. 부정문이나 금지문에서 목적어가 앞으로 나오면서 구조조사 지之가 붙은 것이다. 본디 글귀는 무박명無樸名이었다.

無	名	之	樸		無	樸	名
금지사	목적어	구조조사	동사		금지사	동사	목적어
~하지 말라	이름,칭호 명예,작호	구조조사	다듬다	←	~하지 말라	다듬다	이름,칭호 명예,작호

박樸은 '다듬다[89)]'는 뜻이다. 따라서 이 글귀는 '이름을 다듬지 말라'는 말이다. 이때 '이름'은 '외형外形', 곧 겉모양이나 겉보기를 가리킨다. 강제나 억압이 없이 오로지 자연 이법을 따르면[順理] 만백성[萬物]은 저절로 교화된다[自化]. 따라서 먼저 할 일은 법과 도덕 규범을 세울 일이 아니라 자연 이법에 따른 정치다. 그런데 순리하지는 않고 인, 의, 례 따위 겉모양이나 다듬으려 하니 바로 위爲다. 따라서 이 無名之樸의 속뜻은 '爲하지 말라'는 것이니 바로 무위無爲하라는 말이다.

○ 無名之樸夫 亦將無欲

겉모습을 다듬으려 하지 말라고 다시 한 번 당부하려고 무명지박 無

---

89) 《書經》〈周書〉〈梓材篇〉, 기근박착旣勤樸斲 : 애써 다듬고 깎았다면

名之樸을 되풀이한 것이다. 부夫는 감탄사다. 역장亦將은 '다시 청컨대'라는 뜻이다. 욕欲은 '하고자 할 욕, 바랄 욕'이니 무욕無欲은 '하고자 하지 말라'는 말이다. 다시 강조하여 말하건대 겉모습을 다듬어 꾸미려는 마음도 먹지 말라는 부탁이겠다.

○ 不欲以靜 天下將自定

여기에서도 이以는 순접을 나타내는 전치사다. 이而와 같고 글 흐름에 따라 '~해야 비로소'라는 뜻을 지닌다. 정靜은 '조용할 정'이다.

따라서 불욕이정不欲以靜은 '바라지 않아야 비로소 조용하다'는 말이다. 재산을 모으고 높은 지위에 오르며 명예를 얻고자 하는 마음이 세상을 시끄럽게 만드는 것이다. 명예, 재산, 지위 따위를 바라지 않으니 시샘이나 다툼이 일어나지 않는다. 세상이 시끄러울 까닭이 없다.

천하장자정天下將自定에서 장將은 '장차 장'이다. 정定은 '정하여질 정'인데 '안정되다'는 뜻이다. 따라서 이 글귀는 '천하가 장차 저절로 안정된다'고 옮긴다.

제38장 겉치레는 버리고 고갱이를 취하라

옛날에는 덕을 베풀지 않음을 덕으로 여겼으니 이 때문에 (참된) 덕이 존재했느니라.

상덕부덕 시이유덕
上德不德 是以有德

그러나 뒤에는 덕 있다는 평판을 잃지 않음을 덕으로 여기게 되었으므로 덕은 없어졌느니라.

하덕불실덕 시이무덕
下德不失德 是以無德

옛날에는 무위無爲를 덕으로 여겼으니 너는 이렇게 '체'하지 말라.

상덕 무위 이무이 위
上德無爲而無以爲

뒤에 덕 있는 척 꾸미는 것을 덕으로 여기게 되었으나 너는 또한 체함[爲]함을 그치라.

하덕 위지 이유이 위
下德爲之而有以爲

인仁을 더하여 덕德 있는 체하지만 너는 이렇게 '체'하지 말라.

상인 위지 이무이 위
上仁爲之而無以爲

의義를 더하여 덕 있는 체하지만 너는 또한 체함[爲]을 그치라.

상의 위지 이유이 위
上義爲之而有以爲

예禮를 더하여 덕 있는 체하지만 너는 조용함이 마땅하도다.

상례 위지 이막지 응
上禮爲之而莫之應

그러므로 팔을 걷어 부치고 인仁, 의義, 예禮 따위를 부숴 버리라.

즉양 비이 잉지
則攘臂而扔之

예전에 도를 잃고 나니 후계는 덕이라. 덕을 잃고 나니 후계는 인,

고실도이후덕 실덕이후인
故失道而後德 失德而後仁

인을 잃고 나니 후계가 의, 의를 잃고 나니 후계가 예로다.

실인이후의 실의이후례
失仁而後義 失義而後禮

무릇 예禮라고 하는 것은 공변됨과 미쁨이 가벼워 어지럽기가 첫째이니라.

부례자 충신지박이란지수야
夫禮者 忠信之薄而亂之首也

앞서 알려진 인, 의, 예는 도의 겉치레요, 어리석음의 시작이니라.

이로써 대장부는 두터움에 처하지

가벼움에 머물지 않으며, 그 실질에 처하지

그 겉치레에 머물지 않느니라. 그러므로 겉치레를 버리고 도道의 고갱이를 취하라.

전식자 도지화이우지시
前識者 道之華而愚之始

시이대장부 처기후
是以大丈夫 處其厚

불거기박 처기실
不居其薄 處其實

불거기화 고거피취차
不居其華 故去彼取此

❍ 上德不德 是以有德

상上과 하下는 흔히 '웃 상'과 '아래 하'로 새기지만 그 밖에도 수많은 뜻을 지녔다. 그런데도 이것을 '높다'와 '낮다'로만 옮기려 하니 알쏭달쏭한 말이 되풀이될 수밖에 없는 것이다. 다른 글자도 마찬가지다. 상上은 '웃 상'이지만 그 속에는 '옛날, 이전'이라는 뜻이 있다. 상덕上德의 덕德은 명사가 아니라 부덕不德을 목적구로 취하는 타동사다. '덕으로 여길 덕'이다. 부덕不德의 덕德은 '덕 베풀 덕'이다.

시제부사		타동사		목적구
上	+	德	+	不德
옛날에는		덕으로 여기다		덕을 베풀지 않다

따라서 상덕부덕上德不德은 '옛날에는 덕을 베풀지 않음을 덕으로 여겼다'는 말이다. '덕을 베푼다'는 말은 '은혜를 베푼다'는 말이다. 이때 덕(은혜)을 베풂은 내가 덕스러운 사람이라고 드러냄이니 위爲다. 참된 덕이 아니므로 이런 거짓 덕을 베풀지 않음이 바로 덕德이라는 말이다.

시이유덕是以有德은 '그러므로 덕德이 있었다(존재했다)'는 뜻이다. 덕이 있는 척 꾸미지 않고 거짓 덕은 베풀지 않으니 바로 참된 덕이 존재했다는 것이다.

❍ 下德不失德 是以無德

하下는 '아래 하'지만 여기에서는 '뒤, 후세'를 가리킨다. 하덕下德의 덕德은 불실덕不失德을 목적구로 취하는 타동사다. '덕으로 여길 덕'이다.

시제부사		타동사		목적구
下	+	德	+	不失德
뒤에는		덕으로 여기다		덕을 잃지 않다

따라서 하덕불실덕下德不失德은 '뒤(후세)에는 덕을 잃지 않음을 덕으로 여기(게 되었)다'는 뜻이다. 참된 덕을 행하려고 하지는 않고 덕있는 사람이라는 평판을 얻고 그런 평판을 잃지 않으려고 애쓴다. 그러므로 참된 덕이 사라져 없게 되었다[是以無德].

○ 上德無爲而無以爲

상덕무위上德無爲는 '옛날에는 무위無爲를 덕으로 여겼다'는 말이다. 이而는 '너 이'다. '자네, 그대'라는 말이다. 또는 역접을 나타내는 접속사로 볼 수도 있다. 무無는 '말 무'다. 무毋와 같이 '~하지 말라'는 금지사다. 이以는 '이것, 이, 이렇게'라는 뜻을 지닌 지시대사다.[90] 위爲는 '체할 위'다. 따라서 이무이위而無以爲는 '너는 이렇게 체하지 말라'는 뜻이다. 옛사람들처럼 무위를 덕으로 여길 일이지 덕이 있는 것처럼 꾸미지말라는 얘기다.

○ 下德爲之而有以爲

그런데 후세에는 위지爲之를 덕으로 여기게 되었다[下德爲之]. 위爲는 '체할 위'이고 지之는 덕德을 가리키는 인칭대사. 따라서 위지爲之는 '덕을 꾸미는 일, 덕 있는 체 하는 일'을 말한다.

유有는 '또 유'다. 이以는 '말 이'다. '그치다'는 뜻이다. 따라서 유이위有以爲는 '또한 위爲를 그치라'는 말이다. 덕을 지닌 것처럼 꾸미고체하는 일을 그치라는 뜻이다.

---

90) 《論語》〈憲問〉篇 제14, 이고자과야以告者過也 : 이는 말한 사람이 지나쳤습니다.
　　《論語》〈子張〉篇 제19, 무이위야無以爲也 : 이렇게 하지 말라.

○ 上仁爲之而無以爲

여기에서 이而도 '너 이'다. 따라서 이 글귀는 "상인위지上仁爲之하지만 너는 무이위無以爲하라"는 말이다. 무이위無以爲는 앞서 나온 것처럼 '이렇게 체하지 말라'는 말이다.

상上은 앞서 나온 것과 달리 '더할 상'이다. 상尙과 같다. 따라서 상인위지上仁爲之는 '인仁을 더하여 그것을 꾸미다(체하다)'는 말이다. 그것〔之〕이 가리키는 것은 덕德이다. 오로지 무위無爲함, 덕 있는 체 꾸미지 않음이 참된 덕인데 세상 사람들은 오히려 인仁이라는 가치를 더하여 덕을 지닌 것처럼 꾸민다는 말이다. 그리하는 사람이 누구일까? 인仁, 의義, 예禮를 높은 가치로 여기는 사람들이니 바로 유가의 선비들이다.

上仁爲之	+	而	+	無以爲
인仁을 더하여 그것〔德〕을 꾸미다(짓다)		자네,그대		이렇게 하지 말라

따라서 이 글귀는 "(다른 이들은) 인을 더하여 덕을 지닌 체 꾸미지만 너는 그러지 말라"는 말이다.

○ 上義爲之而有以爲

상의위지上義爲之 또한 앞 글귀 상인위지上仁爲之와 마찬가지 얼개다. '의를 더하여 그것〔德〕을 꾸미다'는 말이다. 참된 덕을 베풀지는 않고 의義라는 가치를 덧붙여 덕을 지닌 체한다는 말이다. 그러나 이리 하는 것은 위爲, 곧 '체'하는 것이다. 그러므로 그런 체함〔爲〕을 그만두라고 해야 옳지 않겠는가? 따라서 이以는 '말 이'다. '그치다, 그만 두다'는 말이다. 이而는 앞서 나온 것처럼 '너 이'다. 유有는 '또 유'다. 그러므로 이유이위而有以爲는 '너는 또한 위爲를 그치라'는 말이다.

上義爲之 의義를 더하여 그것(德)을 꾸미다(짓다)	+	而 자네, 그대	+	有以爲 또한 이렇게 하지 말라

○ 上禮爲之而莫之應

상례위지上禮爲之도 앞서 나온 상인위지上仁爲之, 상의위지上義爲之와
같은 얼개다. '예禮를 더하여 그것(德)을 꾸미다'는 말이다. 막莫은 '조
용할 막'인데 여기에서는 '조용함'이라는 명사로 전성된 것이다. 응應은
'응당 응'으로 '마땅하다'는 말이다. 이때 지之는 주어인 막莫(조용함)과
술어인 응應(마땅하다) 사이에 들어가서 구句나 절節을 만들어 주는 구
조조사다. 간단히 주격조사로 옮기면 된다. 따라서 막지응莫之應은 '조
용함이 마땅하다'는 말이다. 덕德을 지닌 것처럼 온갖 예절을 차리며
부산을 떨기보다는 조용히 있으라는 뜻이다. 이而는 앞서 나온 것과
같이 '너 이'다. 역접을 나타내는 접속사로 볼 수도 있다.

○ 則攘臂而扔之

양비攘臂는 '팔을 걷어 부치다'는 뜻이다. 어떤 일에 힘을 다하여 나
서는 것을 말한다. 잉扔은 '부술 잉'이다. '버리다'는 뜻도 지니고 있다.
따라서 이 글귀는 "팔을 걷어 부치고 그것을 부숴 버리라"는 말이다.
그것(之)은 바로 유가에서 강조하는 인仁, 의義, 예禮와 같은 덕목이다.
그런 덕목은 참된 덕德과는 상관이 없고 덕을 지닌 것처럼 꾸미는 위
爲일 뿐이다.

○ 故失道而後德 失德而後仁 失仁而後義 失義而後禮

고故를 '고로 고'라고 새겨서는 안 된다. 앞뒤 글월이 인과관계가 아

니기 때문이다. 이미 앞에서 상上을 '옛날, 이전'이라는 뜻으로 썼고 글 흐름과 논리에 비추어 본다면 '옛날에 고'라고 새겨야 한다.

흔히 이후而後를 관용어로 보아 실도이후덕失道而後德을 '도를 잃은 뒤에 덕이 있게 되었다'로 옮기지만 이 또한 잘못된 것이다. 이 글귀 어디에도 '~이 있다'나 '~이 생겨나다'는 말은 없기 때문이다. 혹시라 도 그런 뜻이라면 유덕有德이나 덕출德出이라고 썼을 것이다. 후後는 '뒤 후'인데 '후계(자)'라는 뜻이다. 따라서 실도이후덕失道而後德은 '도 道를 잃고 나니 후계는 덕德이다'는 말이다. 도道가 사라지고 나니 그 자리를 덕德이 이어받았다는 말이다. 이때 이而는 어떤 동작이나 행위 가 차례로 일어났음을 나타내므로 '~하고 나서'라는 느낌을 준다. 그 러므로 다음 글귀들은 '덕德을 잃고 나니 후계는 인仁[失德而後仁]', '인 仁을 잃고 나니 후계는 義[失仁而後義]', '의義를 잃고 나니 후계는 예禮 [失義而後禮]'라는 말이다.

우주만물의 궁극 원리인 도道가 사라지고 현상계를 지배하는 원리인 덕德마저 사라지니 질서가 무너지게 되었다. 그래서 억지로라도 질서를 회복하려고 인仁, 의義, 예禮가 차례로 나오게 되었다는 것이다. 억지로 질서를 세우려는 것들이니 바로 위爲다.

○ 夫禮者 忠信之薄而亂之首

부례자夫禮者는 '무릇 예라고 하는 것은'이라는 말이다. 지之는 주격 조사이니 충신지박忠信之薄은 '충신忠信이 박薄하다'는 말이다. 충忠은 '공변될 충'이다. 사사롭지 않고 공평함을 말한다. 박薄은 '낮다, 가볍 다'는 뜻이다. 따라서 충신지박忠信之薄은 '공변됨과 미쁨이 낮고 가볍 다'는 말이다. 공평하지도 않고 믿을 만하지도 않다는 것이다.

란亂은 '어지러울 란'이다. 수首는 '우두머리 수'이니 '첫째'라는 말이 다. 이곳의 之도 주격 조사로 옮기면 되므로, 란지수亂之首는 '어지럽기 가 첫째'라는 말이다. 예禮나 예법禮法이 까다롭고 어려워서, 갈피를 잡을 수 없이 어지러움이 첫째라는 것이다. 예禮와 비례非禮를 놓고 자주 다투기도 하니 시끄러움을 일으키는 까닭이기도 하다. 그러므로 예禮란 얼마나 낮고 천박[薄]한 것인가?

○ 前識者 道之華 而愚之始

전前은 '앞서 전'이다. 식識은 '알려질 식'이다. 그러므로 전식자前識者는 '앞서 알려진 것' 곧 인仁, 의義, 예禮를 말한다. 그런데 이것들은 모두 도道의 본질이 아니라 겉치레[道之華]다. 화華는 '치레 화'다. 겉으로 드러내는 모습이며, 꾸며 체하는 것이다. 꾸밀 줄만 알지 본질을 깨닫지는 못하니 참으로 어리석은 일이다. 인, 의, 예를 따지고 앞세우다 보면 정작 도道가 무엇인지는 알지 못하고 갈팡질팡하는 어리석음이 시작[愚之始]되더라는 것이다.

○ 是以大丈夫 處其厚 不居其薄 處其實 不居其華 故去彼取此

그러므로 대장부는[是以大丈夫] 그 두터움(천박하지 않고 깊고 무거움)에 처하며[處其厚], 그 낮음(얕고 가벼우며 천함)에 머물지 않는다[不居其薄]. 또한 대장부는 실實에 처하지[處其實] 겉치레에 머물지 않는다[不居其華]. 우주만물의 궁극 원리이자 본질인 도道를 따라 무위無爲할 뿐이지 인仁, 의義, 예禮와 같은 윤리 덕목, 곧 위爲에 머무르지 않는다는 말이다. 그러므로 저것[彼 : 겉치레인 인仁, 의義, 예禮]를 버리고 이것[此 : 내실이며 내용인 도道]을 취할 일이다.

제39장 옥구슬처럼 빛나려 하지 말지니라

옛날에는 덕이 오직 하나였느니라.

석지덕일자
昔之得一者

하늘이 지닌 덕은 하나인데 '맑음'으로써 하고,
땅이 지닌 덕은 하나인데 '편안함'으로써 하며,

천덕일이청지덕일이녕
天得一以淸 地得一以寧

신이 베푸는 덕은 하나인데 '신령함'이라.
골짜기가 지닌 덕은 하나이니 물이 들어 참이요,

신덕일이령 곡덕일이영
神得一以靈 谷得一以盈

모든 생물이 지닌 덕은 하나이니 삶이요, 후왕侯王
이 지닌 덕도 하나이니 '다스림'이라.

만물덕일이생 후왕덕일이위
萬物得一以生 侯王得一以爲

천하는 올곧도다. 그 공덕을 맡김이 하나씩이라.

천하정 기치지일야
天下貞 其致之一也

하늘이 맑을 수 없으면 아마도 장차 찢어질 것이요,

천무이청 장공렬
天無以淸 將恐裂

땅이 편안할 수 없으면 아마도 장차 흩어질 것이요,

지무이녕 장공발
地無以寧 將恐發

신이 신령할 수 없으면 아마도 장차 영험이 그칠
것이요,

신무이령 장공헐
神無以靈 將恐歇

골짜기가 찰 수 없다면 아마도 장차 다할 것이요,

곡무이영 장공갈
谷無以盈 將恐竭

만물이 살아 있을 수 없다면 아마도 장차 사라질
것이니,

만물무이생 장공멸
萬物無以生 將恐滅

후왕侯王이라 할지라도 고귀할 수 없다면 장차 짐
작컨대 넘어질 것이니라.

후왕무이귀고 장공궐
侯王無以貴高 將恐蹶

본디 귀함은 천함으로써 밑둥을 삼고 높은 것은
낮은 것으로써 기틀을 삼으니,

이 때문에 후왕侯王은 스스로 일컫기를 고孤, 과寡,
불곡不穀이라 하느니라.

이는 천함으로써 기틀을 삼음이 아니겠는가. 그렇
지 아니한가?

그러므로 자주 기리기를 그만 두라.

옥처럼 빛나려 하지 말고 돌처럼 흔한 모습이 될지니라.

고귀이천위본 고이하위기
故貴以賤爲本 高以下爲基

시이후왕자위 고과불곡
是以侯王自謂 孤寡不穀

차비이천위본야 비호
此非以賤爲本耶 非乎

고치삭예 무예
故致數譽 無譽

불욕록록여옥 락락여석
不欲琭琭如玉 珞珞如石

○ 昔之得一者

여러 해설서들은 이 글귀의 주어가 생략되었고 생략된 주어를 만물萬物이라고 보고 있다. 그래서 '만물이 하나(一者)를 얻었다'고 옮기지만 그렇지 않다. '얻다'는 말은 '의지'나 '본능'에 따른 행위인데 사람이나 생명체가 아닌 사물이 그런 의지나 본능을 지녔을 리 없다. 또한 누군가 그런 속성을 만물에게 부여했다고 보기도 힘들다.

석지昔之[91]는 '옛날에'라는 뜻이다. 석자昔者, 또는 고자古者와 같다. 得은 '얻을 득'이 아니라 '덕 덕'이다. 그러므로 이 글귀는 "옛날에 덕은 한가지였다"는 뜻이다. 또는 석지득昔之得을 '옛 덕'으로 보아 "옛 덕은 한가지였다"고 옮길 수도 있을 것이다. 그리고 이때 덕이 한가지라는 것은 모든 사물이 지닌 덕이 같다는 것이 아니라 사물마다 미덕으로 삼는 것이 다 한가지씩 있다는 말이다.

○ 天得一以清 地得一以寧

천덕天得은 '하늘이 지닌 덕'이다. 일一은 '오직 하나'라는 뜻이다. 이以는 '써할 이'다. 따라서 이 글귀는 '하늘이 지닌 미덕이나 베푸는 공덕은 오직 하나인데 맑음으로써 한다'는 말이다. 맑음으로써 공덕을 베푸는 것이 하늘이 지닌 미덕이라는 말이겠다.

지덕地得은 '땅이 지닌 덕'이다. 녕寧은 '편안하다'는 뜻이다. 땅이 지닌 덕은 오직 하나인데 편안하게 함이다. 이때 땅은 대지大地, 곧 만물이 뿌리를 내리고 살아가는 땅이라는 뜻이다. 땅이 흔들리지 않아야 편안할 것임은 말할 나위도 없다.

---

91) 금지今之 : 오늘날. 금자今者와 같다.

○ 神得一以靈 谷得一以盈 萬物得一以生

령靈은 '신령할 령'이다. 신(신령)이 지닌 공덕도 오직 하나인데 그것은 바로 신령함으로써 한다[神得一以靈].

골짜기가 베푸는 공덕은 차는 것이다[谷得一以盈]. 골짜기가 물을 채울 수 없다면 그것은 이미 골짜기가 아니다. 골짜기로서 해야 할 기능과 본분이 사라진 것이다. 골짜기가 지닌 공덕은 오직 하나, 흘러드는 물을 채우는 것이다.

만물덕일이생萬物得一以生에서 물物은 생명체를 말한다. 앞에서 말한 천天, 지地, 신神, 곡谷과 마찬가지로 이 세상 모든 생명체도 미덕을 지니고 있는데 그것은 바로 '삶'이라는 것이다. 생명을 잃는다면 '생명체'라는 의미도 사라지기 때문이다.

○ 侯王得一以爲

왕필본에는 후왕덕일이위천하정侯王得一以爲天下貞이라고 붙여 놓았지만 이는 후왕덕일이위侯王得一以爲에서 끊어야 한다.

후왕侯王이 지닌 공덕은 무엇인가? 바로 다스림[爲]이다. 정치를 한다는 말이다. 후왕侯王은 제후국을 다스리던 분봉 군주들을 말한다. 이들이 주나라 왕실을 무시하고 제가끔 왕을 칭하며 나섰던 시대라서 후侯라고 부르기도 뭣하고 왕王이라 칭하기도 어려워 후왕侯王이라고 한 것이다.

○ 天下貞 其致之一也

이렇게 보니 생명체는 말할 것도 없고 생명이 없는 자연물(하늘, 땅, 골짜기)도 다 하나씩 미덕을 지녔으며 후왕侯王도 정치를 한다는 공덕을 베푼다. 이와 같이 천하 만물이 제가끔 하나씩 공덕을 베푸니 세상은 얼마나 곧고 바른가. 이래서 천하정天下貞이라 한 것이다. 정貞은 '곧을 정'이다. 만물이 제가끔 합당한 미덕을 행하도록 하는 것이 천하를 지배하는 원리다.

기치지일야其致之一也에서 치致는 '맡길 치'다. 지之는 주격조사다. 따라서 기치지일야其致之一也는 '그 (제가끔 행해야 할 공덕을 도道에 따라) 맡김이 (다) 하나'라고 옮길 수 있다.

○ 天無以淸 將恐裂

무이無以는 '~할 수 없다'란 뜻이다. 그러므로 천무이청天無以淸은 '하늘이 맑을 수 없다'고 옮겨야 한다. 장將은 미래를 나타내는 시제부사다. '장차', 또는 '막 ~하려 한다'는 뜻이다. 그래서 다들 공恐을 '두려워할 공'으로 새겨 '장차 찢어질까 두렵다'로 옮긴다. 하지만 생각해 보자. 누가 하늘이 찢어질까 두려워하는 것일까? 두려워하는 주체가 하늘이라고 해 보자. 하늘이 무엇을 두려워하고 말고 하는 존재는 아니다. 두려워하는 주체가 사람들이라고 해 보자. 사람들이 하늘이 찢어질 것이라고는 짐작도 못할 것이다. 두려워하는 주체가 노자 자신이라고 해 보자. 하늘이 찢어진다면 그것이야말로 자연이법에 따른 것이지 사람의 뜻과 힘으로 할 수 있는 것은 아니다. 자연이법을 따를 뿐 꾸미고 체하지 말라고 한 노자가 하늘이 찢어짐을 두려워하겠는가?

공恐은 '두려울 공'이 아니라 '아마 공'이다. '아마도, 짐작컨대'라는 뜻이다. 따라서 장공렬將恐裂은 하늘이 찢어질 것을 두려워한다는 것이 아니라 '아마도 장차 (하늘이) 찢어질 것이다'는 뜻이다.

하늘이 맑을 수 없다면[天無以淸] 그 하늘은 장차 찢어진다. 여기서 맑다는 것은 구름이 없다는 뜻이 아니다. 하늘의 색깔은 검다[玄]. 아득히 높고 멀리 있어서 가물거리는 색깔이다. 하늘이 높은 까닭은 그것이 맑고 밝고 가볍기 때문이니, 곧 양陽이다. 그러므로 하늘이 맑을 수 없다는 것은 양성陽性을 잃었다는 것이니 찢어지고 무너져 내리는 것이 마땅하다. 천지 질서가 무너지게 될 것이라는 말이다.

○ **地無以寧 將恐發**

지무이녕地無以寧은 '땅이 편안할 수 없다'는 말이다. 장공발將恐發의
발發은 여러 가지 뜻이 있지만 여기에서는 '헤지다'는 뜻이다. '뭉쳐있
던 것이 따로 떨어져 흩어지다'는 말이다. 땅은 흐리고 어둡고 무겁기
때문에 낮은 곳에 뭉쳐 안정되어 있으니, 곧 음陰이다. 그러므로 땅이
편안하지 못하고[地無以寧] 들썩이면 따로 떨어져 흩어질 것이며 땅 위
에 있는 모든 것들도 편안하지 못할 것이다. 이 또한 천지 질서가 무
너진다는 말이다.

○ **神無以靈 將恐歇 谷無以盈 將恐竭 萬物無以生 將恐滅**

신이 신령할 수 없으면[神無以靈] 장차 다하게 될 것이다[將恐歇]. 다
한다[歇]는 말은 그친다는 말이다. 영험함이 그친다면 신이라고 부를
까닭이 사라지게 된다. 마땅한 이야기다.

곡무이영 장공갈谷無以盈 將恐竭은 '골짜기가 찰 수 없으면 아마도 장
차 다할 것이다'라는 말이다. 우묵하여 물을 채울 수 있는 공덕을 잃는
다면 골짜기라 부를 까닭도 다하게 될 것이다.

만물이 살 수 없다면[萬物無以生] 없어지게 된다는 말도 마땅한 이야
기다. 이와 같이 천天, 지地, 신神, 곡谷, 만물萬物이 그 속성과 덕을 잃
게 되면 결코 존재할 수가 없게 되는 것이다.

○ **侯王無以貴高 將恐蹶**

이제 이 장의 본론이 시작되고 있다. 천지만물도 본디 지닌 속성이나
미덕을 잃게 되면 존재할 수 없는데 후왕侯王은 다르겠느냐는 것이다. 후

왕侯王이라 할지라도 높고 귀하지 못하면[侯王無以貴高] 짐작컨대 장차 넘어질 수밖에 없는[將恐蹶] 것이다. 궐蹶은 '넘어질 궐, 엎어질 궐'이다.

○ 故貴以賤爲本 高以下爲基

고故는 '고로 고'가 아니다. 앞뒤 글월에서 인과 관계를 찾을 수 없기 때문이다. 그러므로 고故는 '본디 고'로 새겨야 한다. '以 ㉮ 爲 ㉯'는 자주 쓰는 글꼴이다. '㉮를 ㉯로 삼다'는 뜻이다. 따라서 이 글귀는 "귀하다고 하는 것은 천함으로써 밑둥을 삼고[貴以賤爲本], 높다고 하는 것은 낮음으로써 터전을 삼는다[高以下爲基]"는 말이다. 낮고 천함이 높고 귀함의 바탕이 된다는 것이다.

○ 是以侯王自謂孤寡不穀

그래서 고귀한 지위에 오른 후왕侯王이라 할지라도 자신을 고孤, 과寡, 불곡不穀이라고 스스로 낮춰 부르고 겸양하는 것이다.

옛날 군주들은 자신을 가리킬 때 스스로 낮추어 불렀다. 중국 황제인 천자天子의 자칭自稱이 짐朕이지만, 이것도 본디 상하귀천을 구별하지 않고 쓰는 일반 자칭이었다. 곧 황제도 백성들과 다를 바 없다는 것이다. 제후나 왕은 고孤, 과寡, 불곡不穀이란 자칭을 썼다. 하나같이 자신을 낮추는 말이다. 불곡不穀도 '착하거나 길하지 못하다'는 뜻이다. 이렇게 황제나 왕이나 제후들이 자신을 낮추는 것은 천함과 낮음을 자신의 고귀함을 떠받치는 밑둥이요, 기틀로 보았기 때문이다.

○ 此非以賤爲本耶 非乎

비이천위본야非以賤爲本耶는 '비非~야耶' 얼개로 된 반어형[92] 글월이

---

92) 비이기무사야(非以其無私耶, 제7장)도 같은 얼개로 된 반어형 글월이다.

다. '~이 아니겠느냐'로 옮길 수 있다. 비호非乎는 앞서 한 반문에 이어 '아니란 말인가'하고 물으면서 다시 한 번 강조하는 말이다. 그래서 이 글월은 "이는 천함으로써 밑둥(근본, 터전, 기틀)을 삼은 것이 아니겠느냐, 아니란 말인가!"라는 뜻이다.

○ 故致數譽 無譽

치致는 '그만 둘 치'다. 삭數은 제5장의 다언삭궁多言數窮에서 이미 나온 것처럼 '자주 삭'이니 삭예數譽는 '자주 기리다'는 말이다. 따라서 치삭예致數譽는 '자주 (명예를) 기리기를 그만 두라'는 뜻이다.

그리고 한 걸음 더 나아가 아예 명예 따위는 기리지 말라[無譽]고 한다. 명예를 기리는 일은 잘난 척하는 일이고 그렇게 잘난 척하기를 좋아하다가는 마침내 본성을 해칠 수도 있기 때문이다.

○ 不欲琭琭如玉 珞珞如石

녹록琭琭은 옥의 모양, 또는 옥과 같이 작고도 진귀한 모양을 말한다. 낙락珞珞은 물건이 많은 모양을 가리킨다. 그러므로 이 글월은 옥과 같이 빛나려 하지 말고[不欲琭琭如玉] 돌과 같이 흔하고 값없이 되라[珞珞如石]는 말이다. 기리기를 자주 하는[數譽] 것이 옥과 같이 빛나려 하는 것이다. 제아무리 권세가 높을지라도 스스로 자신을 기리려고 하면 비웃음이나 사게 된다. 돌과 같이 흔한 모습이 되어라. 이 얼마나 아름다운 말씀인가.

제40장 명리名利는 잃어도 본성을 지키니 도道의 효용이라

여느 사람들 생각과 반대인 것이 도道의 움직임이요,	반 자 도 지 동 反者 道之動
약弱하여 잃고 패하는 것이 도道의 효용이니라.	약 자 도 지 용 弱者 道之用
천하만물은 유有에서 생겨나고	천 하 만 물 생 어 유 天下萬物 生於有
유有는 무無에서 생겨나느니라.(그러므로 더 얻으려 애쓰지 말고 본성이나 제대로 지켜 살다 가는 것이 으뜸일 것이니라)	유 생 어 무 有生於無

이경숙은 자신의 책 《노자를 웃긴 남자》나 《완역 이경숙 도덕경》 여러 곳에서 글귀의 순서를 바꾸어 읽는다. 글귀 순서를 바꾸어 쓰는 것이 노자가 글을 쓰는 버릇이라는 것이다. 그래서 이 장도 다음과 같이 순서를 바꿔 읽어야 뜻을 제대로 알아낼 수 있다고 주장한다.

도지동 반자야 유생어무 도지용 약자야 천하만물 생어유
道之動 反者也 有生於無 道之用 弱者也 天下萬物 生於有

그래서 이경숙은 이 글귀를 '도의 움직임은 반反하는 것이라 무에서 유가 생기고, 도의 쓰임은 약하나 유에서 천하 만물이 생긴다'는 뜻이라고 한다. 그런데 이 풀이가 정말 맞는 것일까? 굳이 순서를 바꾸어 읽어야만 해석할 수 있는 것일까? 순서를 바꿔 쓰는 것이 노자의 버릇이라는 근거는 무엇인가.

나는 이 글귀가 순서를 바꿔야만 제대로 풀이해 낼 수 있는 것은 아니라고 생각한다. 글을 풀이해 본 뒤 뜻이 잘 통하도록 바꿔 읽을 수는 있겠으나, 처음부터 순서를 바꿔 읽어야만 뜻이 통한다는 것은 말이 되지 않는다. 무엇보다도 그래야 할 근거가 없기 때문이다. 노자는 노스트라다무스가 아니다. 노자가 알쏭달쏭한 글로 사람들을 골탕 먹이거나, 말장난을 즐기려고 《도덕경》 오천언五千言을 쓴 것은 아니다.

○ 反者 道之動

자者는 앞 말의 수식을 받아 전체를 명사구로 만들어주는 특수대사다. '~라는 것'이라는 뜻이다. 따라서 반자反者 도지동道之動은 "반反이라고 하는 것은 도道의 움직임"이라는 뜻이다. 그리고 반反은 '거스를 반'이니 '거스르는 것'이 도道의 움직임이라는 말이다. 도道는 사람들이

생각하는 것과는 반대로 움직이기 때문이다. 사람들은 잘난 척하고 자신을 드러내려 하지만 도道는 자신을 드러내지 않으며 잘난 척 나서지도 않는다.

○ 弱者 道之用

약자弱者도 마찬가지로 '약弱이라고 하는 것'이라고 옮길 수 있다. 용用은 '작용 용, 효용 용'이니 도지용道之用은 '도道의 작용(효용)'이라는 뜻이다. 그러므로 이 글귀는 "약弱이 도道의 작용", "도道의 작용은 약弱"이라는 말이다.

약弱은 '약할 약, 잃을 약, 패할 약'이다. 따라서 도道의 작용은 '약함'이고 '잃음'이며 '패함'이다. 강자가 되려 하고 이기려 하고 무언가 얻어 제 것을 불리려 하는 것이 세상인심이다. 그러나 도道의 작용은 그렇지 않다. 약해서 늘 패배한다. 아예 다투려 하지 않으며 뒤로 물러선다. 제 아무리 많은 것을 지닌 강자라 하더라도 한 목숨 잃으면 그만(萬物無以生將恐滅, 제39장)이다. 그러므로 도道는 남과 다퉈 이기려 하거나 명예와 권세를 얻으려 하지 않는다. 약하므로 다투지 않고, 늘 패배하여 뒤로 물러나며 세상명리를 버리지만 본성을 지키게 하는 것이 바로 도의 효용이다.

○ 天下萬物 生於有 有生於無

"천하 만물은 유有에서 생겨나고, 유有는 무無에서 생겨나다"는 뜻이다. 그러므로 더 얻으려 할 것이 무엇이 있겠는가. 무無에서 생겨나 존재하게 되었고 존재할 가치와 미덕을 지니게 되었으니 그것으로 족하지 않겠는가.

따라서 더 얻으려 애쓰고 남을 이기려 다툴 까닭이 없는 것이다. 오로지 제 본성 하나 지켜 편안히 살다 가면 그뿐인 것이다.

제41장 도道라고 이름 짓지 말라

상사上士들은 도道를 듣더니 근심하다가 그를 가게 하고,

상사문도 근이행지
上士聞道 勤而行之

중사中士들은 도道를 듣더니 살펴보는 것도 같고 업신여기는 것도 같으며,

중사문도 약존약망
中士聞道 若存若亡

하사下士들은 도道를 듣고는 크게 비웃는구려.

하사문도 대소지
下士聞道 大笑之

비웃지 아니하면 도道라고 할 수 없는 것이오?

불소부족이위도
不笑不足以爲道

그러므로 왕께 아뢰나니 이런 것이옵니다. 밝혀 말함은 이같이 어리석고,

고건언유지 명도약매
故建言有之 明道若昧

나아가 말했더니 이같이 물리치며, 깎고 다듬어 말했더니 이같이 어그러졌나이다.

진도약퇴 이도약뢰
進道若退 夷道若纇

가르치기를 더했으나 이같이 막히고 듣는 사람들은 심히 흘겨보니 이같이 욕을 보나이다.

상덕약곡 대백약욕
上德若谷 大白若辱

널리 가르쳐 보았으나 이같이 만족시키지 못하였으니 가르침을 베푼다는 것이 이같이 구차하옵니다.

광덕약부족 건덕약투
廣德若不足 建德若偸

하문下問하오신 데 대해 답을 올린다는 것이 말이 딴 데로 새었나이다.

질진약투
質眞若渝

크게 떳떳하니 숨길 구석은 없나이다. 거북과 훈장을 크게 여기나 늦게 이루어지나이다.

대방무우 대기만성
大方無隅 大器晚成

위대하다고 전하는 말은 가르침이 성기니 크게 본빛이 보아도 실제가 없나이다.

대음희성 대상무형
大音希聲 大象無形

도道란 숨는 법이니 (도道라고) 이름 짓지 마소서.

도道는 오로지 잘 빌려줄 뿐 다스려 통제하기는 머뭇거리는 법이옵니다.

도 은 무 명 부
道隱無名夫

유 도 선 대 저 성
唯道善貸且成

이 장은 노자가 왕과 이야기를 나누는 장면이다. 뒤에 나오는 건
언유지建言有之에서 '건언建言'이 왕에게 생각을 아뢰는 것을 말하기
때문이다. 건언建言할 수 있었다는 것은 노자의 지위가 꽤 높았다
는 것을 말한다. 다만 도서관 책임자였다는 기록을 본다면 벼슬이
높지는 않았을 것이나, 왕사王師, 또는 조정의 선생으로서 꽤 든든
한 권위를 지니고 있었음은 분명한 것 같다.

노자가 조정 관리나 제후들에게 도道에 대해 강의를 했다. 그런데
듣는 사람들 반응이 제각각이었다. 크게 비웃는 자들도 있었다. 이
를 지켜본 왕이 노자에게 물었다. 이게 어찌된 일이냐, 이렇게 비웃
는 이들까지 나오다니 도道라는 것이 본디 그런 것이냐고 물었을
것이다. 이에 대해 노자가 제 생각을 아뢰고 당부하는 장면이다.

○ 上士聞道 勤而行之

여기에서 '사士'는 제후가 가신들에게 내린 작위[93] 가운데 하나다.
선비라기보다는 무사들이었을 것이다. 가장 낮은 작위다. 그 가운데 상
사上士는 무사이면서도 어느 정도 학식을 갖춘 이들일 테고, 하사下士
는 한낱 무부武夫로서 무지렁이에 가까운 이들이었을 것이다.

상사문도上士聞道는 '상사上士가 도道를 듣다'는 뜻이다. 노자로부터
도道에 대해 강의를 들었다는 말이다.

근이행지勤而行之는 흔히 '힘써 그것을 행하다'로 옮기고 있지만, 그
런 풀이가 옳다면 근행지勤行之로 쓰면 될 일이지 굳이 접속사 이而를
넣어야 할 까닭이 없다.

근勤은 '근심할 근, 괴로워할 근'이다. 도道를 들으니 근심하고 괴로
워하더라는 것이다. 노자가 말하는 도道는 잘난 척, 아는 척 나서지 말

---

93) 천가, 곧 주나라 왕이 제후들에게 내리는 오등작五等爵(공公, 우候, 백伯,
자子, 남男)과 제후가 가신들에게 내리는 육등작六等爵(군君, 경卿, 대부大
夫, 상사上士, 중사中士, 하사下士)이 있었다.

라는 것이다. 지위와 부를 좇아 '체'하고 나서기 좋아하는 이들에게 그러지 말고 본성(목숨, 몸)을 지키는 데나 힘쓰라고 한다. '체'하고 꾸미고 나서면서 이 자리까지 올라왔는데 그러지 말라고 하니 듣기가 괴롭다. 선생이라고 모셔온 이가 아픈 곳을 찌르는 소리만 하니 더 이상 듣고 있을 수가 없다. 그래서 그를 가게 했다[行之]. 더 이야기하지 말고 그만 돌아가라고 했다는 말이다. 이때 행行은 '가게 할 행'이며 지之는 노자를 가리키는 인칭대사다. 이때 이而는 결과를 나타내는 접속사다. '~하더니 곧'이란 뜻이다.

○ 中士聞道 若存若亡

중사中士는 상사上士 다음 작위다. 잘 하면 상사上士가 될 수도 있겠지만 그렇게 되기가 쉽지도 않았을 것이다. 이런 사람들이 도道를 듣더니[中士聞道] 약존약망若存若亡한다는 것이다.

우리는 존망存亡이라는 한자말을 잘 알고 있고 가끔 쓰기도 한다. 그러다 보니 거의 모든 역자들이 존存을 '살아 있다, 존재하다', 망亡을 '망하다, 죽다'로만 생각한다. 그리고 약若은 '같을 약'이니 약존약망若存若亡을 '산 것도 같고 죽은 것도 같다', 또는 '있는 것도 같고 없는 것도 같다'는 뜻이라고 말한다. 그렇다면 도대체 무엇이 살아 있는 것 같고 무엇이 죽어 없는 것 같다는 말인가? 번역한 이가 스스로 생각해도 말이 안 되니 '이럴까 저럴까 망설인다'는 둥, '도를 따를까 말까 우왕좌왕한다'는 둥 넘겨짚어 보지만 그런 뜻이 결코 아니다.

존存은 '있을 존'이 아니라 '살필 존'이다. 노자가 하는 말이 정말 맞는 말인지 살펴보는 것 같더라[若存]는 것이다. 망亡은 '업신여길 망'이다. 무슨 그런 소리를 다 하느냐며 노자가 하는 말을 업신여기는 것 같기도 하더라[若亡]는 말이다.

○ 下士聞道 大笑之

하사下士는 제후가 내린 작위 가운데 가장 낮다. 자질과 능력이 모자라고 배운 바도 없다. 따라서 이들은 도道라는 것을 듣더니 무슨 그런 해괴한 소리가 다 있느냐며 크게 웃더라는 것이다. 이때 소笑는 '웃을 소'인데 '비웃다'는 뜻이다. 적어도 중사中士들은 노자가 하는 말이 옳은지 그른지 이리저리 살펴보기라도 하는데, 하사下士들은 다들 크게 비웃더라는 말이다. 이때 지之는 노자 또는 노자가 말하는 道를 가리키는 인칭대사다.

○ 不笑不足以爲道

이 글귀는 왕이 노자에게 묻는 말이다. 족이足以는 '~할 수 있다'는 뜻이다. 가이可以도 같은 뜻이다. 그러므로 부족이不足以, 또는 불가이不可以는 '~할 수 없다'는 뜻이다.

위爲는 '할 위'인데 '~라고 이르다'는 뜻이다. 그러므로 이 글귀는 사람들이 "(듣고) 웃지 않으면 도道라고 이를 수 없는가"라는 말이다. 무지렁이와 크게 다를 바 없다고는 하지만, 그래도 하사下士라는 작위를 지닌 이들조차 도道를 듣고는 크게 비웃어 버린다. 노자를 불러 강의를 마련한 왕 또한 당황하고 착잡했을 것이다. 그래서 기껏해야 비웃음을 사는 것이 도道라는 것이냐, 그대가 말하는 도道라는 것이 비웃음을 살만큼 하찮은 것이냐고 왕이 묻고 있는 것이다.

○ 故建言有之

건언建言은 왕에게 생각을 아뢴다는 뜻이니 왕의 물음에 노자가 대답하고 있는 것이다. 유지有之는 '이런 것이 있다'는 뜻이다. 그러므로 고건언유지故建言有之는 "그러므로 왕께 아뢰나니 이런 것이 있습니다"

라는 뜻이다. 조정 관리들에게 도道를 밝혀 말했지만 그걸 알아듣는 사람은 적고, 오히려 큰 비웃음을 사게 되었다. 강의가 어그러지고 왕조차 노자의 강의를 탐탁찮게 생각한다. 그래서 노자가 왕에게 제 생각을 아뢰겠다는 말이다.

○ 明道若昧

여기에서 도道는 '도 도'가 아니라 '말할 도'다. 왜 '말할 언言'을 쓰지 않은 것일까? 바로 앞에서 왕께 아뢰는 것을 건언建言이라고 썼기 때문에 헷갈리지 않게 하려고 같은 뜻을 지닌 다른 글자를 쓴 것이다. 그런데 오히려 뒷사람들을 더 헷갈리게 만들어 오해에 오해를 더하게 되었다.

명明은 '밝힐 명', 도道는 '말할 도'이니 명도明道는 '밝혀 말하다'는 뜻이다. 약若은 '같을 약'이 아니라 '이같을 약'인데 여기에서는 부사로 전성된 것이다. 매昧는 '어두울 매'인데 '어리석다'는 뜻이다. 따라서 이 글귀는 "(도道에 대해) 밝혀 말함은 이같이 어리석다"로 새길 수 있다. 도道라는 것을 밝혀 말하다가 이렇게 비웃음을 사게 되었으니 이 얼마나 어리석은 일을 하고 있느냐는 탄식이다. 참으로 씁쓸해 하는 노자의 모습이 보이는 것 같다.

○ 進道若退

이 글귀를 '나아가는 도進는 물러서는 것 같다'고 옮길 수는 없다. 텅 비어 있는 도道가 어찌 나아가며 어찌 물러설 수 있단 말인가? 여기에서 진도進道는 '나아가 말했다'고 옮겨야 한다. 道가 '말할 도'이기 때문이다. 약若은 '이같을 약', 퇴退는 '물리칠 퇴'다. 따라서 약퇴若退는 '이같이 물리친다'는 말이다. 여러 사람들이 노자의 강의를 크게 비웃고[大笑之] 그를 돌려보냈다[行之]고 했으므로, 약퇴若退는 강의하는 노자를 이같이 물리치더라는 말이다.

○ 夷道若纇

이夷는 '깎을 이'이니 이도夷道는 '깎아 말했다'는 말이다. 본디 이夷는 '풀을 벤다'는 뜻인데 더부룩하게 난 풀을 베어 땅을 말끔하게 한다는 것이다. 도道에 무성히 나 있는 풀, 곧 삐죽삐죽 튀어나와 복잡하게 얽혀 있는 것들을 깎고 쳐내어 깔끔하게 풀어서 말했다[94]는 것이다.

그런데 도리어 비웃음을 사고 물리침을 당하니 강의가 이같이 어그러졌다[若纇]. 뢰纇는 '어그러질 뢰'다. 강의가 예상과 다르게 흘러가 제대로 되지 않았다는 얘기다.

○ 上德若谷

상덕上德을 '훌륭한 덕, 높은 덕, 최상의 덕' 등으로 옮기지만 덕德에도 등급이 있다는 말은 듣지 못했다. 광덕廣德도 마찬가지다. 이를 '(참으로) 넓은 덕'이라고 옮기는 이들이 많지만 덕이 넓다는 것이 무슨 말인지 알 수 없다. '넓은 덕'이 있다면 '좁은 덕'도 있다는 말인가?

상上은 '더할 상'이다. 덕德은 '덕 덕'인데 여기에서는 '교화敎化'를 가리킨다. 가르치고 이끌어서 올바른 길로 나아가게 함을 말한다. 따라서 상덕上德은 '교화를 더하다', 곧 바른 길로 이끌려고 가르치기를 더했다는 말이다. 약若은 '이같을 약', 곡谷은 '막힐 곡'이다. 따라서 약곡若谷은 '이같이 막혔다'로 볼 수 있다.

그러므로 이 글귀는 "(바른 길로 이끌려고) 교화하기를 더했으나 이같이 막혔다"는 말이다. 섣불리 나서다가는 죽거나 다치기 쉬우니 '체'하며 나서지 말고 오로지 몸을 뒤로 물려 본성을 지킬 길이나 찾으라고 가르쳤다. 그런데 아무도 일아듣지 못한다. 그래서 더 사세히 밀해

---

94) 좌기예 해기분挫其銳 解其紛(제4장)

보려고 했으나 꽉 막힌 절벽과 같더라는 말이다.

○ 大白若辱

대大는 '클 대'인데 '심하다'는 뜻이 있다. 백白은 '흘겨볼 백'이다. 따라서 대백大白은 '심히 흘겨본다'는 말이다. 부와 지위를 좇기에 여념이 없는 사람들이 비판하는 말을 듣고 심히 흘겨보더란 것이다. 그러니 이같이 욕을 본다[若辱]. 강의를 알아듣기는커녕 오히려 흘겨보기나 하니 참으로 치욕스럽다.

○ 廣德若不足

광廣은 '넓을 광'인데 여기에서는 '널리'라는 부사로 전성된 것이다. 덕德은 '덕 베풀 덕'이다. 이때 베푸는 덕은 상덕上德의 덕德과 마찬가지로 '교화敎化'라는 뜻이다. 따라서 광덕廣德은 '널리 덕(교화)을 베풀다', 곧 '널리 가르침을 펴다'는 말이다. 널리 가르침을 펴보았지만[廣德] 여러 사람들을 모두 만족시키지는 못했다. 따라서 족足은 '족할 족'이 아니라 '족하게 할 족'이며 약부족若不足은 '이같이 만족시키지 못했다'는 말이다.

○ 建德若偸

건建에는 '베풀다'는 뜻이 있다. 따라서 건덕建德은 '덕德을 베풀다'는 말인데 덕德은 앞서 나온 것처럼 '교화敎化'이니 '가르침을 베풀다'는 뜻이다. 투偸는 '구차할 투'다. 따라서 이 글귀는 "가르침을 베풀었지만 이같이 구차하다"는 말이다.

선생이라고 불려 와서 열심히 강의했지만 비웃음을 살 뿐이다. '체' 하지 말라고 가르치면서 정작 본인이 나서서 '체'하고 있다고 느꼈을지도 모른다. 이러고도 선생이라고 불릴 자격이 있는가, 이러고도 가르침을 베풀고 다녀야 하는가, 참으로 구차하다는 생각이 들었던 것이다.

○ 質眞若渝

그런데 왕이 묻기는 '비웃지 아니하면 도가 될 수 없는 것이냐'고 했는데 말을 하다 보니 논점이 어긋나 이야기가 빗나가고 말았다. 질質은 '대답할 질'인데 본디 윗사람의 물음에 대답한다는 뜻이다. 따라서 질진質眞은 진리에 대해 임금이 물었다는 말이다. 그래서 대답을 하려 했는데 이야기를 하다 보니 논점이 '이와 같이 변했다〔若渝〕'는 것이다. 투渝는 '변할 투'다.

○ 大方無隅

대大는 '크게 대'다. 방方은 '모 방'이 아니라 '떳떳할 방'이다. '체'하지 말고 나서지 말라, 곧 무위無爲하라고 입이 닳도록 말했건만 사람들은 알아듣지 못하고 노자를 비웃고 욕보인다. 그러나 진리를 말했으니 크게 떳떳할 뿐이다〔大方〕. 우隅는 '구석 우'이니 무우無隅는 '구석이 없다'는 말이다. 숨길만한 구석이 없다는 것이다. 무위無爲함으로써 본성을 지킬 수 있음은 자명한 진리이므로 뭇사람들이 비웃고 욕보인다 하더라도 내 생각을 숨길 까닭이 없다. 자명한 것은 스스로 드러날 것이니 숨길 구석도 없다.

○ 大器晩成

대기만성大器晩成은 널리 알려진 말이다. '큰 그릇은 늦게 이루어진다,' '큰 인물이 되는 데는 오래 시간이 걸린다'는 뜻이다. 그런데 이상하다. 이 대목에서 이 말이 나올 까닭이 없기 때문이다.

여기에서 기器는 '그릇 기'이지만 벼슬에 따라 주어지는 훈장이나 거복車服[95]을 가리키기도 한다. 대大는 '크게 여길 대'다. 따라서 대기大器는 '거복과 훈장을 크게 여기다', 곧 높은 벼슬에 올라 화려함과 위엄을 드러내기를 크고 중요한 일로 생각한다는 뜻이다.

그러나 그런 일은 늦게 이루어진다[晚成]. 능력이 뛰어나고 큰 공을 세워 젊은 나이에 높은 벼슬을 얻는 일도 드물게 있기는 하지만, 벼슬은 흔히 연공年功, 곧 벼슬자리에 오른 햇수에 따라 정해진다. 벼슬자리에 나아가는 것도 오래 공부하고 덕을 닦아 시험에 통과하거나 명성이 알려져야 할 수 있는 일이다. 따라서 벼슬자리에 오르는 일도 그렇거니와 벼슬이 높아져 화려한 거복으로 치장하고 위엄을 드러내는 일은 쉽게 이룰 수 없다. 오랜 연공과 경력이 필요한데 그것이 바로 위爲다. 나를 꾸미고 드러내야만 하는 일이니 오랫동안 위爲해야 가능하다. 따라서 이 글귀는 "화려한 거복을 크게 여기지만 이루기는 오래 걸린다"는 말이다.

○ 大音希聲

음音은 '소리 음'이 아니라 '소식 음'인데 여기에는 전언傳言이란 뜻이 있다. '말을 전하다' 또는 '전하는 말'이란 뜻인데 여기에서는 내로라하는 선비들, 곧 제자백가諸子百家가 주장하는 여러 학설을 가리킨다. 출판이나 통신 수단이 없다시피 했던 시절이니 학문을 편다는 것은 얼굴을 마주하고 강의하거나, 강의를 들은 사람들이 전하는 소문을 탈 수밖에 없었다. 따라서 대음大音은 '전하는 말이 크다'는 뜻이다. 이것이 바로 진리라고 주장하는 여러 학설이 겉으로는 참으로 크고 훌륭해 보이더라는 말이다.

희希는 '성길 희'다. 성聲은 '소리 성'인데 '가르침'이란 뜻이 있다. 따

---

95) 수레와 옷이란 뜻인데 지위에 따라 수레 크기와 옷 색깔을 달리 했다.

라서 희성希聲은 '가르침이 성기다', 곧 말하는 내용이 정교하지 못하여 별 볼일이 없다는 말이다.

○ 大象無形

대상大象이 '큰 코끼리'를 가리키지는 않을 것이다. 그러나 그렇다고 해서 대상大象을 '큰 형상'이나 '큰 모양'이라고 옮길 수 있는 것도 아니다. '큰 형상(모양)'이라는 것이 무엇을 가리키는지 알 수도 없거니와, '큰 형상은 형체가 없다'는 궤변이 나올 수밖에 없기 때문이다.

대大는 '크게 대'다. 상象은 '본받을 상' 또는 '본뜰 상'이다. 따라서 대상大象은 '크게 본받다(본뜨다)'는 말이니 이리저리 뜬소문마냥 전해지는 학설을 진리로 알고 따라 실천해 본다. 그러나 실질도 없고 형체도 없으니〔無形〕 스러지는 새벽 안개와 같고 흩어지는 구름과 같다.

○ 道隱無名夫 唯道善貸且成

도道는 겉으로 드러나지 않고 숨어 있다〔道隱〕. 이때 은隱은 부귀나 명예를 버리고 숨는다는 말이니, 도道를 따르는 이도 자신을 드러내거나 벼슬이나 명예를 얻으려고 하지 않는다.

그러므로 제자백가諸子百家가 저마다 내세우는 학설은 결코 도道라고 이름 지을 수 없는 것들이다. 너도 나도 제 학설을 도道라고 이르지만 따지고 보면 자신을 드러내어 입신양명하려 할 뿐이니 모두 위爲, 곧 '체'하며 나서는 것에 지나지 않는다. 참된 도道는 드러내지 않고 숨는 법인데 이렇게 '체'하고 나서니 어찌 도道라고 할 수 있겠는가. 무無는 '말 무', 명名은 '이름 지을 명'이니 무명無名은 '이름 짓지 말라', 곧 도道라고 부를 수 없는 것에 도道라는 이름을 지어 붙이지 말라는 것이다. 부夫는 감탄사다.

○ 唯道善貸且成

선善은 '옳게 여길 선'이다. 대貸는 '빌릴 대'인데 '빌려준다'는 말이다. 且는 '또 차'가 아니라 '머뭇거릴 저'다. 성成은 '이룰 성'이 아니라 '다스릴 성'이다. 따라서 선대저성善貸且成은 '빌려주기를 옳게 여기며 다스리기는 주저한다'는 말이다. 도道라는 것은 입신양명立身揚名하려는 도구가 아니며, 삶을 통제하고 억압하는 근거도 아니라는 말이다. 얼마나 많은 학설과 교리가 도道라는 이름을 달고 자유를 억눌러 왔는지 생각해 보라.

도道라는 것은 오로지[唯道] 빌려주기를 옳게 여긴다[善貸]. 도道는 오로지 사람들이 제 본성을 다치지 않고 자유롭게 살아갈 수 있도록 원리를 제공한다는 말이다. 그러나 다스리기는 머뭇거린다[且成]. 통제하고 억압하는 근거가 되려고 하지는 않는다는 것이다.

제42장 물고기를 못 잡았다 해서 그물을 찢겠는가

학문이란 것이 생겨났는데, 하나하나 생겨나고 짝 지어 생겨나더니	도 생 일 일 생 이 이 생 道生 一一生 二二生
무리를 지어 여러 학파를 낳았도다.	삼 삼 생 만 물 三三生萬物
학파들은 그늘을 부끄러워하고 밝음을 안으려 하니	만 물 부 음 이 포 양 萬物負陰而抱陽
부딪치는 기세로써 글을 지어 화답하며 논쟁하는구나.	충 기 이 위 화 沖氣以爲和
다른 이를 헐뜯는 바가 비록 고孤, 과寡, 불곡不穀 이지만,	인 지 소 오 수 고 과 불 곡 人之所惡 唯孤寡不穀
왕 노릇하는 제후들이 쓰니 '체'하는 이름이라.	이 왕 공 이 위 칭 而王公以爲稱
그런 까닭에 듣던 무리가 괴이쩍어 하며 그를 헐뜯고 하는 말을 가로막고,	고 물 혹 손 지 이 익 故 物或損之而益
또는 그를 가로막고 헐뜯었느니라.	혹 익 지 이 손 或益之而損
(임금께 아뢰나이다) 다른 이들이 가르치는 바인데 저 또한 그것을 가르친다면 군더더기일 뿐이옵니다.	인 지 소 교 아 역 교 지 강 人之所敎 我亦敎之强
어량魚梁이 물고기를 못 잡았다 해서 어찌 쓸모가 없겠나이까?	량 자 부 득 기 사 梁者不得其死
제가 청하옵나니 저를 임용하여 교부敎父로 삼으소서	오 장 이 위 교 부 吾將以爲敎父

이제껏 세상에 나온 《도덕경》 해설서 또는 주석서들은 거의 다 왕필본을 따르고 있지만 왕필이 해 놓은 주석이 절대 기준인 것은 아니다.

짐작컨대 이 장은 노자가 벼슬살이를 하게 되는 이야기를 담고 있는 것 같다. 주나라는 날이 갈수록 쇠미해지고 천하의 제후들은 제가끔 왕을 칭하며 천하 패권을 다투던 시절에 제자백가諸子百家도 나타났다. 이러저러한 학파들이 나타나고 이른바 선비라는 사람들은 공명功名을 탐내어 제 학파, 제 학설이 정치이념으로 채택되기를 바랐다. 선비들이 벌이는 그런 행태를 못마땅하게 생각한 사람이 노자다.

그런데 여기에서는 노자가 벼슬자리에 나아가려 하는 것으로 보이니 노자는 언행이 일치하지 않는 사람이다. 바로 이 대목에서 우리는 노자가 겪었던 갈등과 고뇌를 읽을 수 있어야 한다.

○ 道生

이 글귀를 흔히 하듯 도생일道生一에서 끊으면 그 다음은 일생이一生二, 이생삼二生三, 삼생만물三生萬物로 끊어 읽을 수밖에 없다. 그렇게 되니 '도道가 일一을 낳고, 일一이 이二를 낳으며, 이二가 삼三을 낳고, 삼三이 만물萬物을 낳았다'는 알 듯 말 듯한 소리가 나올 수밖에 없다. 하상공河上公[96]에 따르면 그것은 제가끔 태극太極, 음양陰陽, 천지인天地人을 가리킨다고 하지만 《도덕경》 어디를 보아도 그에 대한 근거는 없다. 일一, 이二, 삼三이 무엇을 가리키는지 알 수가 없으니 음양가陰陽家의 설을 끌어온 것일 뿐이다. 끊어 읽기가 잘못되었을지도 모른다는 생각은 꿈에도 하지 않는다.

---

96) 하상장인河上丈人이라고도 한다. 전해지는 《도덕경》 주해서 가운데 가장 오래된 《하상공장구河上公章句》를 지었다고 한다.

여기에서 도道는 '학문'을 가리킨다. 생生은 '낳을 생'이 아니라 '생길 생'이다. 따라서 도생道生은 "학문이 생겨났다"는 뜻이다. 사상 체계가 정립되면서 도道, 곧 학문이라고 부를 만한 것들이 생겨났다는 말이다.

○ 一一生 二二生 三三生萬物

일일생一一生은 '하나하나 생겨났다'는 말이다. 이런 학문, 저런 학파가 하나씩 생겨났다는 것이다. 이이생二二生은 '둘씩 짝지어 생겨났다'는 말이다. 어떤 학문이 나타나 힘을 얻게 되자 그와 비슷한 학문이 나타나거나 그에 대한 반동, 또는 반발로 또 다른 학파가 나타났다는 말이다. 삼삼생만물三三生萬物에서 삼삼三三은 삼삼오오三三五五란 말에서 알 수 있는 것처럼 '무리 짓다'는 말이다. 생生은 '낳을 생'이다. 따라서 삼삼생만물三三生萬物은 '무리지어 만물萬物이 생겨났다'는 말이다.

그런데 여기서 말하는 만물萬物은 '세상에 있는 모든 물物'을 가리키는 것이 아니다. 만萬은 '다수, 여럿'이란 뜻이고 물物은 '무리 물'이니 만물萬物은 '여러 무리', 곧 여러 학문 문파를 가리킨다. 춘추전국시대에 걸쳐 들불처럼 일어나던 제자백가諸子百家를 가리키는 것이다. 그러므로 이 글귀는 학문이 하나하나 생겨나고[一一生] 짝지어 생겨나더니[二二生] 마침내 선비들이 무리를 지어[三三] 여러 학파가 생겨나게[生萬物] 되었다는 말이다.

노자가 신비한 도술道術에 대해 말한 적은 없다. 우주 삼라만상의 기원을 따지지도 않았으며, 난해한 형이상形而上을 말하지도 않았다. 그런 시선으로 노자를 바라보는 것이야말로 바로 '체 함', 곧 위爲다. 노자의 말은 그다지 거창할 것도 없는 단순명쾌한 사실일 뿐이다.

○ 萬物負陰而抱陽

만물萬物은 여러 학파 무리, 곧 제자백가諸子百家를 가리키는 것이라고 했다. 제자백가의 여러 선비들은 당시 부국강병과 패업을 이루고자 했던 제후들에게 등용되어 제 학문을 널리 펴려 했다. 그러니 다른 선비나 학파의 그늘에 가려 있으려 하지 않았고, 너나 할 것 없이 자신을 드러내고 밝은 데로 나서서 명예와 지위를 얻고자 했던 것이다.

부負는 '부끄러워할 부'이니 부음負陰은 '그늘(어둠)을 부끄러워하다', 곧 세상에 알려지지 않고 어두운 곳에 숨어 있음을 부끄럽게 여긴다는 말이다. 포抱는 '안을 포'다. 따라서 포양抱陽은 양陽, 곧 '밝음을 안다'는 말이니 천하에 자신을 밝혀 드러내고 명리를 얻는다는 말이다.

따라서 이 글귀는 제자백가諸子百家의 여러 선비들이 음지陰地(그늘진 곳, 응달)에 남아 알려지지 않음을 부끄러워하고 양지陽地에서 서기를 바란다는 말이다. 자신을 환히 드러내 지위와 명예를 얻고자 하는 바람 또한 '체'하고자 하는 마음, 곧 위爲다.

○ 沖氣以爲和

이 글귀에서 충기沖氣를 어떻게 옮길 것이냐 하는 것이 문제가 되고 있다. 어떤 이는 '기氣를 비우다'로 옮기지만, 충沖은 '빌 충'이지 '비울 충'이 아니다. 목적어를 취하는 타동사가 아니란 말이다. 또 다른 이는 '기氣가 합하다'로 옮기지만 충沖에 '합하다'는 뜻이 있는 것은 아니며,[97] 만일 그런 뜻이라면 기충氣沖이라고 썼을 것이다.

충沖은 '부딪칠 충'이다. 세간에서 충衝을 대신하여 쓰는 글자다. 따라서 충기沖氣는 '부딪치는 기세'라는 말이다. 학파마다 의견이 다른데 그기세가 맞부딪치는 것 같다는 말이니 의견이 날카롭게 대립한다는 것이다. 위爲는 '지을 위'다. 시문을 짓는다는 말이니 글을 쓴다는 뜻이다. 화和는 '화답할 화'인데 서로 응하여 대답한다는 뜻이다. 따라서 위화爲和는 '글을 지어 화답한다'는 말이다. 그러므로 충기이위화沖氣以爲和는

---

97) 일부 온라인 사전에 '화和하다'는 뜻이 올라와 있기는 하지만 화和와 합合은 다른 것이다.

"부딪치는 기운으로써 글을 지어 화답한다", 곧 날카로운 논쟁이 벌어지고 서로 글을 지어 상대방을 비판하는 기운이 충돌하더란 말이다.

○ 人之所惡 唯孤寡不穀而

이곳은 스스로 왕을 칭하며 천하 패권을 잡으려는 야망을 지니고 있으면서도 남들 앞에서는 겸손한 척하는 제후들을 비판하는 내용이다.

惡는 '나쁠 악'이 아니라 '헐뜯을 오'다. 인人은 '다른 사람'이란 뜻인데 오惡의 목적어였던 것이 앞으로 나가면서 그것이 목적어임을 알려주는 구조조사 지之가 붙은 것이다. 그래서 인지소오人之所惡는 '다른 이들을 헐뜯는 바'라는 뜻이다. 唯는 '오직 유'가 아니라 '비록 수'다. 수雖와 같다.

고孤[98], 과寡[99]는 제39장에도 나온 바 있는데 제후諸侯들이 자신을 가리키는 말로 썼다. 한편 곡穀은 '곡식 곡'이 아니라 '좋을 곡'이니 불곡不穀은 '좋지 않다', 곧 불선不善이란 뜻인데 이 또한 왕후王侯들이 겸양하여 자신을 부르는 말이다. 그러므로 수고과불곡이唯孤寡不穀而는 "다른 이들을 헐뜯는 바가 비록 고孤(고아孤兒, 애비 에미 없는 놈), 과寡(모자란 놈), 불곡不穀(못된 놈)이라고 하지만"이라고 본다. 이而는 역접을 나타내는 접속사다.

○ 王公以爲稱

여기에서 왕王은 '임금 왕'이 아니라 '왕 노릇할 왕'이다. 공公은 제후 가운데 으뜸 작위爵位다. 따라서 왕공王公은 '왕 노릇하는 공公'이라는 말이다. 본디 왕王은 주나라 임금, 곧 천자에게만 붙이던 칭호였는데 천하의 주인인 왕王을 칭하고 나서는 제후들이 있더라는 말이다.

---

98) 고아孤兒라는 뜻이다.
99) 과인寡人이라고도 하면 '덕이 적은(모자란) 사람'이란 뜻이다.

이以는 '쓸 이'다. 위爲는 '체할 위', 칭稱은 '이름 칭'이니 위칭爲稱은 '체하는 이름'이라는 뜻이고, 이위칭以爲稱은 '체하는 이름으로 쓴다'는 말이다. 따라서 이 글귀는 "왕 노릇하는 제후들이 (겸칭으로) 쓰는데 (이는) 체하는 이름"이라는 뜻이다. 자신을 낮추고 겸양하여 고孤, 과寡, 불곡不穀이라는 칭호를 쓰지만, 따지고 보면 '체하는 것'에 지나지 않는다는 말이다. 천하를 제패하려는 야망을 지닌 이들이 다른 이들 앞에서는 저를 낮추어 '애비에미 없는 놈', '모자란 놈', '못된 놈' 따위로 부르니 제 속셈을 숨기고 겸손한 척하는 것이 아니고 무엇이겠는가?

○ 故 物或損之而益 或益之而損

고故는 '고로 고'다. '그러므로, 그런 까닭에'라는 뜻이다. 제후들이 왕 노릇하면서 고, 과, 불곡이라고 자신을 낮추어 부르며 겸손한 척한다고 꼬집으니 듣던 무리가 손지이익損之而益하기도 하고 익지이손益之而損하기도 하더라는 말이다.

물物은 '무리 물'이다. 강의를 듣던 선비, 또는 가신家臣들을 가리킨다. 혹或은 '괴이쩍어할 혹'이다. 노자는 제후가 왕 노릇을 하면서 스스로 고, 과, 불곡이라 칭하는 것은 모두 '체'하는 이름이라고 비판했다. 그랬더니 그 말을 듣던 이들이 노자가 하는 말을 괴이쩍어하더라는 것이다[物或].

손損은 '낮출 손', 익益은 '가로막을 익'이니 손지이익損之而益은 '그를 낮추고 가로막았다'는 말이다. 이처럼 괴이한 말을 하는 자가 어찌 선비일 수 있느냐며 그를 깎아내리고 헐뜯고 비난하며 그가 하려는 말을 가로막았다는 것이다. 지之가 가리키는 것은 바로 노자다.

그런가 하면 '어떤 이는 그를 가로막고 비난'했으니[或益之而損] 앞서 한 말 '손지이익損之而益'의 순서를 바꿔 되풀이한 것이다. 강조하려는 뜻일 게다.

여기에서 장면이 바뀐다. 앞 이야기들은 강의를 듣던 신료臣僚들에 대한 이야기인데 이곳은 왕과 노자 사이에 오고간 이야기다. 사마천의 《사기史記》에 따르면 노자는 주나라 왕실 도서관 책임자, 또는 사관이었다고 하는데 어쩌면 노자가 맡은 벼슬자리 이름이 바로 교부敎父였으리라고 짐작할 수 있는 대목이 나온다.

그런가 하면 강량强梁이 '힘이 셈'을 뜻한다며 강량자强梁者를 '힘 세고 단단한 것' 또는 그런 사람을 가리킨다고 옮겨 놓은 해석을 많이 보게 된다. 그러나 량梁에 굳세거나 뻣뻣하다는 뜻은 없으며, 만약 그런 뜻이라고 하더라도 강자强者라고 쓰면 될 일이지 굳이 량梁을 집어넣을 까닭은 없다.

듣던 무리가 노자를 헐뜯고, 하는 말을 가로막고 나선다. 또는 노자가 하는 말을 가로막으며 그를 비난하고 나선다. 이 글귀는 그에 대한 노자의 답변이다.

○ 人之所敎 我亦敎之强

인지소교人之所敎에서 지之는 주격조사다. '사람들이 가르치는 바'라는 뜻이다. 이때 인人은 '뭇사람'이나 '여느 사람'이 아니라 '다른 사람'이란 뜻이다. 그리고 그 '다른 사람'이란 노자와는 생각을 달리 하는 선비나 학파를 가리킬 것이다.

아역교지강我亦敎之强을 흔히 아역교지我亦敎之에서 끊지만 잘못된 것이다. 강强까지 이어 읽어야 한다. 강强은 '강할 강'이 아니라 '나머지 강'이다. 남아도는 것이니 필요치 않은 '군더더기'라는 뜻이다. 따라서 이 글귀는 '내가 또한 그것을 가르침은 (군더더기와 같은) 나머지'라는 뜻이다. 다른 사람들도 하는 소리인데 그와 똑같이 가르치려 했다면 쓸모없는 군더더기와 같다. 여기 올 일도 없었을 것이며, 와서 한다는 이야기가 남들과 별로 다르지도 않다면 아무런 쓸모가 없을 것이라는 말인 것이다.

○ 梁者不得其死

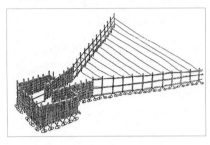

<자료 6> 죽방렴 : 밀물 때 통로를 따라 들어온 물고기를 가둬 썰물이 빠진 뒤에 뜰채로 떠내는 시설이다. '죽방멸치'라는 것이 바로 이런 방법으로 잡아 올린 것이다.

량梁은 '발담 량'이다. 발을 쳐서 담을 쌓았다는 것인데 밀물과 썰물의 특성을 이용하여 물고기를 잡는 시설, 곧 어량魚梁을 말한다. <자료 6>의 죽방렴竹防簾과 같은 것을 가리킨다. 득得은 '얻을 득'인데 '잡다, 체포하다'는 뜻이 있다. 따라서 양자부득梁者不得이란 '어량이 (물고기를) 잡지 못한다'는 뜻이다.

어량을 만들어 놓았는데 물고기를 잡지 못한다는 말이니, 마음먹고 꾸민 일이 별 성과가 없었다는 것을 말한다.

기其는 '어찌, 어떻게'라는 뜻이다.[100] 사死는 '죽을 사'다. '망하다'는 뜻이 있는데 여기에서 '효험이 없거나 행해지지 않다'는 뜻이 나오게 되었다. 따라서 기사其死는 '어찌 효험이 없겠는가'라는 뜻이다.

발담, 곧 어량을 만들어 놓았다 해서 날마다 물고기를 잡을 수는 없을 것이다. 물고기가 들어와 갇히기를 기다려 잡는 것이니 많이 잡는 날도 있을 터이고 적은 날도 있을 것이며 아예 잡히지 않는 날도 있을 것이다. 그런데 하루 이틀쯤 물고기가 드는 날이 없다고 해서 그것이 쓸모가 없다고 할 수는 없지 않겠느냐는 것이다.

그러므로 이 글귀는 "발담(어량)이 (물고기를) 못 잡았다고 해서 어찌 그것이 효험(쓸모)이 없겠는가"라는 뜻이다. 지금은 내 이야기를 알

---

100) 《論語》 〈憲問〉篇, 其然豈其然 : 어찌 그러한가? 어떻게 그럴 수가 있는가?

아듣는 사람이 없지만 내 말이 어찌 쓸모없는 말이겠느냐, 어량이 물고기를 잡지 못하는 날도 있는 것처럼 내 말 또한 알아듣지 못하는 사람들이 있을 수 있다는 말이다. 그래서 노자는 나를 내치지 말고 더 많은 이야기를 할 수 있도록 벼슬자리를 달라고 청하고 있다.

○ 吾將以爲敎父

장將은 '장차 장'이 아니라 '청컨대 장'이다. 이以는 '써 이'가 아니라 '쓸 이'다. '사용하다'는 뜻도 있지만 여기에서는 '임용任用하다'는 뜻이다. 위爲는 '삼을 위'다. 따라서 이 글귀는 "내가 청하노니 (나를) 써서 (임용하여) 교부敎父로 삼으라", 곧 더 많은 가르침을 베풀 수 있도록 나를 교부敎父라는 벼슬자리에 등용해달라는 말이다.

그런데 '교부敎父가 무엇일까? 흔히 '가르침의 으뜸 덕목', '가르침의 근본', '교육의 첫발' 등이라고 하는데 그럴듯해 보이기는 하지만 그렇지 않다. 부父에 '으뜸, 근본, 첫발'이라는 뜻은 어디를 보아도 없기 때문이다.

어렵게 생각할 일은 아닌 것 같다. 우리는 사부師父라는 말을 잘 알고 있다. 스승을 아버지와 같은 분이라고 높여 이르는 말이다. 스승은 가르침을 베푸는 사람이다. 그렇다면 교부敎父 또한 사부師父와 같은 말이 아니겠는가? 사부師父가 여느 사람들 사이에 맺는 스승과 제자 사이에서 부르는 이름이라면, 교부敎父는 좀 더 공식적인 관계, 곧 왕실이나 조정의 스승으로서 대접하는 말, 곧 벼슬 이름이었을 것이다. 직제에 규정된 벼슬은 아니고 왕이나 제후가 제 뜻에 따라 내리는 별정직 또는 임시직이었을지도 모르지만 말이다.

이렇게 벼슬자리를 청해 놓고 보니 참으로 민망했을 것이다. '체'하지 말고 나서지 말고 제 본성이나 지키는 데 힘을 쓰라고 해놓고는 스스로 살난 척, 아는 척 벼슬사리를 청하고 있나. 노사가 비난해 마지않던 제자백가諸子百家들과 다를 바 없이 벼슬을 청했으니 이 얼마나 낯

뜨거운 일이겠는가. 이에 대한 한탄은 제45장에 나오니 다음 이야기를
조금 더 들어보도록 하자.

제43장 무위無爲와 더불어 함께 가자꾸나

천하를 지극히 편안하게 하라.

천하지지유
天下之至柔

천하를 얻으려 한다는 것은 천하가 지극히 불편해
지는 것이니라.

치빙천하지지견
馳騁天下之至堅

벼슬 이름 따위는 지니지 않더라도 조정에 나아가
리니 말과 행동이 다르다고 헐뜯지 말라.

무유입 무간
無有入 無間

나는 이로써 무위無爲가 유익하다는 것을 알리겠
노라.

오시이지무위지유익
吾是以知無爲之有益

문장 따위를 가르치지는 않을 것이요, 위爲를 더함
도 없을 터이니

불언지교 무위지익
不言之敎 無爲之益

천하가 더불어 함께 가기를 바라노라.

천하희급지
天下希及之

○ 天下之至柔

유柔는 '편안히 할 유'다. 목적어는 천하天下인데 강조하려고 앞으로 빼면서 그것이 목적어임을 알려 주는 구조조사 지之가 붙은 것이다. 따라서 이 글귀는 "천하를 지극히 편안케 하라"는 말이다. 전쟁 따위나 벌여 천하 패권을 잡으려 하지 말라, 곧 백성들을 힘들게 하지 말고 편안히 살도록 해주라는 당부다.

○ 馳騁天下之至堅

치빙馳騁은 제12장에 이미 나온 바 있는데 '말을 빨리 몰다' 또는 '사냥하다'는 뜻이다. 따라서 치빙천하馳騁天下는 '천하를 사냥하다'는 뜻이다. 천하를 제 수중에 넣으려고 전쟁을 벌인다는 말이다. 여기에서 지之는 주격 조사다. 견堅은 '굳어질 견'이니 '편안치 않게 된다'는 말이다. 따라서 이 글귀는 "천하를 사냥한다는 것은 지극히 편안치 않게 됨이다"로 해석된다. 임금 또는 제후는 천하를 지극히 편안케 해야 할 터인데 오히려 천하를 얻으려고 전쟁이나 벌여 천하를 불편하게 만들고 있다는 뜻이다.

○ 無有入 無間

이렇게 천하 패권을 얻으려고 전쟁이나 벌이는 제후 아래 벼슬 얻기를 청하고 있으니 노자는 도대체 무슨 생각을 하고 있는 것일까? 제 본성이나 제대로 지킬 일이지 지위나 명예를 소중히 여기지 말라고 해놓고는 스스로 관문官門에 들려하다니 드디어 노자도 세상에 굴복한 것일까?

무유입無有入에서 무無는 '없을 무'가 아니라 '아닐 무'다. 유有는 '가질 유'다. 따라서 무유無有는 '갖지 않다, 지니지 않다'는 뜻이다. 입入

은 '들 입, 들어갈 입'인데 '조정에서 벼슬하다'는 뜻이다. 조정에서 벼슬을 얻어 그 자리에 나아가는 것이 입사入仕임을 생각하면 될 것이다. 따라서 무유입無有入은 '지니지 않고 벼슬자리에 나아간다'는 뜻이다. 무엇을 지니지 않는다는 말일까? 바로 교부教父와 같은 칭호를 지니지 않겠다는 것이다. 교부教父라는 칭호가 사부師父와 마찬가지로 존경하여 부르는 이름이므로, 그런 칭호를 지니는 것 자체가 '체'함, 곧 위爲이다. 그러니 그런 이름은 달지 않아도 좋다, 벼슬을 얻어 명예나 더하려고 내가 이러는 것이 아니라는 말이다.

무간無間의 무無는 '말 무'로, 무毋와 같다. 간間은 '헐뜯을 간'이다. 따라서 무간無間은 '헐뜯지 말라'는 뜻이다. 관문에 들고 싶어 벼슬을 청하는 것이 아니니 칭호 따위는 바라지 않는다. 그러니 내가 딴소리를 한다고 헐뜯지 말라는 말이다.

이제 노자가 벼슬을 청했던 본디 마음이 드러난다. 다른 선비들처럼 명예를 높이고 녹봉이나 받으려는 게 아니라 가르침을 널리 펴고 싶었던 것이다. 내 생각을 널리 펼 수만 있다면 벼슬 이름이 무에 그리 중요하겠는가, 내 진심을 알아달라는 호소다.

○ 吾是以知無爲之有益

지知는 '알 지'가 아니라 '알릴 지'다. 따라서 오시이지吾是以知는 '내가 이로써 알린다'로 옮긴다. 벼슬 따위에 연연하는 것은 아니지만 그 자리에 나아감으로써 내 사상을 알리겠다는 말이다. 어떤 사상을 알리겠다는 것인가? 바로 무위지유익無爲之有益, 곧 '무위의 유익함', '무위가 유익하다'는 것을 알리겠다는 말이다.

○ 不言之敎

이 글귀는 노자가 앞으로 무엇을 가르칠 것인지 밝힌 것이다. 목적어가 앞으로 나온 도치문이다. 본디 불교언不敎言인데 교敎의 목적어 언言이 앞으로 나오면서 구조조사 지之가 붙은 것이다. 따라서 이 글귀는 "언言을 가르치지 않겠다"는 말인데 언言은 시문詩文 또는 문장이라는 뜻이다.

부정사	목적어	구조조사	동사		부정사	동사	목적어
不	言	之	敎	←	不	敎	言

문장을 꾸며내고 시문을 짓는 따위는 바로 '체'함, 곧 위爲이니 그런 것은 결코 가르치지 않겠다는 말이다.

○ 無爲之益

이 글귀도 도치된 것이다. 본디 무익위無益爲인데 익益의 목적어인 위爲가 동사 앞으로 나가면서 구조조사 지之가 붙은 것이다. 앞서 나온 불언지교不言之敎와 같은 얼개다. 이때 무無는 '말 무'로 쓴 금지사가 아니라 '없을 무'다. 따라서 이 글귀는 "위爲를 더함이 없다"는 말이다. 교부敎父라는 칭호를 받지 않더라도 그 자리에 나아갈 터요, 문장을 꾸미는 법 따위는 가르치지 않을 것이니 위爲를 더함은 없을 것이라는 말이다.

○ 天下希及之

천하희급지天下希及之를 흔히 '천하에 이에 미칠 것이 드물다(없다)'고 풀이하는데, 그럴듯하지만 잘못되었다. 천하天下는 희希의 주어다. '천하가', 또는 '천하는'이라고 해야지 '천하에'라고 옮길 수 있는 것은 아니다.

한편 희希는 '드물다, 성기다'는 형용사가 아니라 급지及之를 목적어로 취하는 타동사로 보아야 한다. '바라다'는 뜻이다. '희구希求하다'고

302

할 때의 희希와 같다. 급及은 '미칠 급'이 아니라 '더불어 급'이다. 지之를 꾸미는 부사다. 지之는 인칭대사로 쓴 것이 아니라 '갈 지'라는 동사다. 그러므로 천하희급지天下希及之는 "천하가 더불어 가기를 바란다"는 뜻이다. 문장 따위나 지으며 위爲를 더하는 길로 가지 말고 나와 함께 '체'하지 않는 길, 무위無爲하는 길로 함께 가기를 원한다는 바람이다.

제44장 족함을 알고 그치면 본성을 해치지 않으리라

명예와 몸, 어느 것을 사랑하는가.

명 여 신 숙 친
名與身孰親

몸과 재물, 어느 것이 나은가.

신 여 화 숙 다
身與貨孰多

얻음과 잃음, 어느 것이 근심인가.

득 여 망 숙 병
得與亡孰病

그 까닭은 큰 애착은 반드시 큰 돈을 치루고,

시 고 심 애 필 대 비
是故甚愛必大費

많이 지니면 반드시 크게 잃기 때문이라.

다 장 필 후 망
多藏必厚亡

족함을 알면 욕을 보지 않으리라.

지 족 불 욕
知足不辱

그칠 줄 알면 본성을 해치지 않을 것이라.

지 지 불 태
知止不殆

그리하면 언제나 막을 수 있으리로다.

가 이 장 구
可以長久

○ 名與身孰親 身與貨孰多

여與는 '및 여'다. '~와(과)'로 옮기면 된다. 그러므로 명여신名與身은 '이름(명예)과 몸'이란 뜻이다. 숙孰은 의문대사다. '누구, 어느 것'이라는 뜻인데 여기에서는 친親의 목적어다. 본디 한문은 '동사+목적어'순이 되지만 의문대사가 목적어일 때는 의문대사가 앞으로 나온다.[101] 친親은 '사랑할 친'이다. 따라서 명여신숙친名與身孰親은 '이름(명예)과 몸 가운데 어느 것을 사랑하는가'라는 뜻이다.

신여화身與貨는 몸과 재물이다. 다多는 '나을 다'다. 따라서 신여화숙다身與貨孰多는 '몸과 재물은 어느 것이 나은가'라는 뜻이다.

○ 得與亡孰病

득여망得與亡은 얻음과 잃음이다. 병病은 '근심 병, 근심할 병'이다. "얻음과 잃음 가운데 어느 것을 근심하는가" 또는 "얻음과 잃음은 어느 것이 근심인가"라고 묻는 것이다.

지금까지 노자가 한 이야기에 비추어 보면 답은 뻔하다. 명예나 재물보다는 몸이 소중하다. 명예나 재물을 얻게 되면 그것을 잃지 않으려고 노심초사하게 되니 얻는 것이 더 큰 근심이다. 그런데도 사람들은 명예와 재물을 제 몸보다 더 소중히 여기니 사서 근심하는 꼴이다. 제 한 몸 죽거나 다치게 되면 드높은 명예나 넘치는 재물도 쓸모가 없는데 말이다.

○ 是故 甚愛必大費 多藏必厚亡

시고是故는 '이런 까닭'이란 말이다. '얻음'이 '잃음'보다 더 큰 근심

---

101) 수원수구誰怨誰咎, 수원숙우誰怨孰尤 : 누구를 원망하고 누구를 탓하랴
(출전 미상)

인 까닭은 이것이라는 말이다.

심애甚愛는 '심히 아끼고 사랑함'이다. 아낀다는 것은 소중히 여겨 보살핌을 말한다. 한편 속어에서 심甚은 하何와 같은 뜻으로 써서 '무엇 심'으로 새기기도 하니 이렇게 본다면 심애甚愛는 '무엇인가를 아끼고 사랑함'이라고 옮길 수도 있다. 대大는 '크게 대', 비費는 '쓸 비'다. 따라서 대비大費는 '크게 (돈을) 쓰다'는 뜻이 된다. 무언가 아끼고 사랑하게 되면 반드시 큰돈을 쓰게 된다는 말이다.

장藏은 '감출 장'인데 '깊이 감추어 간직함'이니 다장多藏은 '많이 간직하다'란 뜻이다. 많은 재산을 지녀 감추고 쌓아두는 것을 말한다. 후厚는 '두터울 후'인데 '크다, 많다'는 뜻이다. 망亡은 '잃을 망'이다. 따라서 이 글귀는 '많이 지니면 반드시 크게 잃는다'는 뜻이다.

○ 知足不辱 知止不殆

지족知足은 '족함을 알라'로 풀이된다. 욕辱은 '욕볼 욕'이다. 따라서 지족불욕知足不辱은 족함을 알면 욕을 보지 않을 것이란 말이다. 그만하면 되었으니 족하다고 생각한다면 더 크고 더 높이 되려고 하지 않을 것이다. 순리를 거스르는 일, 곧 위僞를 더하지 않게 되면 치욕을 당하는 일도 없을 것이다.

지止는 '그칠 지'다. 그러므로 지지知止는 '그침을 알다'라기보다는 '(그것으로 되었으니 족하게 생각하고) 그칠 줄을 알라'는 뜻이다. 태殆는 '해칠 태'다. 따라서 불태不殆는 '(본성을) 해치지 않으리라'는 뜻이다. 그러므로 지지불태知止不殆는 '(그만하면 족하게 생각하고) 그칠 줄 알라. (그리하면 본성을) 해치지 않으리라'는 뜻이 된다. 또는 태殆를 '위태로울 태'로 새겨 '본성이 위태롭지 않다'고 옮겨도 좋을 것이다.

○ 可以長久

가이可以는 '~할 수 있다'는 뜻이다. 장長은 '길 장'이 아니라 '늘 장'이다. 구久는 '오랠 구'가 아니라 '막을 구, 가릴 구'다. 따라서 이 글귀는 "늘 막을 수 있다"로 옮길 수 있다. 본성을 해치는 일을 막을 수 있다는 말이다.

명예나 재산보다 내 한 몸이 소중하지만 사람들은 그런 것들을 얻지 못해 안달하고 집착한다. 그러나 큰 애착은 반드시 큰 대가를 치르고, 많은 재산을 지닌 사람은 망해도 크게 망하는 법이다. 그러므로 적당한 때에 족함을 알아 그치고 물러서면, 치욕을 당하거나 본성을 해치게 되는 일을 막을 수 있다.

노자의 생몰연대가 확실하지는 않지만, 그가 춘추시대 말에서 전국시대 초의 사람이라면 이런 당부를 할 수밖에 없었을 것이다. 주周 왕실의 권위는 무너지고 수많은 제후국들이 천하 패권을 놓고 싸우던 시대에 망한 것과 다름없는 주 왕실에 충성을 다하다가 손해를 본 사람도 있을 것이고, 더러운 명예와 재산에 탐닉하다가 제 명대로 살지 못한 사람도 많았을 것이다. 날이 새면 지배자가 바뀌던 시절에 앞뒤 모르고 날뛰다가 죽은 사람은 또 얼마나 많았을까.

욕심껏 지니고 이루려고 하다가는 죽거나 다치기 십상이었던 시절이었으니 몸이나 온전히 지키는 데나 힘쓰라는 당부는 아무리 해도 지나치지 않았을 것이다. 이런 당연한 말을 해야 했던 것은 그만큼 천지를 분간하지 못하고 잘난 척 나서고 날뛰는 사람들이 많았다는 말도 되겠다.

제45장 청정淸淨함이 천하를 다스려 바르게 하리라

크게 이루었다 해도 이같이 모자라니 어찌 쓸모가 해지지 않으리오.

대 성 약 결 기 용 불 페
大成若缺 其用不弊

크게 찼다 하더라도 이같이 비었으니 어찌 쓸모가 다하지 않으리오.

대 영 약 충 기 용 불 궁
大盈若沖 其用不窮

크게 곧았으나 이같이 뜻을 굽혔노라. 말은 번지르르하지만 이같이 졸렬하구나.

대 직 약 굴 대 교 약 졸
大直若屈 大巧若拙

크게 논쟁하였으나 이같이 말을 더듬는구나.

대 변 약 늘
大辯若訥

그만 두기보다는 시끄럽게 떠드는 것이 낫다고 하지만, 조용히 하는 것이 애태우기보다 나으니라.

조 승 한 정 승 열
躁勝寒 靜勝熱

맑고 깨끗함이 천하를 다스려 바르게 하리라.

청 정 위 천 하 정
淸淨爲天下正

이 장은 노자가 '체'하지 말고 나서지 말라고 해놓고는 말과 달리 교부敎父라는 벼슬자리를 청하게 된 것을 한탄하는 대목이다.

○ 大成若缺 其用不弊

약若은 '같을 약'이 아니라 '이같을 약'이다. 따라서 대성약결大成若缺은 '크게 이루었지만 이같이 모자란다'는 뜻이다. 무위無爲하라, 곧 '체'하지 말라는 철학을 크게 이루었지만, 벼슬자리나 구하고 있으니 배움과 수양이 이같이 모자란다는 말이다.

기其는 기豈와 마찬가지로 '어찌'라는 뜻을 지녔다. 용用은 '쓰일 용'인데 여기에서는 '쓰임, 쓸모'라는 명사로 전성된 것이다. 따라서 기용불폐其用不弊는 '어찌 쓸모가 다하지 않겠느냐'는 말이다. 참으로 위대한 사상체계를 이루었다는 노자 자신도 끝내 제 신념을 지켜내지 못하고 벼슬자리나 청하고 있으니 이 얼마나 모자란 사람인가. 그런 사람이 지닌 사상이니 그것은 또 얼마나 하찮은 것인가. 그러니 언젠가는 그 쓸모도 다 해져 없어질 것이라는 뜻이다.

○ 大盈若沖 其用不窮

앞에 나온 대성약결大成若缺 기용불폐其用不弊와 크게 다를 바 없는 말이다. 이렇게 속뜻은 같은데 다른 글자를 써서 되풀이하여 강조하는 것은 고문古文에서 흔히 볼 수 있는 일이다.

이 글귀는 "크게 찼다 해도 이같이 비었으니 어찌 쓸모가 다하지 않겠느냐"는 뜻이다. 크게 찼다는 것은 사상 체계가 엄밀하고 그 내용이 알차다는 말이다. 그런데 정작 그 사상 체계를 정립한 노자 자신은 벼슬자리나 청하고 있으니 언행이 일치하지 않는다. 그러니 이 얼마나 민망한 일이냐며 한탄하는 말이다. 노자가 가슴을 치며 탄식하는 소리가 들리는 듯하다.

310

○ 大直若屈 大巧若拙

대직약굴大直若屈은 '크게 곧았으나 이같이 굽혔다'는 말이다. 높은 벼슬을 얻으려고 잘난 척, 아는 척하지 말고 제 몸이나 보살피라고 가르쳐 왔고 스스로 강직하게 그 뜻을 지켜 왔다. 그런데 이제 벼슬자리나 청하고 있으니 뜻을 굽힌 것이 아니겠는가. 제 신념을 굽히고 해오던 말과 다르게 행동하게 되었으니 고개를 들지 못하겠다는 솔직한 고백이다.

교巧는 '공교할 교'다. 솜씨가 있다는 뜻인데 여기에서는 '말솜씨가 있다', 또는 '겉만 번드르르하게 꾸민다'는 말이다. 이제껏 해온 말과 달리 말솜씨를 부려 번드르르한 변명이나 하고 있으니[大巧] 이와 같이 졸렬하다[若拙]고 한탄하고 있다.

○ 大辯若訥

변辯은 '변론할 변'이니 대변大辯은 '크게 변론했다'는 말이다. 변론辯論이란 사리를 밝혀 옳고 그름을 따진다는 말이니 대변大辯은 '크게 논쟁을 벌였다'는 말이다. 너도 벼슬자리나 청하고 있다니 평소 하던 말과 다르지 않느냐, 다른 선비나 학파와 다를 바가 무엇이냐는 공격과 비웃음을 당했을 터이다. 그러나 딱 부러진 답변을 하지는 못했을 것이다. 그리고 지금도 그 까닭을 시원하게 밝히지는 못하고 이리저리 탄식하는 말만 하고 있으니 말을 더듬고 있는 모양새다[若訥]. 눌訥은 '말 더듬을 눌'이다.

○ 躁勝寒

이 글귀를 '떠드는(조급히 구는) 것이 추위를 이긴다'로 옮기는 일이 흔하다. 그러나 앞뒤가 맞지 않는다. 제26장에서는 고요함이 시끄러움을 다스리는 임금〔靜爲躁君〕이라고 해놓고는 여기서는 떠들어야 추위를 이길 수 있다고 한다. 어느 쪽인가는 풀이가 틀린 것이다.

여기에서 승勝은 '이길 승'이 아니라 '나을 승'이다. 따라서 조승한躁勝寒은 '조躁가 한寒보다 낫다'는 말이다. 이때 조躁는 '떠들 조, 시끄러울 조'다. 한寒은 '찰 한, 추위 한'이 아니라 '그만둘 한'이다. 따라서 이 글귀는 "그만 두기보다는 시끄럽게 떠듦이 낫다"는 말이다. 그렇다면 무엇을 그만 둔다는 것일까? 바로 '체'하고 자신을 드러내며 나서기를 그만 둔다는 말이다. 잘난 척하여 나서기를 그만 두고 조용히 숨어 있기 보다는 나서서 제 존재를 알리려고 떠드는 것이 낫다는 말이다. 이 말은 노자가 한 말이 아니고 다른 이들은 그리 말하더라는 것이다.

○ 靜勝熱

그러나 노자는 그렇지 않다고 말한다. 여느 사람들은 조용히 있기보다는 나를 알리려고 떠드는 편이 낫다〔躁勝寒〕고 말하지만 오히려 조용히 있는 편이 낫다고 하는 말이다.

정靜은 '조용히 할 정'이다. 열熱은 '몸 달 열'이다. 초조히 애태운다는 말이다. 따라서 이 글귀는 "조용히 하는 것이 몸이 달아 애태우는 것보다는 낫다"는 말이다. 나를 드러내지 못해 애태우며 안달하기보다는 몸을 뒤로 물려 조용히 있는 것이 낫다. 위爲하지 않음으로써 내 본성을 지킬 수 있기 때문이다.

○ 淸淨爲天下正

청정淸淨은 '마음이 깨끗하여 번뇌와 사욕이 없다'는 불교 용어이나 이때는 중국에 불교가 들어오기 전이다. 따라서 불교식으로 옮겨서는 안 된다. 청정淸淨은 글자 뜻 그대로 '맑고 깨끗하다'는 말이다. 위爲는 '다스릴 위'다. 천하天下가 목적어다. 정正은 '바로잡을 정', 곧 '바르게 한다'는 뜻이다. 따라서 이 글귀는 "청정함이 천하를 다스려 바르게 한다"고 옮길 수 있다.

제46장 족함을 알면 본성을 지키기에 모자람이 없도다

임금이 겸손히 도道를 지녔다면

천 하 유 도
天下有道

군마軍馬를 돌려보내 거름을 주게 하라.

각 주 마 이 분
卻走馬以糞

그러나 임금이 명령을 내리면 별 수가 없나니

천 하 무 도
天下無道

군마軍馬가 도성 밖에서 불어나게 되느니라.

융 마 생 어 교
戎馬生於郊

족함을 알지 못함보다 더 큰 화가 없고,

화 막 대 어 부 지 족
禍莫大於不知足

얻기를 바람보다 더 큰 허물은 없느니라.

구 막 대 어 욕 득
咎莫大於欲得

그러므로 족함 알기를 더하라.

고 지 족 지 주
故知足之足

늘 넉넉하리라.

상 족 의
常足矣

○ 天下有道 卻走馬以糞

천하유도天下有道가 '천하에 도가 있다'는 뜻은 아니다. 그런 뜻이라면 유도어천하有道於天下라고 썼을 것이다. 여기에서 天은 '임금 천'이다. 下는 '낮출 하'로서 '겸손하다'는 뜻인데 여기에서는 有를 꾸미는 부사로 전성된 것이다. 有는 '가질 유'다. 따라서 天下有道는 '임금이 겸손히 도를 지니다'는 말이다.

각주마이분卻走馬以糞은 糞以卻走馬가 도치된 글귀다. 以卻走馬가 앞으로 나오면서 以와 卻走馬가 자리를 바꾼 것이다. 각卻은 '물리칠 각'이다. '오지 못하게 하다, 되돌려 보내다'는 뜻이다. 주마走馬는 '잘 달리는 말'이니 나라에서 사들여 군마軍馬로 쓴다. 따라서 각주마卻走馬는 '(군마로 쓸 만한) 잘 달리는 말을 되돌려 보낸다'는 말이다. 내 말이 잘 달리니 군마로 쓰라고 끌고 와도 돌려보내며, 있는 군마도 농민들에게 돌려보낸다는 뜻이다. 분糞은 '거름 줄 분'이다. 따라서 이 글귀는 '각주마卻走馬로써 거름을 주라'는 말이다. 전쟁에 쓸 말을 돌려보내 그 똥오줌을 받아 농사에나 쓰게 하라는 말이니 전쟁 준비 따위는 하지 않게 될 것이라는 뜻이다.

○ 天下無道 戎馬生於郊

여기에서 下는 '내릴 하'다. 명령을 내린다는 뜻이니 天下는 '임금이 명령을 내린다'는 말이다. 이때 도道는 다른 곳과 달리 '길 도'다. 방법이란 뜻이니 無道는 '방법이 없다'는 말이다. 임금이 군비를 갖추라고 명령을 내리면 별 수 없이 따라야 한다는 말이다.

이경숙은 융戎이 '오랑캐 융'이니 융마戎馬가 호마胡馬와 같은 뜻인 오랑캐의 말102)이라고 하지만 그렇지 않다. 융戎은 '싸움 융'이기도 하다. 따라서 융마戎馬는 전쟁에 쓰는 말, 곧 군마軍馬를 가리킨다.

102) 《완역 이경숙 도덕경, 덕경》, 111쪽.

생生은 '불 생'으로 늘어난다는 말이다. 교郊는 '성 밖'이다. 특히 도
성都城의 밖[103]을 가리킨다. 따라서 융마생어교戎馬生於郊는 '군마가 도
성 밖에서 불어난다'는 말이다. 도성 밖에 군마를 기르는 마굿간이 있
었던 것을 짐작할 수 있는데 임금의 명령에 따라 군마를 늘려 전쟁을
준비한다는 뜻이겠다.

○ 禍莫大於不知足 咎莫大於欲得

화막대어부지족禍莫大於不知足은 글자 그대로 옮기자면 '화禍가 부지
족不知足보다 크지 않다'는 말이니 '족함을 알지 못함보다 더 큰 화가
없다'는 말이다. 족함을 모르니 더 높이 오르고 더 많이 얻으려고 '체'
하고 나서서 위爲를 더하다가 마침내 명을 재촉하게 되는 것이다.

구막대어욕득咎莫大於欲得은 '허물이 욕득欲得보다 크지 않다'는 말이
다. 욕득欲得은 '얻고자 함'이다. 따라서 '(세상 명리를) 얻고자 함보다
더 큰 허물은 없다'는 뜻이다.

○ 故知足之足 常足矣

이경숙은 이 글월을 '족함을 알고 그것에 만족하라'고 풀이했는데 그
럴듯하지만 틀렸다. 이런 풀이는 그가 늘 그랬듯이 '그림카드 이론'을
들이댄 것이다. 한자漢字는 그림카드이고 한문漢文은 그림카드를 늘어놓
은 것이기 때문에, 낱말 맞추기를 하듯 글자 뜻에 따라 꿰어 맞춰야 한
다는 것이다. 그러나 아무리 옛 글월이라 하더라도 그 시대의 문법이
있게 마련이다. 백보를 양보해 이경숙의 말을 받아들여 낱말 맞추기를
한다 해도 거기에는 나름대로 규칙이 있어야 하는 법이다.

이 글월은 도치된 것이다. 주足의 목적어인 지족知足이 앞으로 나오

---

103) 주대周代에는 국도國都에서 오십 리 안쪽을 근교近郊, 백 리 안쪽을 원
교遠郊라 하였다.

면서 그것이 목적어임을 알려주는 구조조사 지之가 붙은 것이니 본디 주지족足知足이었던 것이 지족지주知足之足로 도치된 것이다.

知足	之	足		足	知足
목적어구		타동사		타동사	목적어구
족함을 알다	구조 조사	보태다 (더하다)	←	보태다 (더하다)	족함을 알다

지족知足의 족足은 '족할 족'이지만 끝에 있는 足는 '보탤 주'다. 그러므로 지족지주知足之足는 '지족知足함을 주足하라'는 말이니 '족함 알기를 더하라'는 뜻이 된다. 족함을 알지 못하는 것이 가장 큰 화禍요, 얻기를 바라는 것이 가장 큰 허물이니 족함 알기를 더하는 것이 화와 허물을 피하는 길이다. 화와 허물을 피하니 늘 넉넉하다〔常足矣〕. 본성을 지키기에 모자람이 없다는 말이다.

318